JN104137

ナラティヴ・セラピー・ワークショップ

Book I

基礎知識と背景概念を知る

国重浩一【著】
日本キャリア開発研究センター【編集協力】

Journey with Narrative Therapy

Narrative Therapy Workshop Book I

Its basics and philosophical background

Kou Kunishige
Japanese Institute of Career Development

北大路書房

〈目　次〉

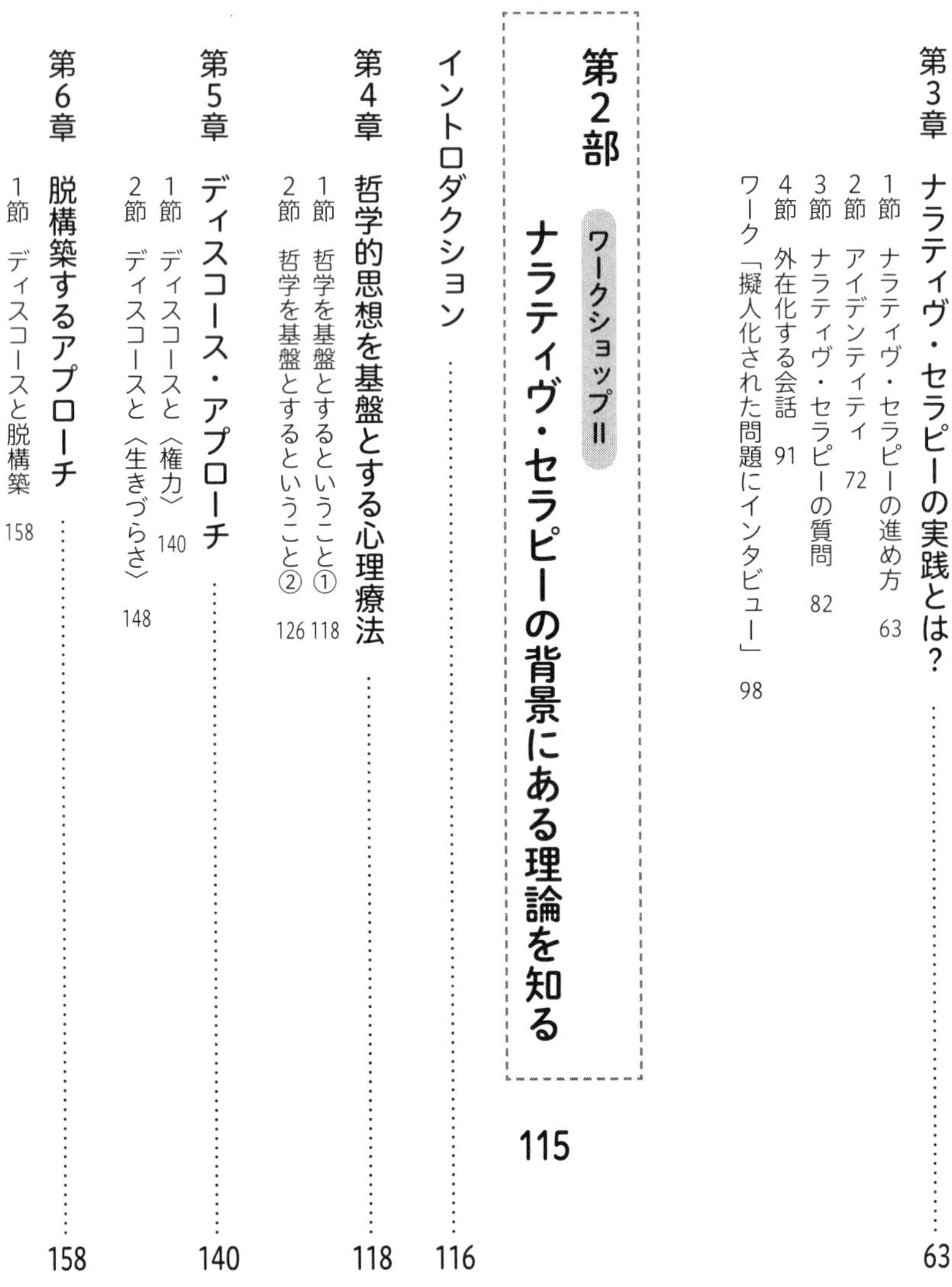

はじめに

本書は、日本キャリア開発研究センター（ＪＩＣＤ）が主催して開催した、ナラティヴ・セラピーに関するワークショップ内で行なった講義をベースにして、校正、加筆したものです。本書の流れは、基本的にワークショップのときと同じです。講義では、あらかじめ用意した原稿を読むのではなく、準備したスライド資料から、その場に応じて語っていきました。書籍化するにあたって、表現が足りていないところや、説明が不十分なところに手を入れています。

また、書籍化するにあたって、私のワークショップに参加したことのある人たちに、コラムを書いてもらいました。内容は、ワークショップを受けて思ったことや考えたこと、ナラティヴ・セラピーを実践しようとして見えてきたこと、そして、ナラティヴ・セラピーが心理療法という領域を越えて持つ可能性についてです。多岐にわたっていますので、コラムも併せてお楽しみください。

まずは、大学など教育機関や研究機関に所属した経験のない私が、ナラティヴ・セラピーのワークショップを始めた経緯を簡単に説明して、本書の概要を説明します。

◉ナラティヴ・セラピーのワークショップをするようになった経緯

私は、１９９９年から２００１年にニュージーランドのハミルトン市にあるワイカト大学で、ジョン・ウィンズレイド（John Winslade）やジェラルド・モンク（Gerald Monk）からナラティヴ・セラピーを学びました。その後、教育や研究という方面には縁がなく、主に乳幼児から高校生までの子どもを対象にした臨床活動をしながら、時間を見つけて書籍の翻訳をしてきました。

このような私が、ナラティヴ・セラピーについて語る機会を持てるようになったのは、２０１４年に、伊藤伸二さんたちが運営する日本吃音臨床研究会が、２泊３日の「吃音ショートコース」というプログラムに講師として呼んでくれたことから始まります。このときのワークショップについては、この会が『スタタリング・ナウ』という研究誌（日本吃音臨床研究会 2015 No. 21）にまとめてくれています。その延長上で、伊藤伸二さんと一緒に『どもる子どもとの対話：ナラティヴ・アプローチがひきだす物語る力』（金子書房 2018）を出版することができました。

吃音ショートコースに参加するためにニュージーランドから帰国する際に、アサーションで有名な平木典子さんと会って話す機会をいただきました。このときにさまざまなことを話したのですが、その中で、平木さんが、私でもナラティヴ・セラピーの講師として、人の前に立ってもいいのだということを伝え、背中を押してくれたことは、実に大きなことでした。

その後、平木典子さんが関わっている日本キャリア開発研究センターで私のワークショップを企画してくれたので、徐々にナラティ

More Details
もう少し詳しく… by KOU

ワイカト大学

ニュージーランド北島ハミルトン市にある大学。ニュージーランドで唯一マオリ語名の大学だけあって、マオリ文化と言語の学部がある。臨床心理士になるための大学院は、心理学部にあるが、ナラティヴ・セラピーを専門に学ぶための大学院は、教育学部にある。

https://scholarship-positions.com/university-of-waikato-research-masters-international-scholarship-in-new-zealand/2019/10/17/

ヴ・セラピーについて語ることができるようになりました。最初のワークショップは、2015年12月5日～6日に東京両国で開催し、「ナラティヴ・セラピー入門」と題して実施しました。ここからナラティヴ・セラピーを人に伝えることをするようになったのです。

◉講話することと、それを書籍化すること

ワークショップを始めたときには、すでにナラティヴ・セラピーに関する書籍をいくつか訳しており、『ナラティヴ・セラピーの会話術』（金子書房 2013）も出版していました。ところが、人に伝え、そのことをどのように人が受け取ってくれるのか、どのように理解してくれるのかということの感覚を十分に持っていなかったのだと、振り返って思います。講義という形式をもらい、実際の人の反応をもらいながら語るのは、大切なプロセスなのでしょう。自分が一人で検討したり執筆するだけでは行き着けなかったところまで、表現できるようになってきていると感じています。

ワークショップで人に伝えるという場面になったということだけで、『ナラティヴ・セラピーの会話術』の内容を追うのではなく、自然と異なった切り口からナラティヴ・セラピーについて語るよう

More Details もう少し詳しく… by KOU

ジョン・ウィンズレイド (John Winslade: 1953-)

ナラティヴ・セラピーを心理領域だけでなく、調停や修復的実践、グリーフなどさまざまな領域で活用しようとしてきた。私がワイカト大学でナラティヴ・セラピーを学んでいるときには、ジョンは大学院で教える傍ら、博士過程の論文に取り組んでいた。その後、米国に行き、California State University San Bernardino で教えるようになる。近年は退職し、ニュージーランドに戻ってきている。

写真は、2018 年に、私のスーパーバイザーを長年してくれてるドナルド・マクミナミンが出版した『*Two Islands and a Boat: Finding and Following a Vision*』の出版記念式に、ジョンも来ていたので、私と一緒に撮影したものである。

になりました。この本を執筆しているときも、脳裏では人がいることを意識して書いていたのですが、実際に人に向かうとき、違った語りになっていくものなのでしょう。興味深いところです。このような理由から、本書の内容は、それほど『ナラティヴ・セラピーの会話術』と重複していません。

書籍化にあたっては、講義したものを正確に再現するというよりも、書籍化のために編集する時点において、私が補足したいと思うところ、より語りたいと思うところも含めようとしています。講義は、原稿を読むという形で伝えるのではなく、その場の雰囲気や私の状態から語るようにしていますので、ライブ感があると思います。しかし、書籍化するとなると、ライブで語ったことだけでは不十分なところが相当目立ったので、校正作業は不可欠でした。本書で示すほど、私は理路整然と話していません。念のため伝えておきます。

またワークショップでは、初回からずっとカウンセリングのデモンストレーションを実施しています。これは、ロールプレイではなく、参加者の中からクライエントになってもらえる人を募り、本人自身のことを語ってもらいました。相談内容は極端に厳しいものではないかもしれませんが、そこには実際の問題であるという切実さがありますので、実際のカウンセリングを垣間見ることができると考えています。

ワークショップ参加者の何人かに、私のワークショップに対するフィードバックを求めたことがあります。どこが印象に残ったのかを尋ねたところ、おしなべてカウンセリングのデモンストレーションのところであると答えてくれました。そうか、講義のところは印象に残らなかったのかと、少し残念な気持ちになったものです。その当時は、実際のカウンセリングを見る機会のほうが貴重だったのではないかと自分の気持ちをなだめているところです。

カウンセリングのデモンストレーションで意識していることがあります。それは、ナラティヴ・セラピーの技法を見せることに注力しないということです。なぜなら、カウンセリングにおいて、最も最初に来るべきことは、クライエントに向き合うことです。自分の手札を出すことに注意がいってしまったら、相手の話を聴くという最も大切な部分が疎(おろそ)かになります。

一方で、そのようなセッションは、はっきりと目に見えるような形で技法が使われないので、わかりにくさを伴います。ゆっくりと逐語の部分を追っていけば、ナラティヴ・セラピーをしていない人はしないであろう言葉かけや質問が溢れているにもかかわらず、わかりにくいのです。

そのわかりにくさをゆっくりと追ってもらうために、横山克貴さんと一緒に『ナラティヴ・セラピーのダイアログ』（北大路書房 2020）を編纂しました。さまざまなワークショップの中で収録したものですので、どのような会話がワークショップで行なわれるのかを垣間見ることができると思います。そして何より、ナラティヴ・セラピーを基盤とした会話をどのように読み解けるのかについて理解できるのではないでしょうか。

本書では、ワークショップ内で実施したデモンストレーションは、個人情報であるという理由から掲載しておりませんが、別のワークショップで実施し、本人の許可を得ることができたダイアログを掲載しました。さゆりさんとのダイアログ「オレンジ色に見える世界」（p. 217）です。

◉根底に流れる姿勢を理解すること

確かに、カウンセリングのセッションを実際に見てみるということは、多くの気づきや学びをもたらしてくれるでしょう。しかし、単にカウンセリングを見ただけでは、それがどこから来たものかを理解することができないはずです。

何の予備知識も持たないで、ナラティヴ・セラピーのセッションを見る人は、その人がすでに知っているものとの類似点を持って、理解する傾向にあることがわかってきました。ブリーフ・セラピーとの類似であれば、私も理解できるところもあります。しかし、来談者中心療法に始まって、認知行動療法や精神分析など、ありとあらゆるアプローチとの類似点を伝えてくれるのです。最初は、違いを強調したい気持ちになったのですが、最近では、それはその人の馴染みのあるフレームワークで見ているから、そのように見えるのだと考えるようになっています。そのため、躍起になって、違いを訴えないで済むようになりました。

それが実際どのようなことなのかがわかるためには、その背後にある思想、考え方、姿勢について理解する必要があるでしょう。本書は、そこを伝えることを目的としています。そして、それは単に教えてもらうという受動的な姿勢を持って、到達することもなかなか難しいと思っています。それは、私の伝え方の未熟さをただ単に棚上げしているわけではありません。その未熟さに対しては、無視するのではなく、私なりにもっと取り組んでいきます。

背後にある思想、考え方、姿勢とは、物事の根底となる部分についてのことです。根底にあることを説明し、実際の臨床の場面でどのように使われうるかの例を示すことができるでしょう。しかし、私たちの目の前に現れる問題や課題、そして人は、常に異なります。例を知っていることは確かに助けになります。しかし、根底に流れる思想、考え方、姿勢を、今自分の前にあることに、どのように適応していけばいいのだろうかということについては、事前に明確に提示されることはないのです。その都度、そのことにどのように取り組んだらいいのだろうかということについて、根底となる部分と照らし合わせて考えていく必要があるということです。

これは、単に一人で考えなければいけないということを意味しないと思います。事例検討会やケースカンファレンス、スーパービジョンの場で、個別に考えていく場面を設けるのはそのためです。そこは、単に相手の問題点を指摘したり、単に介入方法を検討することに終始しがちになってしまいますが、それだけにとどまらず、より原則的なこと、倫理的なこと、思想的なことも含めて話し合う機会にすべきだと思っています。

本書が、対人支援を生業とする人たちに対して、支援という行為を検討する際に起点となるものを提供できたら本望です。

◉本書の構成

日本キャリア開発研究センター（ＪＩＣＤ）では、ナラティヴ・セラピーに関して、さまざまな切り口からワークショップを主催してくれました。感謝しているところです。このような機会がなければ、ナラティヴ・セラピーについて、言語化することができないままに置かれていたと思います。昔の哲学者は、書き下ろしを書くのではなく、その時々に応じて講義をしていました。現在、その講義論が残っているものがあります。人の語るということを実際に経て、自分自身の考えや検討することがより明確になっていくということが、実体験としてわかりました。ＪＩＣＤが主催してくれたワークショップは、次の８種類になります。

1. ナラティヴ・セラピー入門
2. ナラティヴ・セラピー・アドバンスコース
3. ふだん使いのナラティヴ・セラピー
4. ナラティヴ・セラピーの再著述
5. ナラティヴ・セラピーの文書化の実践
6. ナラティヴ・セラピー　ディスコース、脱構築、そしてダブル・リスニング
7. ナラティヴ・セラピーのダイアログ
8. ナラティヴ実践、はじめの一歩：取り込み報告会

本書では、「ナラティヴ・セラピー入門」と「ナラティヴ・セラピー・アドバンスコース」の二つのワークショップを収録しました。本書の目次構成上、入門コースを「ナラティヴ・セラピーを知る」、アドバンスコースを「ナ

ラティヴ・セラピーの背景にある理論を知る」としました。有志の方々が、語り口調の不明瞭な録音を丁寧に逐語に落としてくれました。本当にありがとうございました。

ナラティヴ・セラピーの理論的および技法的領域は、かなり幅広いものがあるので、同じようなワークショップを何回も繰り返すのではなく、次の領域を伝えたいという思いが強くなってきています。そのため、本書に収めた内容は、断片的にさまざまなところで繰り返すと思いますが、このようなパッケージとして語る機会はもうないのではと思っています。

そこで、今後ナラティヴ・セラピーを学ぼうとする人たちに向けて、講義した部分を逐語化し、読みやすいように編集した次第です。ワークショップの講義ですので、包括的で体系的に説明できていないし、同じ内容を繰り返しているところもあるのですが、話し言葉なので、理解しやすいはずだと自分に言いきかせて、本の編集に取り組みました。読んで参考にしていただければ幸いです。

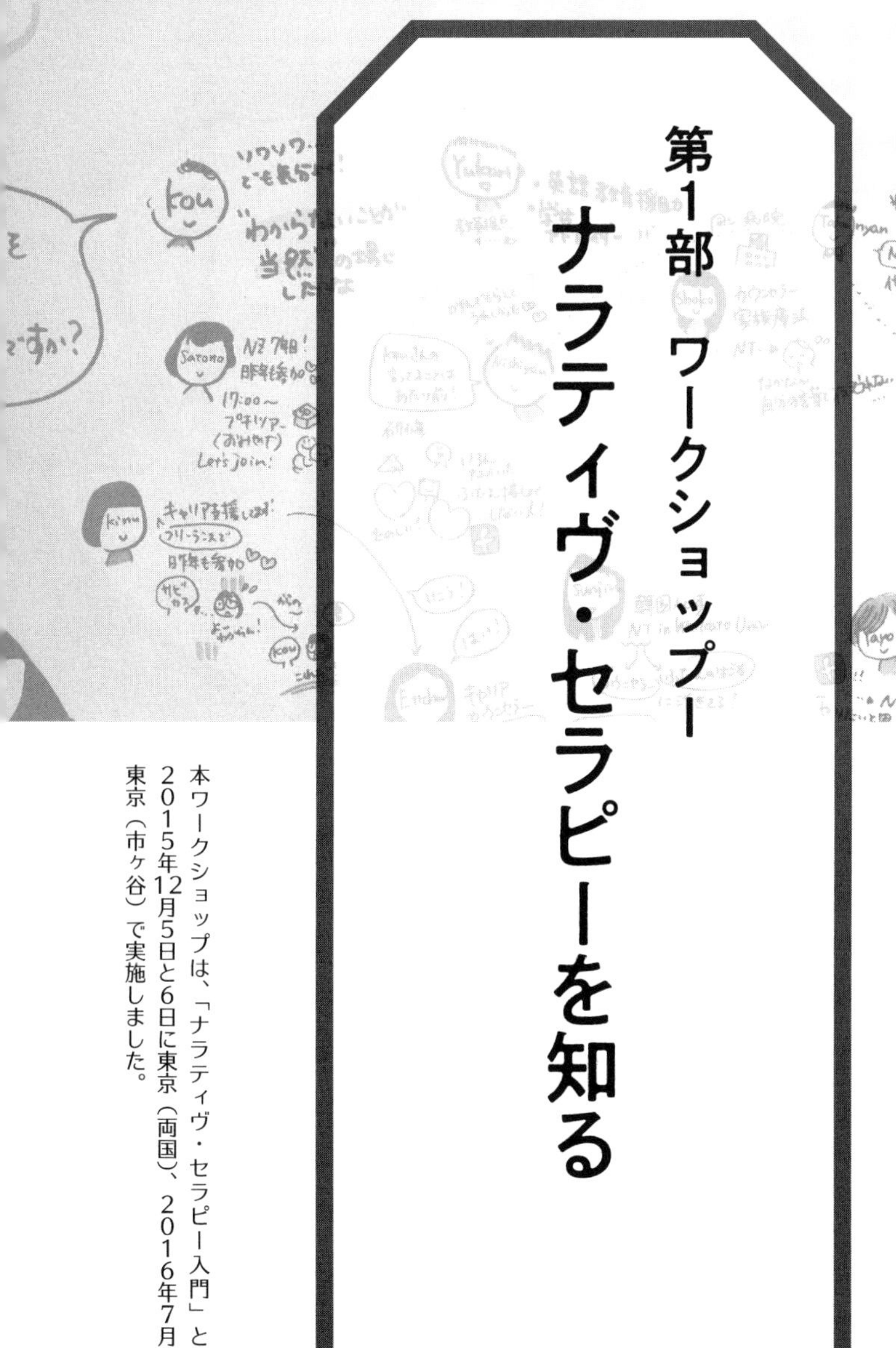

第1部 ワークショップ ナラティヴ・セラピーを知る

本ワークショップは、「ナラティヴ・セラピー入門」という名称で、2015年12月5日と6日に東京（両国）、2016年7月9日と10日に東京（市ヶ谷）で実施しました。

イントロダクション

今日から二日間よろしくお願いします。一昨日ニュージーランドから日本に戻ってきました。私は、ニュージーランド北島のハミルトン市に住んでいます。現在、２０１３年9月からダイバーシティ・カウンセリング・ニュージーランド（Diversity Counselling New Zealand）という現地ＮＰＯ法人を立ち上げて、移民や元難民に対するカウンセリングなどの心理支援を行なっています。

最初に、そこに至るまで私の経緯を簡単に説明します。私はエンジニアからカウンセラーになったのですが、その間に、アルコール依存症を専門とする病院で勤めながら、准看護師の資格まで取りました。そのときに、依存症の問題は、薬じゃどうにもならない、とすごく痛感したのです。

そこで、心理療法の本をいろいろと読み始めたのですが、カウンセリングをなんとか勉強したいと思い始めました。まずは日本の大学院を探そうとしました。自分の特性だと思うのですが、本を読めばわかるようなことを、わざわざ授業で繰り返し、それをじっと座って聞いているというのが苦手なんです。そこで、本に書いてあるようなことを教えてもらうのではなく、実際のカウンセリングのやり方を教えてもらうところを探そうとしたのですが、日本ではあまりいいところを探すことできませんでした。

そこで思い切って海外に出て勉強しようという気持ちになりました。ところが、昔のことですので、あまり情報がありません。私は大学で心理の勉強をしたことがありませんので、大学とつながりもありませんでした。ですので、大学の先生に「どこか良いところないですか？」と聞くこともできませんでした。当時は、今のようにインターネットが充実していなかったのです。それでも限られたインターネットで入手できる情報を頼りに、大学院でのコースについて調べました。航空便やファックスで手紙を送り、大学に問い合わせ、そして申し込みました。

最終的に二つ候補が残り、両方から入学のオファーをもらいました。一つは、私が勉強したニュージーランド北島のハミルトン市にあるワイカト大学、もう一つは、カナダの大学でした。縁というものはおもしろいですね。私がナラティヴ・セラピーについてここで話す機会をもらっているのは、カナダではなくニュージーランドに行ったためです。なぜニュージーランドにしたのかというと、ワイカト大学のオファーのほうが、カナダの大学からのオファーより早く届いたのです。

ナラティヴ・セラピーの創始者であるマイケル・ホワイト（Michael White）は、海に隔てられていますが隣の国であるオーストラリアにいましたし、その大切な友人であるデイヴィッド・エプストン（David Epston）はニュージーランドのオークランドに住んでいました。そのためその頃から、つまりナラティヴ・セラピーが世界的に有名になっていない頃から、ニュージーランドにはナラティヴ・セラ

More Details もう少し詳しく… by KOU

マイケル・ホワイト (Michael White)

ナラティヴ・セラピーは、マイケル・ホワイトなくしては語れない。オーストラリアのアデレードで、「ダリッチ・センター」を立ち上げた。元々はソーシャル・ワーカーであったが、家族療法家として活動した。2008年4月4日没。

マイケルがどのような人だったかについては、マイケルの死後編纂された『ナラティヴ・プラクティス 会話を続けよう』（小森康永・奥野光訳、金剛出版）に収録された、親友であったデイヴィッド・エプストンと、妻であったシェリル・ホワイトの寄稿文に詳しい。

デイヴィッド・エプストン (David Epston)

ニュージーランド・オークランドで、セラピストとして実践を続ける。マイケル・ホワイトの親友であり、マイケルがさまざまなことを思考していく際に、貴重な話し相手となり、ナラティヴ・セラピーの基礎を作り上げるのに貢献した。

デイヴィッドは、自身の臨床実践において、カウンセリング・セッションのあとに、クライエントに手紙を書いている。車を運転せず、自転車で移動することを好む。

ピーのことを知っている人がいて、取り組み始めていたのです。当時、マイケル・ホワイトも時々はニュージーランドに来ていた時代でした。

日本人のみなさんや世界の方々が知る前より、マイケル・ホワイトのこと、デイヴィッド・エプストンのことを知っていましたので、これをなんとか教育プログラムに入れたい、となったのです。私がニュージーランドに行ったときは、ジョン・ウィンズレイドやジェラルド・モンクたちが中心となって、ナラティヴ・セラピーを専門に教え始めて比較的年月が経っていない頃でした。ナラティヴ・セラピーを中心にしたプログラムは、たぶんここが世界では初めてだったと思います。

私はナラティヴ・セラピーを勉強しに行った、と思われるかもしれませんが、実はそのことはまったく知りませんでした。そして、このナラティヴ・セラピーですが、最初は何のことかまったくよくわかりませんでした。それでもわからないなりにしばらく取り組んでみると、なんとなく理解できるようになってきました。すると、ナラティヴの考えが自分にフィットすると思い始めたので、取り組み続けることができた気がします。そして、日本人にもこれを紹介したい、という気持ちが生まれたというわけです。

今日ここで、みなさんに話したいことは、教科書や本に書いてあることというよりも、私が、ナラティヴ・セラピーをどのように理解して、どのように実践してきたかについてです。ナラティヴ・セラピーの外在

More Details もう少し詳しく… by KOU

ジェラルド・モンク (Gerald Monk)

もともと臨床心理士であったが、ナラティヴ・セラピーに惹かれ、取り組むようになった。私がナラティヴ・セラピーを学んだときには、大学院コースのディレクターであった。その後、ニュージーランドから米国に移り、San Diego State University で教えるようになる。

ジョン・ウィンズレイドとは良き友であり、研究仲間である。調停や修復的実践、スーパービジョン、多文化カウンセリングなどに取り組む。

(左から) ジェラルド・モンク, ジョン・ウィンズレイド

化はこうだとか、語り直しはこうだとか、そういうのは、読む機会はあると思うんです。「実際に、それをどうしたらいいのか」という話をしたいと思います。

そのため、今日の午後、カウンセリングのデモンストレーションをしたいと思います。そのためには相手が必要ですので、どなたか相手をしてもよいと思う人は考えておいてください。午後一番でお聞きします。ただ、一つお願いがあります。何回か試したのですが、ロールプレイじゃうまくいかないようでした。参加者みなさんの目の前で話すことですので、話したくない話題は避けてほしいのですが、少なくとも実際の話をしてほしいと思っています。明日も、時間をちょっと調整して、外在化というもの、つまり「外在化をしながら会話をする」というものに焦点を当てたデモンストレーションを考えています（注：本書では、別のワークショップで収録したさゆりさんとのダイアログ「オレンジ色に見える世界」を収録しました。また「外在化しながら会話をする」は割愛しました）。

それでは始めていきます。

第1章　ナラティヴ・セラピーと呼ばれるものとは？

1節　ナラティヴ・セラピーとは

ナラティヴ・セラピーについて、少しずつ話していきましょう。私の知る限り、ナラティヴ・セラピーの基礎を築いてくれたマイケル・ホワイトとデイヴィッド・エプストンは、ナラティヴ・セラピーの定義はしていません。ナラティヴ・セラピーとは何かということの定義は、周りにいる人たちがしているのです。ナラティヴ・セラピーのことを知りたい人たちは、当然、その概要を尋ねたくなります。しかし、実際に始めた人たちは、そこに答えていません。今は、その気持ちが想像できるのですが、ナラティヴ・セラピーを実践していくと、そのことに答えたくなくなっていきます。答えたくないんです。なぜ答えたくなくなるのかについて話をしていきたいと思います。

まずは、定義されているものがないわけではありませんので、そちらをいくつか見ていこうと思います。オーストラリアでマイケル・ホワイトと一緒に活動していたアリス・モーガン（Alice Morgan）は、『ナラティヴ・セラピーって何？』（Morgan, 2000）という入門書を書いています。その中で、モーガンは「ナラティヴ・セラピーはカウンセリングやコミュニティーワークの中で敬意を示し、非難しないアプローチを実践し、それによって人々をその人生の専門家として中心に据えていくのだ」と述べています。

この定義のおもしろいところは、何も具体的なことを示していない点です。この定義を聞いて、何のことか具体的に想像できる人はいないと思います。

次の定義も見てみましょう。私が勉強したワイカト大学のチームが『ナラティヴ・アプローチの理論から実践まで』（Monk et al. 1997）という本を書いています。その中で「ナラティヴ・アプローチの実践とは相手に敬意を払いつつカウンセリングをすることである。その意味するところはカウンセリングの過程においてクライエントの持つ力を弱めることなく、クライエントの人生の構築を促進するということである」と述べています。再び、何をするのか、よく見えません。わからないですよね。

それでは、私自身が自分の本の中でどのように書いたかを見てみます。「人を問題の主たる責任者であると位置づけることを拒絶し、物事の本当の真理は存在せず、ただそのことを語るストーリーが存在するという立場を取ること、そして、その人自身に自分の人生を生き抜いていくことのできる資質や資源、能力が必ずや存在しているという仮説を持っていることなどがあげられるでしょう。つまり、その人には必ずや希望があるのだという信念を持っていること、と言ってもいいでしょう」（国重 2013）。

これもナラティヴ・セラピーを知らない人にはわからないことだと思うのです。定義というのは、知らない人にもそのことの特徴が伝わるべきものだと思うかもしれませんが、そうではないのです。知っているからこそ、その定義で表現されているところの妙味がわかるのです。実は、定義というのは、知らない人向けではないのです。定義というのは枝葉を落としてしまいますが、その落とされた枝葉なしに、そのことを十分に理解できないということでしょう。

さて、この三つの定義の中で、ナラティヴ・セラピーの特徴として、浮かび上がってくるものがあります。それは、クライエントがどうだとかこうだとかいっさい言ってい

More Details
もう少し詳しく… by KOU

アリス・モーガン（Alice Morgan）

マイケル・ホワイトのダリッチ・センターで、臨床実践をするカウンセラー。『ナラティヴ・セラピーって何？』（小森・上田（訳）、金剛出版）と『子どもたちとのナラティヴ・セラピー』（小森・奥野（訳）、金剛出版）は、入門書として広く読まれている。

なくて、対人援助の職に就く私たちが、どういう姿勢を持つべきなのか、を示唆していることです。

相手に敬意を示すとか、ある特定の仮説や信念を持つんだとか、非難しないんだ、とかです。そこにあるのは、クライエントについての、その特徴や特性、または障害、人格について述べているのではないということです。心理学では、特に異常心理学のような領域では、人の特性について、主に人の欠点や障害についていろいろな知識を積み上げてきています。セラピーの特徴を定義する場合に、相手の欠点や生きにくさの特性や障害について、どこに焦点を当てたアプローチであるか、という説明をしてしまうことができるでしょう。ところが、ナラティヴ・セラピーが伝えようとしているのは、心理療法を提供する私たちについてのことなんです。なんらかの問題や苦悩に悩まされている人々に接する、私たちの姿勢が大切な点であるとしています。まずはそのことを、具体的に何をするのかわからない定義からくみ取ってほしいと思います。

2節 〈名〉の話

このワークショップで、みなさんが、定義を持ち出してナラティヴ・セラピーとはこのようなものだよ、というような話ができるようになることを望んでいるのではありません。そうではなく、ナラティヴ・セラピーが目指そうとしている、私たちの姿勢であるとか考え方を、ぼんやりとでもいいので、見えるようになってくれたらいいなと思っています。

（1）〈名〉からの影響

それでは、まずは〈名〉の話からしていきたいと思います。名前の話です。

私たちは、名前を聞いただけで、想像できること、理解できることがたくさんあります。たとえば、精神分析療法、たぶんここにいる人は聞いたことがある人がほとんどだと思います。ところがここに、精神分析療法に真剣に取り組んで、フロイトやユングの本を愛読している人は少ないと思います。でもみんななんとなく、どんなことをするのか想像できる気がしませんか。どのようなことかというと、「精神を分析する」っていう名前がついているぐらいなので、精神を分析するんだということですね。

名前がついてると、私たちはその名前から想像ができてしまいます。たとえば行動療法、非常にわかりやすいですね。なんか行動を変えていくんだろうなって想像できる。それから認知療法、いわゆる物事の受け取り方を変えることだろうなと思える。クライエント中心療法、このような名前になるとイメージが強くなるので、人によって想像することがずいぶん変わってきますね。ところが、これはこの領域ではよく知られた技法だし、多くの人がかじったことがあるので、定義的な用語を用いて理解してしまうところがあるでしょう。カール・ロジャーズ（Carl Rogers）の論文をしっかりと読んでいなくても、想像できてしまうということです。

つまりここで重要なことは、勉強したことがなくても、その実践を見たことなくても、なんとなく想像できるということです。名前の持つ力はすごく強くて、詳細についてほとんど知らなくても、名前を聞いたらなんとなくわかるんです。

統合失調症、昔は分裂病とかって言われましたけど、統合失調症なんかも、みなさん真剣に勉強したことがなくても、聞いたことがあるのでなんとなくわかる。つまり、なんとなくこういう人なんだろうなとか、なんか妄想があるんだろうなとか幻覚を持つんだろうなとか、想像できちゃう。

または、〈うつ病〉なんか、ほとんどすべての人が聞いたことがあるので、どんなものかなんとなくわかります。

最近は〈発達障害〉という言葉だけで、なんとなく理解できるようになってきています。ここで重要なことは、しっかりと理解していなくても、何回も聞いたことがあるようなことは、なんとなくわかって、想像できてしまうということです。その名が意味することをしっかりと知らなくても、その名がいろいろなところで使われるようになり、その名がどのように使われるのかわかると、その名を自分でも使えるようになってしまうのです。これは、「門前の小僧習わぬ経を読む」に近いことが、私たちの日常で常に起こっているということです。

東日本大震災が発生して二か月ぐらいしてから、宮城県気仙沼に足掛け2年ぐらいいたことがあります。みなさんに、「津波被害」「福島」「放射能」とか、それに伴う「トラウマ」「ＰＴＳＤ」などというと、「そうですよね」とわかったような反応が返ってくることがあります。名前を聞いただけで、何のことかわかるというわけです。想像できちゃう。

それが悪いとか、良いとかっていう話をしようとしているのではなく、名前が持つ影響力の強さがあるのだ、という話をしています。つまり名前ってそれだけで、そのことを私らに想像させてしまうんです。

〈名〉は、そのものの見え方をあるものに限定していきます。たとえば、「この人はうつ病です」と聞いてしまうと、その人がうつ病の人に見えてきてしまいます。その人には、そこに収まりきらないところがあるはずなんだけど、そういうところは見えなくなるのです。ある名称が、その人のアイデンティティの総称になってしまうということです。

More Details
もう少し詳しく…

カール・ロジャーズ (Carl Rogers)

アメリカの臨床心理学者。来談者中心療法を創始した。カウンセリングの研究手法である面接内容の記録・逐語化や、心理相談の対象者を患者ではなくクライエントと称したのも彼が最初である。

だから「あの人はひきこもりである」と私たちが聞いてしまうと、その人がひきこもっていること以外を想像できなくなります。ところが、その人に、実際の生活パターンを聞いてみると、外には出るし、友達のところに遊びに行ったり、自分で旅行したりっていう側面が見えることがあるのです。すると、そのような話を聞いている私たちの中に何が起こるかというと、理解不能からくる一種のパニックが起こるわけです。〈ひきこもり〉なのに、ひきこもっていないという話をどこに位置づけていいのかわからなくなるということです。

実際のところ、カウンセリングで人と話をして、相手の実際の様子を聞いていくと、このようなことの連続です。学校で生徒にカウンセリングをするときに、「この子、しゃべりませんから」とか「男性が苦手ですから」と先生が教えてくれることがあるのですが、実際に会ってみると、そのように申し送られてきた人間像のままの人というのは、まったくいないということに気づきます。

一つ例をあげます。ニュージーランドで、コロンビア人の女性にカウンセリングしていたら、うつ病という診断をもらっていることを教えてくれました。そこで、うつ病に当てはまらないところはどのぐらいあるのか尋ねました。そうすると、その人はぽつぽつと話し始めてくれました。さて聞いてみたらですね、自分で作った民芸品をマーケットで売っているんです。そのうえ、時にはエクササイズに行って、ボランティアもしているんです。また、コロンビア人のコミュニティの中でいろんな活動にも参加していました。このようなことを話してくれたあと、その人は自分が〈うつ病〉ではないと思うことができたんです。この人は、難民としてニュージーランドに来ました。それまで、

More Details
もう少し詳しく…

東日本大震災

2011年（平成23年）3月11日に発生した東北地方太平洋沖地震による災害およびこれに伴う福島第一原子力発電所事故による災害。同時に発生した大津波と火災によって、膨大な死傷者が出た。

大変つらい体験もいっぱいしていたので、ニュージーランドに来たときにそのような話ばかり精神科医にしたのでしょうね。そのため、うつ病の診断がついたのです。

ここで重要なことがもう一つあります。この人は自分がうつ病だという診断を受けたために、自分は将来発狂するのではないかという恐れを抱いていました。つまり、自分に与えられた名称を疑うどころか、信じてしまったのです。そして、そのことから生じる予期不安を抱えて生きてきたというわけです。このセッションのあとで、そんなことはもう信じない、と話してくれました。

(2) それが何であるかは〈名〉から作られる

〈名〉の話を続けます。私たちは〈うつ病〉と聞いた瞬間に、漠然としたものですがイメージが湧きます。つまり、その名がつけられるまで、生じるまでの歴史や変遷から理解するのではなく、その名前からそれが何であるかを作り出すような形で私たちに作用します。

ここで重要なことは、人と会うときに、そのような名称に導かれて話すと、相手もそのように応答してくれることがあるということです。たとえば、〈うつ病〉であれば、うつ病を裏づける話をしてもらうように、こちらが促してしまいます。そうすると、相手はその路線で話をしてくれます。

逆に、先ほど述べたように、うつ病っぽくないところは残っていないのか聞くと、ちゃんとうつ病的ではないことも報告してくれます。100％うつ病の人はいないということです。ここで、気づくべきことは、〈名〉が提供されると、私たちの会話はすごく制限され、ある方向に導こうとされるということです。

心理療法だけに限らないことですが、いろいろな手法について新たに学ぼうとするとき、私たちはその〈定義〉から入ります。そして、その手法の〈名〉と簡単な〈定義という簡単な描写〉から、それが何かを想像してしまうのです。最初に、何かを想像してしまうのは、避けられないことなのですが、それをその理解のままにしてはいけないでしょう。ましてや、それを相手に教えたり伝えたりするのは、慎重にならないといけません。なぜなら、その技法の名称とその定義ぐらいしか知らないで人に伝えたものは、原型とは別物になっているからです。〈ナラティヴ・セラピー〉が何かという理解は、日本の文献を読むと、ナラティヴ・セラピーという言葉が生まれてきた歴史や変遷を理解されたものではなく、「ナラティヴ」という名前から理解してしまい、そのまま議論を展開しようとしているように見受けられるものが多くありました。

ナラティヴ・セラピーは、「ナラティヴ」という名称がつく前には、しっかりとした名称が決まっていませんでした。その以前には、いろいろな候補もあったのです。たとえば、質問技法にこだわっていたので「質問するセラピー」とか、ポストモダニズムのセラピー、ストーリーを話すことから「ストーリー立てるセラピー」などです。他にも、社会構成主義、外在化、再著述、脱構築、文章化などいろいろな側面がありました。つまり、いずれかが取り上げられて、この心理療法の名称となった可能性もあったのです。

そのような中で、マイケル・ホワイトとデイヴィッド・エプストンは、オーストラリアで出版したものに、1章を追加して北米で出版しました。そのタイトルに「ナラティヴ」と使ったのです。日本語訳の書名は『物語としての家族［新訳版］』(White & Epston, 1990／小森訳 2017) です。このアプローチは、その時点から「ナラティヴ」と呼ばれるようになりました。

みなさんが、何かの治療方法を見つけたとか考え出したりしたとするじゃないですか、なんでもいいです。たとえば一つここででっちあげて「環境統合療法」とか、なんでもいいです。重要な問いかけは、私たちは名をつけてから技法を生み出すのだろうか、ということです。違うと思うのです。いろんな試行錯誤をして、いろんなことをやって、ある程度形ができあがってくる。その時点で、自分たちの取り組みにどのような名称がいいのだろうかと考えて、それにある程度見合った表現を考えるのです。その名前が、自分たちにしていることを完全にではないにしても、ある程度言い表していると思う表現をつけるわけです。つまり、ナラティヴ・セラピーも同様です。「ナラティヴ」という非常に響きの良い名がつけられました。この名称は、この一連の技法が目指そうとしていることを、それなりにしっかりと表現していると思えたのでしょう。

ここまで来ると、どのように日本に紹介されたのかを理解するのは難しいことではないと思います。ナラティヴ・セラピーは、ナラティヴという名称によって、ある程度その取り組みの中心となることを言い表しているのですが、それだけのことではありません。ところが、それまでの経緯を吹っ飛ばして、「ナラティヴ」という名からスタートしてしまったのです。その名称から、それが何であるかについて一生懸命考えようとしたのです。

ここでの話は、一般人についてだけの話をしているのではなく、知識人のことも含めています。「ナラティヴ」という言葉から、いろんなものを作り出したんですね。物語療法だとか、語り療法だとか、いろんなものがたくさん出てきました。その「ナラティヴ」という名から作られたものは、マイケル・ホワイトやデイヴィッド・エプストンが作り上げたものと一致するものではありませんでした。ここで、ナラティヴ・セラピーがかなり誤解されて伝えられたという、不満や憂いを述べているのではありません。そのような気持ちがまったくないわけではないのですが、それよりも、人から受け取る言葉（名称や描写）の影響力の大きさ、そして、そこに内在する危険性について指摘しています。私たちは〈名〉から出発してしまい、そこからいろいろなものを作り上げてしまうのだということを、それを私に対する警告としても話しておきたいと思います。

つまり「ナラティヴとは何か」というのは、いろんな変遷からではなくて、聞いた人がその文脈に合わせて作ります。私はこの創作に興味を持っています。一概にダメだということは言えないのだと思っています。なぜならば、非常におもしろい変容だってあるのです。ちょっと聞きかじりしたのが、ものすごくその人が熟考し、発酵させてくれて、全然違ったものだけれど、できあがったものが非常におもしろいものだということもありえるはずです。ただ、それはオリジナルのものとはまったく違ったものである、ということに気づくことは忘れてはいけないのです。

ナラティヴ・セラピーについて言えば、みなさんに理解してほしいことは、これは「ナラティヴ」という名から想像できるだけのものではないということです。ニュージーランドのワイカト大学のチームは、次のように書いています。

『ナラティヴ』という用語に私達は完全に満足しているわけではない。このアプローチは確かに物語を語るという概念を見事に使用しているが、単にそれだけのことではないからだ。

(Monk et al., 1997)

名称からスタートしてしまうことを、別の領域のことに当てはめて考えてみましょう。たとえば、精神分析の人も同じように言うはずです。精神分析の人に、「精神を分析するんですか?」って尋ねたら、「それだけじゃない」と。行動療法の人に、「行動療法って行動の変容だけですか?」って尋ねたら、「それだけじゃない」と言うでしょう。その名称があることを示しているからといって、それだけをしている人はいないということです。逆に言えば、それだけを厳密にやろうとしたって無理なんです。そんな単純化された技法だけで、私たちが対応する多様な事柄を扱えるわけがないのです。

私がナラティヴ・セラピーをしているからといって、教科書に載っているようなナラティヴの技法だけをしているわけではありません。そこに収まりきらない語りかけや質問をしていきます。でも、そこに常にナラティヴの存在があるのも事実なのです。ナラティヴは、私の臨床の姿勢の土台を形作ってくれています。困ったときに助け舟を出してくれるのです。そして、いろいろなことを考えるときの、理論の拠り所として、私はナラティヴを使っています。ここで重要な区別をしておきたいのです。技法レベルにおいては、教科書に載るようなナラティヴ・セラピーの技法だけではうまくいかないところがありますが、ここでみなさんに伝えたいことは、ナラティヴの思想的・哲学的なところから導かれる姿勢は、広く臨床活動において常に拠り所になるということです。

(3)「一般的なるものへの渇望」

人の話を聞くときに、その人の話は実に多様な側面があるはずなのに、それが表面に出てこないことが多いのはなぜなのだろうかということを、もう少し話します。

ウィトゲンシュタイン（Ludwig Wittgenstein）というドイツの哲学者が次のように述べています。

> 「一般的なるものへの渇望」と言う代わりに、私は、「個別ケースへの軽蔑的態度」と言うこともできた。
>
> (Wittgenstein, 1958)

『青色本』からの引用です。私たちは「一般的なるものへの渇望」を持っている。つまり、真理を求めたい、真実を求めたい、真理を求めたいという欲求があるということです。それは、〈渇望〉というような上品な言い方をしないとすれば、「個別ケースへの軽蔑的態度」だということです。

たとえば、うつの人の特性だとか、有効な治療法だとかを求めて、みんな研修会に参加するのだと思います。しかし、私たちは自分の目の前にいる**その**人に対応する必要があるのです。それを一般的な知識に当てはめて対応するということは、大変厳しい言葉だけど、ウィトゲンシュタインは「軽蔑的態度」だと言い切るわけです。私たちはその言葉を真摯に受け止める必要があると思います。

ウィトゲンシュタインがこの言葉を述べた文脈は、対人支援のことではありません。ウィトゲンシュタインがカウンセリングの話をしているわけではありません。『青色本』は、極端に難しくないし、短いので一読してみてください。私が引用したところは、全然違う文脈のところからのものです。

しかし、私は対人援助の仕事を生業とするものとして、ここを重要視したいのです。つまり、自分の目の前に現れる人は、一般的概念、診断名、通称などで単純に理解できるような人ではないということです。でも、そのように見てしまうことしきりです。その人に与えられた〈名称〉で、理解してしまいますよね。これを、ナラティヴ・セラピーでは、「ひとくくりにする描写」（Monk et al., 1997）と呼びます。

一言で要約され、わかったような気持ちにさせられるのですが、その人について大変「薄い描写」（White, 1997）しかしていません。たとえば、「この人は発達障害です」と言われると、そこで合点してしまいます。そして、そこで会話が終わってしまうのです。その人自身が個別に持っていることについてのことは語られないままにとどまるのです。それは、その人の能力だとか、好きなこと、今まで取り組んできたことなどについては、いっさい語られないままに、会話が終わっていくのです。カウンセリングの中で、この薄い描写をそのままにしておくと、その人をめぐる描写は薄いままなので、その人の可能性だとか、目指したい方向性だとかが全然見えてきません。

そこで、ナラティヴ・セラピーでは、そこにとどまるのではなく、その人に対する「豊かな描写」（White, 1997）を求めていきます。これは、ポジティヴであるとか、アプリシエイティブだとか、前向きのことばかりの方向性に行くことだと思ってしまうかもしれませんが、ナラティヴ・セラピーでは、特にこちらに行かなければいけないということを示唆しているのではありません。確かに〈ポジティヴ〉なものは、その人にとって大切なことでしょう。しかし、ポジティヴな方向性だけにとどまることの弊害にも気づいています。苦しんでいる人や悩んでいる人に、ポジティヴであることを強いることは、あまりいただけません。あえてポジティヴな語りに誘導することは、ある領域の語りを薄いままにとどめてしまうことになってしまいます。

ナラティヴ・セラピーでは、その人をめぐる語りが豊かになるということがポイントになります。いくらつらいことであったとしても、通説通りの解釈に当てはめたような語りではなく、その人が今まで生きてきた人生の、いろいろな側面に関連づけて話すことができたら、豊かに語るということにつながるのです。

その際に興味深いことは、人の体験をめぐって豊かな語りを聞くと、それはその人にとっても意味があるのですが、その人に対応している私たちにも大きな意味があります。それは、私たちの中にある、その人に対する見方とか、問題に対する見方が大幅に変わります。私たちの中に変容が起こるのです。そして、そのような変容は、私たちのその人に対する接し方を変えていくでしょう。つまり、豊かな描写を求めていくことの重要な点というのは、私たちが相手に対する接し方が変わり、そのことが、相手の変化を促す可能性があるということなのです。

私たちが、どのように相手を見ることができるのかということが、どのようなカウンセリングを提供できるのかということに直結するのです。

(4) 名を持つものは、必ずしも実体があるとは限らない

〈名〉というもののおもしろい側面をもっと考えてみましょう。次のことはよく考えていくと、対人援助職に就く私たちには、恐ろしいことでもあります。

> 名称を持つのは実体であり、存在物であり、それを独自の存在を持つものであると信じる傾向は常に強い。そしてその名称に対応する実在が見つからない場合、そこには何も存在していないのだが、それは特別に難解で神秘的なものだ、と想像をめぐらしてきたのだ。
>
> ジョン・スチュアート・ミル（Mill, 1869）

具体的な話をしましょう。最近、オープン・ダイアローグが日本で知名度が上がってきています。その人たちの語りとか書いてあることを追っていくと、統合失調症なんて、ある一つの考え方に過ぎないと言い切るわけです。「統合失調症」という概念によって、ある種の現象を、ある程度うまく説明でききました。だけど、それは一つの考え方に過ぎないいんだ、ということです。

２０１６年に『精神病と統合失調症の新しい理解』（Cooke, 2014）という本を訳して出版しました。英国心理学会・

臨床心理学部門が報告書としてホームページ上で公開したものです。この報告書ですが、オリジナルの英語版（Understanding Psychosis and Schizophrenia）は全編無料でダウンロードできます。

この報告書の中で、英国心理学会・臨床心理学部門の統一見解として示そうとしているのは、統合失調症の診断基準さえも、その根拠がないということなのです。それは、幻聴のことです。幻聴とは、誰もその人に向かって話しかけていないのに、声が聞こえてしまうのです。これは、内言ではありません。その人には、聞こえています。

最近のリサーチによると、精神科を受診しない人の中にも、声が聞こえている人が多くいるということがわかってきました。その声は、別に害でもなく毒でもなく、時には適切なアドバイスをしてくれるので、心療内科とか精神科にかかる必要はないのです。つまり、診断として絶対的な基準だったはずの幻聴が、診断項目としての根拠を失うという事態になってきたのです。

もしそれでも、それを診断基準として適用するというのであれば、普通に生活できている人たちも含めて、統合失調症にしてしまうということです。それは、倫理的にできることではありません。

「統合失調症」という名称を与えられたものがあるとしても、それが、本当にそのような実体を持つものかどうかは、疑ってかからないといけないのだということです。確かに、みんなその名称を知っているし、それがあたかもあるかのように語るけれども、本当に実在すると受け取っていいのか、ということです。

多くの人に共有されていて、それが実体を持つものとして語ることができるけれども、

More Details
もう少し詳しく…

オープン・ダイアローグ（Open Dialogue）

オープン・ダイアローグとは、統合失調症に対する治療的介入の手法。フィンランドの西ラップランド地方に位置するケロプダス病院のファミリー・セラピストを中心に、1980 年代から実践されている。「開かれた対話」と訳される。

そうではないとわかるものをあげることもできます。たとえば、ユニコーン、ドラゴン、UFOなどがその例です。人間のことについて言えば、フロイトが深層心理を見つけたということになっていますが、それだって一つの考え方です。

人間についてのいろいろな説明概念があります。ナラティヴにおいては、それがまったく間違っているとか、存在してはいけないと言っているのではありません。ただ、それを確実に存在するもの、つまり真実であると受け取るのはやめましょう。それは、一つの考えであるということにとどめておきましょう、ということです。一つの考えだとすれば、他の考えもあるはずです。その他の考えを持つためにはどうしたらいいのだろうか、ということに注意を向けていくのです。

人によっては、ある診断名がマッチして、それによっていろいろなことを理解できるようになり、助けになったと思う人はいるでしょう。その有益性を否定するのではありません。「統合失調症」という診断名がその人の助けになるんだったら、それでいいでしょうという立場です。ところが実際に何が起こっているのかを見ていくと、のっけから「あなたは統合失調症なので薬を飲み続けるしかないんですよ。それは糖尿病と同じなんです」というような実践が今でも行なわれているでしょう。先ほど紹介した報告書によると、日本だけじゃなくてイギリスでもあるのです。でも、この報告書は、そのように専門家が言い切れるほど根拠はないのだ、と主張するのです。

(5) 私たちの〈想像力〉という問題

私たちの周りにあっていろいろなことを理解するためにある名称は、実は説明概念なのです。つまり、説明するときにその言葉を利用すると便利なのですが、当然のことながら、すべての状況に通用しません。また、ある特定の事柄をうまく説明してくれるのですが、人は多様な存在なので、その人のことを説明し尽くしてくれることはないのです。

今学校では、発達障害のことについて熱心に取り組んでいます。この発達障害ですが、どこにでもいます。大人にも当てはまります。ちょっと変わった側面を持った人に対して使えてしまう、大変汎用性のある、便利な言葉なので、どんどん広がっています。その説明概念がどのぐらい拡大解釈していくのだろうか、ぜひとも興味深く見守っていてください。

他にも汎用性があり、便利な名称はあります。たとえば、「うつ」「トラウマ」などがすぐに思いつきますね。このような言葉の使われ方は、診断基準にしっかりと一致しているかどうかなどといった、厳密なところはありません。それが、便利だから、うまく説明できるから、広まってしまうのです。それを流行語と言ってもいいでしょう。このような言葉で人を理解してはいけないのです。このような言葉で、その人のことがわかったと思ってはいけないということです。

東日本大震災のあとで、宮城県の気仙沼市に入り、通いではなく滞在して、被災者と関わりを持つことがありました。そのときに、私たちの想像ができることについていろいろと考えさせられることがありました。

私たちは、現地に入る前にいろいろと想像できることがあります。何かというと、海から津波が来て人が流されて人が亡くなってしまう、自分の家族または知り合いが亡くなってしまう、そのようなことがどれだけつらい体験なのか、ということです。特別、想像力豊かな人ではなくても、それを想像しただけでつらくなってきます。そのように想像できたこと、容易に思いついたことというのは、完全に間違っているということはないですし、それは一般論として受け入れられるものでしょう。

でも、ここで何を言いたいのかというと、誰も白紙の状態で現地に入るわけではないのです。専門家であれば、なんの予備知識なしに行くなんてとんでもないと思うでしょう。そのため、初めて現地に赴くときでさえ、事前に収集した情報に基づき、あるいは、自分の想像に基づいて、物事を見ることになるのです。たとえば、地震被害を受けることとか津波被害を受けることとはどういうことなのか、についての事前情報です。崩壊した町並みを見て、どのようなことが起こったのか想像できる。そこにいる被災者たちが大変だということも想像できるのです。これらは、総論としてみれば、当たり前のことです。

私も多分に漏れず、そのようにして被災地に入りました。地震と津波が起こって、約二か月経ってから行ったのです。そこで、高等学校を担当させてもらいましたが、学校の様子が全然想像したものと違うんです。自分の想像が全然違うことに、かなり困惑しました。私が見ているものはなんなのだろうかと思ったのです。

そのときの手記がありますので、ここに紹介します。震災後二か月して高等学校が再開したときに、私も赴任しましたので、そのときのものです。

「生徒たちは不思議なぐらい普通に近い状態でいます。教員に授業中における変化を尋ねていますが、極端な変化を感じないということでした。実際には家を完全に失った人、保護者を失った人、肉親を失った人、親が職を失った人がたくさんいて、このような話をいたるところで聞くことができます。子供たちは周りに非常に気を遣っているので、普通通り振る舞っているのではないかということも考えられます。これについては、何人かの生徒と話をしましたが、私はまだ良かったという、周りと比較して、自分の体験を位置づけようとしている生徒がいました。つまり、まだ良かったので、そんなに嘆き悲しんでいる場合ではないということに繋がるのだと思います。また子供たちの反応として、普通にすること以外、振る舞いようがないのだろうとも考えたりしています。学校に来て普通や平常を感じ、そのように行動していくこと自体大切なこととして感じられます」

（国重 2014）

私が赴任した高校は制服の着用を義務づけていました。自宅に被害があった人は制服を失っていますので、学校を再開しても、私服で学校に来ていました。当然、被害に遭っても制服だけは大丈夫だったという人もいると思いますが、学校の生徒をざっと見ていると、どの程度の生徒が家の被害にあったのか見当をつけることができたのです。数えることはなかったのですが、感覚的に言えば、三分の一以上の生徒が私服で来ていたと思います。

また校庭には、自衛隊のキャンプができていたり、体育館は避難場所になっていたり、武道館には自宅から学校に通えない生徒が寝泊まりしていました。

ところが、学校の中にいて、生徒の様子からは、被災者の特徴的なものを見出すことができなかったのです。生徒たちの表情から何かを気づくことができなったのです。廊下で、生徒たちは、ふだんと同じように見える仕方で談笑し、ふざけています。または、先生も、たぶんふだんと同じような感じで、生徒を指導しています。実に、ふだんと変わらないように見えたのです。

被災地に特別派遣カウンセラーとして赴いた私としては、これに悩みました。どういうことなのか、と。つまり、事前に想像したものがない、ということなのです。おもしろいことに、専門家として考えるのは、そんなことはない、ということです。それで、一生懸命、目的の現象を探そうとするわけです。実は、生徒はつらいんだろうとか、悩んでるんだろうとか、苦しんでるんだろうとか、そういう側面を示唆するものを見つけようとするのです。

現地に入った専門家の人たちも、懸命にその想像したものが想像したようにあることを探すために観察し、相手に問いかけていたのです。その人たちは、自分たちが想像したものが欲しいばかりに、次のように語りかけます。「つらかったでしょ?」って、「苦しかったね?」って。

そのように聞かれる立場の人のことを考えてみてください。自分たちの身にひどいことが起こりました。「家が流されて、つらかったですね?」と尋ねられたら、なんと答えますか。それは、「心配してくれてありがとう」という気持ちになるので、「違います」とか言えません。「はい」とか、うなずくことしかできないでしょう。このような問いかけは、実は本人が自分で感じている多様な心境を語るように促すような性質のものではなく、質問する側の視点をただ提示して押しつけているだけです。でも、そのような状況では、反論することは失礼になるのでできないということです。

このようなことが、どの程度起きているのか生徒に尋ねたことがありました。ある生徒が教えてくれたのですが、次のようなことがあったということでした。

震災が起こった年に、被災地では修学旅行に行けるような状況ではなかったのですが、他県からの支援があって、修学旅行に行けるようになりました。そこの学校は確か大阪に行ったと思います。そこの旅館で、被災地の高校から生徒が来ているというので、旅館で働いている従業員が声をかけてくれたというのです。「つらかったでしょう」「大変だったでしょう」と。生徒のほうは、確かに大変だったし、つらかったことも多々あったのですが、それ以外のことも多くあったのです。しかし、そのような声かけだと、それ以外のことについては語ることができないのです。

当時、現地で生活しながら、被災者という人たちのことを観察すると同時に、現地に訪れる人がどのように被災者に対応しようとしているのかも観察していました。そこで思ったのは、みんなして想像したものを一生懸命探そうとしていたのです。そこで使われる質問は実に単純なものです。見事なまでに単純な質問です。「津波があったけどどうだったの？」「この震災はあなたにどんな影響をもたらしたのですか？」「あなたの体験から見えたこの震災について少し教えてもらってもいいでしょうか？」などといった、人それぞれの体験をその人の視点から聞くような質問から入るのではなく、自分たちが想像したところから入るのです。

メディアも実に典型的です。現地に記者を派遣して、現地の様子を取材することになります。ある記者と話をしたのですが、その記者は、そのような想像するところから入るのではなく、ちゃんと何が起こっているのかをしっかりと観察して、避難所の様子について記事を書いたのです。そして、それを本社に送ったら、「何を見ているんだ。そんなはずはないだろう。もう一度書き直せ」と言われたそうです。

重要な点は、現実に起こっていること、そして個人個人の体験は、私たちが容易に想像できるようなものとは違うということです。

そのような体験は、確かにショックだったし、つらかったし、苦しかったし、悲しかったでしょう。ものすごい状況だったとしか表現できないようなことでした。しかし、実際にそこで暮らしている、生きている人たちが体験していることは、みなさんが想像するような単純なことではないのです。

繰り返します。大変だったのは大変でした。今でも大変です。このところは変えるつもりはありません。しかし、私たちが外部からの情報で勝手に想像することと、現実はまったく違うということなのです。

3節 〈問題〉を存続させるもの

さて、このことが私たちの対人援助の仕事にどのように関わってくるのか、考えてみましょう。

(1) 普遍的な問題はない

相談業務で提示される問題に私たちは遭遇していきます。たとえば、「うつ」「不登校」「発達障害」「双極性障害」「統合失調症」などいろいろとあります。多くの場合、この単純な名称は、ただこの名称だけで、私たちにいろいろなことを想像させてしまいます。そして、私たちは何かわかったような気持ちにもなってしまうのです。まだ何も詳しいことは聞いていないのに。現実は、想像から生まれる単純化されたものよりも、多様であり、複雑であるというのに。

このような名称を提示されることだけであるにもかかわらず、これだけの力を持っているのは興味深いところです。このような名称について、ナラティヴ・セラピーの視点で考えてみましょう。

問題の名称は、私たちにそれを解決するように誘ってきます。たとえば、「不登校」と聞けば、学校に行けるようにしよう。「うつで苦しんでいる」と聞けば、気分が晴れるようにしよう、元気にしよう。このように自然と考えてしまうのです。

ところが、不登校はなんで存在しているのだろうか、不登校を存在させているものはなんなのだろうか、というところから検討を始めることはあまりないのではないでしょうか。この視点は、どのような問題も、ある社会文化的な文脈の中に位置づけられており、その中でこそ、今私たちが理解している意味とか、重要性を持ちうるのだという、社会構成主義からのものです（たとえば、Burr, 2015; Gergen, 2015）。言い換えると、いかなる問題も文脈によって支えられているので、それ抜きに考えることができないということです。さらに言えば、特定の文脈という条件付きのものだということです。文脈が変われば違った理解の仕方や見方が生まれるということであれば、私たちが手にしている理解や見方も、多くあるうちの一つでしかないということです。それは、現実を単純化して切り取り、理解しやすくするための、一つの切り口でしかないのです。

すると、何がその文脈を支えているのかということに興味を持つことさえできるようになっていきます。社会文化的な側面が見えてくると、普遍的な問題は存在し得ないということがわかってきます。普遍的というのは、あまねく行き渡ること、すべてのものに共通して存在するものです。ナラティヴ・セラピーの発想として、まず問題の普遍性を否定します。絶対的な問題はないんだ、と。社会一般に認められ、通説と見なすことができる、一般的な考え方はあるけど、それがいかなる状況においても、他の時代においても、他の文化においても、変わらないものではありえない、と考えるのです。

問題は、時代や場所、そして文化が変われば異なっていきます。アルコール依存症についてですが、ニュージーランドでは、毎日飲酒するのであれば、ほぼアル中と見なされます。また、酒を飲んでの失態については、日本文化は寛大ですよね。でも、ニュージーランドでは、飲みすぎて自分の失態を晒してしまったら、すぐに悪い評判がつきまといます。そのため、ニュージーランドでは、あまり気楽に心済むまで酒を飲むことができません。常に自制しながら飲まなければいけないという、プレッシャーの中で酒を飲むんです。なんのためにお酒を飲みますか？　酔うためですよね。飲むんだったら、酔って気持ちよくなりたいですよね。ふだん抑えているので、飲むときぐらい楽しくいこうよ、という考え方は、日本人では理解されるのではないでしょうか。でも、ニュージーランドでは、羽目を外したらダメということになります。そのぐらいプレッシャーのあることなんですね。

ニュージーランドに住んでいる60歳を超えたぐらいの日本人がいるんですけど、ブツブツ文句を言うんです。ニュージーランド人と酒飲んでもおもしろくないんだ、全然、本人の素の姿を見せてくれない、と。また、道ばたでも、千鳥足で歩いているような姿を見かけないので、アル中なんていないように見えるのですが、アルコール依存症の診断数が多くて、社会問題になっています。それは、社会文化的に許容量が少ないので、すぐに診断されてしまうのです。

逆に日本なんて、どれだけ文化的に許容量があるのか考えてみたらわかると思います。アルコール依存症だろうと思うような人は周りにいると思いますが、診断に至るということはあまりないでしょう。以前は、内科で、本人が「ちょっとアル中だけは勘弁してください」って懇願したら、肝硬変とか肝炎みたい診断名で、治療を受けることもあったのです。

More Details
もう少し詳しく…

by KOU

ニュージーランドのお酒事情

ニュージーランドで、飲酒問題に対する意識は高い。そのため、18歳未満のものが法的にアルコールを購入できないようにしているし、その規制はかなり効果的である。しかし、アルコールが、交通事故、家庭内暴力、メンタルヘルスなどに与える影響は依然として大きい。

日本では、酒の場のことは無礼講として、大目に見てくれることがあるが、ニュージーランドではかなり厳しい目で見られる。ニュージーランドに行ってお酒を飲むときにはご注意を。

アルコール依存症のことを一つ例にとりましたけど、問題のあり方は、場所によって異なるということです。同じ名称であるにもかかわらずです。

ちょっと脱線しますが、私の友人で20歳に満たないニュージーランド人に、日本の居酒屋では、一定料金で一定時間飲み放題というコースがあるということを説明したのですが、本当にびっくりしていました。それは、クレイジーだろう、と。なんでそんなことができるのだろうかと理解できない様子でした。

(2) 不登校数を一瞬にして解消する魔法

時代もそうですけど、場所が変わったら名称は同じでも、全然違ったものになります。

不登校問題ですけど、実はニュージーランドでも学校に来ない子どもはそれなりにいます。学校に行かないとか、親が行かせなかったり、日本のパターンと全然違うんです。日本では、親がちゃんとしているけれども、子どもが学校に行かないという状況があると思います。ニュージーランドでは、これは養育者側の問題であるという認識があります。ちゃんと働いていないとか、食事の準備をしてくれないとか、虐待をしてしまうとかですね。親がちゃんとしていても、学校に行かない場合は「ワギング（wagging）」と言うのですが、「ずる休み」という言葉で理解されたりします。ニュージーランドでは、問題の切り口としてこのような視点を持っているということですね。

何より興味深いことは、ニュージーランドには〈不登校問題〉がないんです。なぜかというと、子どもが心理的要因で学校にいけない、とは見ないから、不登校問題ではないのです。学校に行かないっていうこと自体は、共通の現象としてありますが。それに対する対応方法は、親に対する支援が必要だということになります。または、食事を満足に取れないのであれば、学校で朝食を出そうかと。

ニュージーランドは酪農国家です。酪農家は自分の牧場に住んでいるので、町から離れたところに家があります。町の中には住めないわけです。そのような社会には、昔から距離的に学校に通えない子どもたちがいたので、通信教育も用意されてきました。通信教育でも子どもを育てることができる、子どもが育っていけるということを、長年の経験の中で培ってきたところもあるのです。そのような社会では、学校が合わないのであれば、通信教育に移行することもできるし、それについて懸念を示すような社会文化的な言説もあまりないので、安心して移行できるということです。

だから日本の社会はまだこの手段をとるところまでいっていないと思いますが、不登校問題を一瞬にしてなくせる魔法があります。小中学校不登校の子どもたちのための通信教育を作って、そこに所属させたら、不登校児の数は一瞬にして消えるわけです。当然のことですが、私たちが対応すべき問題がなくなったわけではありません。子どもを支援していくこと、教育していくことの大切さは、私の仕事上痛切に感じています。でも、数字だけの問題だったら一瞬にしてなくせるのです。

誤解してほしくない点を繰り返しますが、通信教育を作ったらすべてが解決するなんてまったく言っていません。だけど不登校だからと、みんなが必死になって学校に戻そうとして、学校に行けない子どもを目の前にどうしようと途方に暮れている状況もあると思うのです。でも、実際通信教育で、自由にやったほうがうまくいく子どもがたくさんいるわけです。それで救われる子どもがたくさんにいるわけです。

つまり、今、私たちが住む社会文化的な枠組みで理解している〈不登校問題〉というのは、子どもたちのことのように見えるかもしれませんが、社会のシステムや制度のこととして見ることも可能なのです。

More Details もう少し詳しく… by KOU

ニュージーランドの不登校問題

学校に来ない、中退する、保護者の都合で転々とするなど、子どもが学校で安定して教育を受けることについて課題は多い。保護者が子どもに安定して食事を提供することができずに、朝食を食べることができず、そして昼食を持ってこない子どもも多い。ニュージーランドでは、学校に来る・来ないだけを扱うことでは不十分なのである。多角的な支援をすることが求められるが、なかなか十分な支援が行き届かないところである。

（3）問題を問題として認識し、存続させる

私たちは、あることを問題として認識できる枠組みを手にすることによって、問題として見ることができるようになります。認識できる枠組みがないものは、問題として見ることもできないのです。

そしておもしろいことに、認識できる枠組みを手にしてしまうと、そのことを問題として見続けるということになります。それがいかに問題であるかということを、いたるところで語ることになるわけです。「それが問題である」という語りは、「それが問題である」という認識を強化し、社会的な真理として、つまりはどうしようもない問題として、存在するようになります。

「それが問題である」という語りの文脈の中では、それを解消する手段は、その問題に対する直接的な対抗策を講じることでしか解決できない、と私たちに確信させていきます。つまり、不登校に対して登校、休職に対して復職、うつに対して元気、どもりに対して流暢性、怒りに対してマネジメントなどです。おもしろいことに、それに真っ向から取り組んでいる専門家が直面することは、そのことを解決することの困難さとそれに伴う無力感です。そこで、よりいっそう良い方法を求めて奔走するか、その〈業界〉から足を洗いたくなります。

これは、「それが問題である」という語りの文脈で、正当性を持つような解決方法は、その問題の根本的な解決方法につながることはなく、逆に、それが問題の存続に大いに貢献するようになるということなのです。それを解決するように取り組むことで、そこに居座り続けることになります。つまり、専門家がそれに真っ向から取り組むこと、そのこと自体が、その問題が存続できるための必要要件となっているのです。

日本の社会では、発達障害のことが大きく取り上げられており、そのことについて、いろいろなところで啓発活動が行なわれています。ある程度、この活動は成功を収めていますが、これによって発達障害は日本の社会問題として、今後とも居座り続けるでしょう。これについて、真っ向から取り組むことが、どのような閉塞感、無力感、そして希望のなさを作り出してしまうのかについては、関係者の人たちは考えていく必要があると思います。

日本に住んでいたときに、私はスクールカウンセラーとして勤務していました。そのときに不登校状態にある子どもの対応をしていました。しっかりと統計をとっているわけではありませんが、感覚的にどのぐらいの確率で在学中に子どもが学校に戻るのかというと、40人ぐらい中、せいぜい数名ぐらいです。その程度しか学校に戻ってくれませんでした。私は、自分のカウンセリングをこの数字で測ることはしたくないのです。それは、私の治療成績が悪いので、現実を直視したくないというのではありません。そんなところ見たってダメだ、と思うからです。

私は、「一つの標語を持っています」と不登校状態にある子どもやその保護者、関わっている教師に伝えていました。それは「今日も、元気で、不登校」というものです。私は子どもを学校に戻すことにはあえて努力しなかったのですが、子どもを元気にしたいと思っていました。そして、そのことであれば、けっこう確率は高かったと思っています。たとえば、私の前でちゃんと話せるようになったり、家のことができるようになったり、自分が興味のあることにしっかりと向き合えるようになったり、将来のことを話せるようになったりです。

単純なことですが、元気がなかったら、何もできないじゃないですか。元気だったら中学校不登校でも高校だけは行こうかなって思うし、元気だったら高校ダメでもじゃあちょっと大検受けようかなってなりますけど。不登校プラス元気も出ないのであれば、可能性がどんどんなくなっていきます。ただ愚直に「元気出せよ」とは言いません。話をしたり、子どもがすでに持っているところを認証しながら話を進めていくのです。

無理に学校に行ったら、元気を奪われるばかりになることもあるのです。実際のところ、無理して学校に戻っても、あまり元気にはならないのです。なぜかというと、不登校状態になったあとで、学校に戻るときの話を聞いたことが多々ありますが、つらいし、苦しいのです。その苦しみの話を聞いている、私のほうが泣きそうになります。そして、親も教師も、どれだけ続けられるのだろうかということを、多大な不安を抱えながら見守るというわけです。「大丈夫だろうか？　大丈夫だろうか？」と心配することしきりです。残念なことに、たいていは大丈夫じゃなかったりするのです。学校の子どもを戻すことに真っ向から取り組むと、誰もハッピーじゃなくなります。

（4）クヨクヨすること

ある問題の表現に取り組んで、それにはまっていく、その中に沈み込んで出ることができなくなるということがあります。その例を一つあげたいと思います。

この会場の中にも絶対いると思いますが、日本の人たちは、よくクヨクヨしますね。人の相談事を聞いても、「私は小さなことにクヨクヨするんです。どうしたらいいのでしょうか」ということが出てくると思います。広辞苑によると、クヨクヨするとは、「気に病んでも仕方のないことに心を悩ますさま」のことです。

ここで、パオロ・マッツァリーノ（Paolo Mazzarino）さんが『反社会学の不埒な研究報告』（マッツァリーノ2005）で書いていることを紹介しましょう。マッツァリーノさんが日本の文献やメディアで、歴史的にどの程度「クヨクヨ」という言葉が使われているのかを調べたのです。すると、ある年にこの言葉の使用頻度が爆発的に増えているということがわかりました。それは、１９９９年のことです。

つまり、１９９９年から日本人はクヨクヨについて語り始め、大々的にクヨクヨし始めたのです。そこで、この年に何があったのかを調べてみると、ある本が出版され、ベストセラーになったということがわかりました。それは、リチャード・カールソン（Richard Carlson）の『小さいことにくよくよするな！　しょせんすべては小さなこと』（Carlson, 1997）です。

つまり、この本が売れたことにより、この言葉が一般にも広がり、多くの人が利用し始めたということです。ここで、マッツァリーノさんは「カールソンさんは自分がくよくよしている人たちを救っているつもりなのでしょうが、現実では逆なんです。くよくよしないための百のヒントとは、裏を返せば、くよくよするためのシチュエーションを百個紹介してしまっているのと同じことです。この本のキャッチフレーズが、所詮すべては小さなことって、だったら、黙っててくれればいいのに」（マッツァリーノ2005）と書いています。

クヨクヨは、今でいう流行語大賞に匹敵するような言葉です。ですので、「小さなことにクヨクヨしてしまうんです」という問題が語られるので、みなさんは、なんとかクヨクヨしない方法を探したくなるかもしれません。でも、クヨクヨするとかしないとかは、昔流行語になったようなことだということが理解できれば、そもそもその問題の見方も変わるかもしれません。昔の日本人は、クヨクヨではなく、キナキナしていたそうです。ですので、物事の歴史を見ていくと、私たちが取り組もうとしている問題が、実はどのようなところから来ているのか理解できることがあります。そして、その理解に基づいて取り組むことは、単に「クヨクヨしない」ことにではなく、より幅の広い、多角的なものとなっていくのです。

『ナラティヴ・セラピーの会話術』（国重 2013）に載せたのですが、カウンセリングのデモンストレーションで、ある女性カウンセラーが「小さなことにクヨクヨしてしまうんです」という話をしてくれました。

そこで私は、クヨクヨする、クヨクヨしないの話をすることはありませんでした。何を確認していたのかというと、クヨクヨすることの背後にある意味について、一緒に探していったのです。すると、出てきたことは、その人は、若いときに気を配ることが足りなかったので、人を傷つけたことがある、なので、その人は他の人に対して人の何倍も気を配りたいと思ったのだということでした。その人は、そのように自分に課してきたのです。当然のことながら、人のことに気を配っていくのであれば、人の言動は気になるわけです。そして、クヨクヨもするということです。

しかし重要な点は、それはその人が自ら進んでしてきたことであり、そのことを止める気持ちはないんだ、と表明できたことです。そこで、それは「小さなことにクヨクヨしてしまう」という描写で語るようなことではなくなってきていると思うので、何かこのことにマッチする表現はないだろうかと尋ねました。すると、「気遣い」とか「心くばり」みたいなものと答えてくれたのです。

このプロセスについて、私は『ナラティヴ・セラピーの会話術』の中で次のように説明しています。

> 「小さいこと」に「クヨクヨ」することが、ここまでの話としての主題であると理解することができます。しかし、私たちは、「小さいこと」がどのようなものなのか、分かったようで分かっていないかもしれません。また、相手が「小さいこと」という言葉によって、何を伝えたいのかも、分からないのです。そのため、私は「小さいこと」とは何であろうかと、脱構築しています。その「小さいこと」が、なぜ小さいことなのかを理解するために、誰がその「評価」を加えているのかについて、確認しようとしています。すると、夏美さんは、それが「大事なことかもしれない」という側面も伴っているものであるということを伝えてくれます。今までにしっかりと考えられてきた人なのでしょう。自分がしていることに対しても相当振り返ってきたのではないかと想像できます。
>
> そしてこのときに、私は、夏美さんの問題を「小さなことでクヨクヨする」ことであるという描写としておきたくはありませんでした。そこで、代わりとなる描写を夏美さんから求めています。一部の名称の変更は、問題の全体像に影響を与えることができます。「小さなこと」が「気遣い」や「心くばり」に変更されたことによって、「クヨクヨ」も変更されていきます。「気遣いや心くばりにクヨクヨする」とは言わないからです。そして、「小さなことにクヨクヨすること」は止めたいのかもしれませんが、「気遣いや心くばり」であれば、止める必要性もなくなるのです。そして、「そういうことを止めたいとは思っていないですね」とまで言えるようになるということです。
>
> （国重 2013）

そうすると、ここで私たちが何を考えて何を検討していかなくてはいけないのかというと、私たちに〈名〉を持つ問題が提示されるということ、そして、その〈名〉は私たちになんらかの解決、つまり、一つの方向性を提示してくるということです。そのときにそれに真っ向から取り組むのではなく、何がその問題を支えていて、どのような語りが繰り返されているからそれが問題として存続しているんだろうかと問う姿勢が重要になるのです。これは、意識して思考を試みるところですし、練習というか経験も必要になるものです。いわゆる何がこの問題を支えているんだという視点で問いかけ、対話をすることが、ナラティヴ・セラピーでは求められるのです。その問題がその状態を維持しないで、そのまま居座り続けないためには、他にどのようにその問題について語る選択肢があるのだろうかという、探索の旅に出る必要があるということです。

(5) 不登校をめぐる会話

次に不登校の例をとって話をしてみます。

「不登校」という演題の舞台を想像してみてください。まず舞台があります。そして、それを見ている観客がいます。その舞台の上では、登場人物が「不登校」をめぐってのドラマが展開されています。登場人物は、不登校状態に陥ってしまっている子ども、そしてその子を取り巻く家族、教員、生徒たちとなるでしょう。「不登校」の解決に向けてこの舞台上の登場人物で取り組んでいくのです。そこでのドラマは、誰が悪いのかという話になっていくことは容易に想像がつくのではないでしょうか。

さて、ナラティヴ・セラピーは、登場人物だけに焦点を当てるのではなく、舞台を上演している〈舞台〉そのもの、そしてそれを見ている観客を見ようとするのです。もし、その舞台設定（世界観）が異なれば、当然どのようなドラマになるのかが変わるでしょう。現実の正解に照らし合わせて言えば、他の文化・国という舞台設定にした途端、そこで繰り広げられるドラマがまったく変わるということです。舞台ということであれば、演出家や脚本家が変われば、そこで繰り広げられているドラマが変わるということです。

先ほど述べたように、不登校状態にある子どもが「学校に行きたくない」と、日本という舞台設定で言えば、大変な大騒ぎになりますが、ニュージーランドに舞台を持ってくれば、「じゃあ、通信制の学校に行ってみたら」という話が出やすくなるというわけです。それは、親や先生がそのような人だからそのように言うのではなく、そのようなことを言わせてくれる舞台に立っているから言えるようになるのです。この違いが意味することの大きさにぜひとも思いを馳せてみてください。

このような舞台装置を、社会構成主義ではディスコースと呼びます。これは、私たちの考え方や振る舞い、発語を導いていくもので、私たちが住んでいる文化、歴史、言語的なものに密接に関係しているものなのです。ディスコースは単一ということではなく、いくつもあるのですが、その時代や文化に根ざして、それこそが唯一のものであると私たちに信じ込ませるようなものがあります。そのような影響力が多大なものを、支配的なディスコースと呼びます。

舞台というメタファーで理解できると思うのですが、私たちは、そのような上演を見るときに、舞台装置（世界観）を見るのではなく、舞台の上の人々のやりとりを追っていってしまいます。そこが焦点化されてしまうのです。ところが、ナラティヴ・セラピーでは、この舞台設定を見ていきたいのです。そして、そこは、多くの観客たち、つまり舞台に登場していない人たちが、ある指向性を持ったまなざしを向けている場ともなっているのです。

学校の先生やスクールカウンセラーと話していて、学校に来ていない子どもに向かって、どんなにその子どもが学校に来ることが苦痛で難しいだろうと思っていても、「学校に来なくてもいいから」とは言えないという思いを持っていることが多くありました。もしそんなことを言おうものなら、自分が誰かに責められるような気がするのです。それでも、どうしても言いたい気持ちが抑えられなかったり、言わざるを得ないのであれば、周りをキョロキョロ見回して誰もいないことを確認するとか、相手に誰にも言わないように念を押してから、伝えるようなときがあります。それこそ、実際には見られていないのですが、自分の振る舞いを見ている観客がいるかのようです。

私たちは、常に私たちの周りに誰かがいるように感じながら、意識しながら生活を送っています。これこそ、私たちが社会文化的な存在であるということを物語っているのです。

4節　文脈の話

（1）文脈とは

文脈の話をしていきます。文脈の辞書的な意味合いは次の通りです。

> 1　文章の流れの中にある意味内容のつながりぐあい。多くは、文と文の論理的関係、語と語の意味的関連の中にある。文章の筋道。文の脈絡。コンテクスト。「―で語の意味も変わる」「―をたどる」
>
> 2　一般に、物事の筋道。また、物事の背景。「政治改革の―でながめると」
>
> （デジタル大辞泉）

文脈という言葉は聞いたことがあると思いますが、もう少ししっかりと考えてみたいと思います。ロシアの哲学者、思想家、文芸批評家である、ミハイル・バフチン（Mikhail Bakhtin）は次のように述べています。

> 言語における言葉の中立的、辞書的定義は、言葉の共通した特徴を確定し、その言語の話し手すべてがそれぞれ理解し合うことを保証するが、生きた対話のコミュニケーションにおける言葉の使用は、本質的に、常に個人的で文脈的なものである……言葉は何かを表現するが、その表現された何かはその言葉に内在するものではない。
>
> (Bakhtin, 1986, p.88)

簡単に言い換えれば、人が言う言葉を、辞書的な意味で受け取ってはいけない、理解してはいけないということです。

たとえば、怒ることについて考えてみましょう。たとえ「馬鹿もん」と怒鳴りつけたとしても、文脈に沿っていれば、受け取るほうもちゃんと受け取ることができます。真剣に向き合って、「何をしてるんだ」と子どもに対して怒るのは、適切なこととなります。それは、子どもが怒られるようなことをしでかしたという文脈のときでしょう。ところが、こちらの八つ当たりだったり、本当に些細なことで怒鳴り散らす場合、子どもはその言葉を公正なものとして受け取ることはないでしょう。違いは何かというと、その言葉が使われる状況が異なるということです。

このような個人的で文脈的なものを考慮しないで、言葉を辞書的な意味が内在すると思い込んで議論すると変な話になっていきます。一般論になってしまうと言ってもいいでしょう。たとえば、子どもを褒めることの重要性は、一般論として同意されるでしょう。ところが、子育てにおいては実にいろいろな状況があるのです。そのような状況（文脈）を考慮しないで、議論するのはナンセンスということになります。

ただ単にいつでもどこでも「子どもは褒めればよい」なんて、信じることはできません。何か言わなくっちゃいけないときは絶対あるはずです。ダメなものをダメだって言うときがあるはずです。ただそこに一般的な法則性を見出すことは難しいでしょう。その都度、その状況に応じて、悩むのです。それが子育てだと思います。

ところが、巷（ちまた）にある「子どもは褒めて育てないとダメだ、怒っちゃダメだ」ということに、私が抵抗したい気持ちになるのは、そのことが生きている文脈の重要性をうまく伝えてくれないからです。残念なことにそして恐ろしいことに、それをまともに信じてしまう人もたくさんいて、「絶対に怒っちゃいけない」「何が何でも褒めなくてはいけない」というような話になってしまうこともあります。

（2）語りに影響を与える文脈

私たちの語りは、その場の文脈に影響を受けていきます。つまり、その場の文脈を無視して語ることはできないのです。

たとえば、東日本大震災のときに、私のような臨床心理士の資格を持ったカウンセラーが現地に赴きました。すると、その土地には、その土地出身のカウンセラーが長年働いています。しかし、臨床心理士という資格がないので、向こうからは話しづらいのです。土地出身ならではの情報を持っているのに、何も語ってくれないという状況がありました。相手が、自分には語る資格がないと感じさせられた、ということです。

そのとき、実は私たちがそのような機会を提供していないのだ、という自覚を持っていないといけません。つまり相手に、相手が語れる文脈をしっかりと提供できているかどうかという自問自答が求められるのです。相手が語らないのは、相手が語ってくれないのではなく、語ることができる立ち位置を、私たちが相手に提供しているかどうかが最初に問われるべきだということです。

実際、私はそのような人に、外から来た人間として、地元のことをいろいろと教えてほしい、現状がどうなっているのか知りたい、どのようにアプローチしたらいいのかアドバイスをしてほしいと求めました。さすがに地元の人だけあって、いろいろなことを知っているのです。そのときの私の活動を支えてくれたと言っても過言ではありません。

そして、話してくれたことが大切なことだったので、他の心理士にも共有しているのかどうか、確認したのです。すると「していない」と。なぜなら「向こうから語りかけてくることもなく、聞かれないから」ということでした。

実のところ、私たちは「語りたいから語れる」わけではありません。話したいことでも、聞いてくれないと話せないし、語ってもいいのだという場を提供されないと語れないのです。

いくら相手が聞いてくれるといっても、その問いかけが導こうとしている答えを非常に限定している場合には、自由に話せません。明らかに、相手がどのようなことを求めているのかが見えてしまう場合には、自分が主体的になって話す気持ちも失せてしまうのです。

私が嫌いな質問で、いつも抵抗したくなるのは、「好きな色は何ですか?」という類いの質問です。私は「ない」と答えるのです。でも、向こうがしつこい場合には、「今、最初に頭に浮かんだ色でいいから」みたいに、なんとか私に色を指定させるのです。それでも、「嫌だ」というわけです。たぶん、その辺で面倒くさい奴だと思われると自覚しています。でもね、「何のために訊くんだ?」と尋ねると、占いの本を見ているわけです。「赤が好きな人は○○」「青が好きな人は○○」などと書いてあるわけです。

このようなやりとりで私が抵抗を示したいことは、どんなにいい加減に答えたところで、ひとたび私が何かの答えを提示したら最後、その色をめぐって話を進めるわけです。どんなにいい加減な答えであろうと、相手は、私の好きな色がそれであるとして、話を進めてしまうでしょう。

これは、単に色の話をしているのではありません。私たちが答えを限定しているような性質の質問を投げかけておいて、それについて答えが戻ってきたら、相手はそのように思っている、感じている、考えていると、思ってしまうでしょう。でも、それは、その質問が誘導している答えであって、その人が語りたいように語ったストーリーからもたらされたものではないということです。

被災地に滞在して活動していると、震災後いろいろなアンケートが学校に回ってきました。その一つで、養護の先生が「これは答えられない」というので、「どういう質問なの?」と聞いたら、「あなたの学校に心理的にダメージを受けている生徒は何人いますか?」というような質問でした。正確な文言は忘れましたけど、そんな感じの質問でした。私はそんな変な質問には答えないでいいと伝えました。つまり、そんなことは把握できるような性質のことではないのです。

このような質問の悪質さについて考えたことがあるでしょうか。もし、その先生が知っている限りのことを書いたとしましょう。たとえば、「5人」と。すると、先ほどの色の占いと同じように、数字で「5」と書いたら「5」と処理されるわけです。意味ないのに。また、質問に無回答として空白にしたらどうなると思いますか、それは処理されずに、数字が書いてあるアンケートだけが処理されるわけです。

私たちの質問が、相手の語りに影響を与えることは、避けられないことなのです。私たちの声かけ、質問の仕方が、常に相手の語りになんらかの影響を与えているのです。そのため、ナラティヴ・セラピーでは、「その人が語りたいように語れるような文脈を提供する」のはどうしたらよいのかということを問い続けているのです。

単純にオープンな質問をすればいいということにはなりません。たとえば、不登校状態の子どもに「どうしたいの?」と聞いたら、「学校に行きたい」とか「学校に行きます」と答えることが往々にしてあります。そのときに、そのオープンな質問は本当にオープンな質問となっていません。つまり、私たちが住んでいる社会文化的な文脈に応じて、語りが影響を受けるのです。それから逃れるための調整が必要になるのです。それがあって初めて、その子にとって、本当にオープンな質問となっていきます。

つまり、「私がそのような答えを期待していると感じているから、そのように言っているのだろうか?」というような質問を投げかける必要があるということです。さらに私は、スクールカウンセラーとして勤務していたときに、私は学校に戻す努力をするためにここに来ているのではないということを明言していました。このようなやりとりを通じて、私が求めている答えが、判を押したような答えではないとなれば、どのような答えを求めているのか、子どもたちは考える必要があるのです。そのときに、私の求めているのは、その人自身が感じ、考え、思っていることなのだということが伝わり始めたら、そのようなことを語ることができ始めます。その時点で、相手の思考がグルグルと回転し始め、自分という存在が感じていること、考えていること、思っていることに、ちゃんと向き合い始めるということです。私とのやりとりの文脈、つまり話のルールが、どうやら今まで大人としていたものとは、だいぶん違うようだということになるということです。相手が思うのは、「待て！　ここで話すべきことはいったい何なんだ?」ということです。一回のやりとりでそのような変化が生じるとは限りませんが、ここでは「本当に話したいことを話していいんだ」ということになっていくのです。

最初は少しずつ話してくれます。私としては本人から自らの語りが出たことを、精一杯認めていくわけです。それは、話した内容に反応することもあるし、なんらかのことを話そうとした努力に対して反応するのです。

そうすると「本当に話していいんだ!」いうことになります。子どものほうが早いのですが、ピンときたら、その一線をポンと越えて話し始めてくれます。無口そうな子どもがその線を越えたときにどれほど話すようになるのか、見せてあげたい気がします。

大人のほうが経験の長い分、様子を見る時間が長いかもしれません。本当にここは大丈夫なのかと思うのでしょう。または、裏切られたような経験が何度もあった場合には、当然のことながら、用心する時間が長いでしょう。時に時間がかかります。大切なのは、「ここは、あなたが語りたいように語っていい場なんですよ」ということを根気よく伝えていくことにあると思っています。

要は、私たちの存在が相手の語りに多大な影響を及ぼすということです。今まで述べてきたような質問だけでなく、私たちのしぐさであったり、「ああ」「なるほど」「おお」「へー」などの言葉もすべて影響しているのです。以前、ある人と話していたことを思い出しています。そのときは、相手の相づちを打つ間合いが悪くて、スムーズに話せなかったのです。

第2章 ナラティヴ・セラピーの特徴的な技法とは？

少しずつナラティヴ・セラピーの特徴的な技法について話をしていきます。まずは「外在化する会話法」です。

1節 外在化して会話を紡ぐわけ

(1) 日常的に繰り返される会話

ここまで話を進めてきて、理解できるところもあると思うのですが、私たちの語りは、その場からの影響を受けますし、話している相手からも影響を受けます。他の要素もいろいろとあるでしょう。たとえば、このワークショップの場で受講生という立場で参加していながら、いきなり立ち上がって講義を始める人はいないでしょう。なぜならこの場は、参加者にとってそのような場ではないからです。この場がどのような場であるのかを、明確に定義することはできないのですが、この場ではできないこと、していいことは比較的はっきりと受け取ることができるものです。

いろいろな人に耳を傾けていると、次のように語る人がいます。「私、こんなの好きでやってるんじゃないんだ」とか、「止めようと思うんだけど、できないんだ」とかです。一つ、私の身近な例を紹介しましょう。私の妻が子どもを叱ったことがありました。そのときに「私に怒らせないでちょうだい！」と言って怒ったのです。この言葉に含まれるメッセージとは何でしょうか？ それは、「私は怒りたくない。私は好きであなたを怒っているのではない」ということがあげられるでしょう。つまり、叱るほうだって好きでしているわけではないのです。時に、子どものしつけを見ていて、親に「そんなに怒らないでいいのに」と説教したくなるときがありますが、親が叱るように仕向けられていると感じているところをくみ取ることができたら、そのように見なしてしまうのではなく、もっと違った理解の仕方が生まれてくるでしょう。

問題を起こしたほうだって、同じことが言える可能性があります。つまり、好きでへまをやっているわけではないし、好きで怒られることをしているわけではないのです。

私たちは、社会に存在する日常にありふれた言葉遣いをすると、その振る舞いをしている人の「好きでやっているのではない」というところをくみ取れず、その人がその振る舞いの張本人として私たちが見ていると伝わってしまいます。たとえば、「どうしてそんなことをしたの？」「どうして遅刻したの？」「どうして忘れたの？」「どうして怒ったの？」などと言われることを想像してみたらわかると思います。そうなると、その人の自責感が誘発されてしまい、時には自省を促すとか、反発を誘うような方向に向かっていってしまいます。

ナラティヴ・セラピーでは、そのような状況のときに、相手にそのような自責感を誘発させるだけに終始するような会話から離れたいと考えています。そこで、外在化する会話の登場というわけです。「何があなたにそうさせているんですか？」という問いかけに代表されるような会話に誘っていくのです。

日常にありふれた会話をもう少し見ていきます。みなさんがふだん話す言葉でいったいどのようなものか、考えてみたいと思います。

たとえば「お元気ですか？」と聞かれて、「自分は本当に元気なのだろうかと？」「元気であるとすれば、どのように元気なのだろうか？」などと深く考えることは、日常の会話の中ではありません。これは、一種のあいさつですので、「はい」とか「まあまあです」と答える程度でいいのです。つまり、本当に私たちの状態の詳細について尋ねているわけではないということです。他にも、「おいしいですね」とか、「お世話になりました」など、いくらでもあげられると思います。

さらに言えば、私の講義を聴いて、みなさんは大変親切で優しい人たちなので、「大変勉強になりました」と言ってくれる確率が高いですね。私がたいしたことを話していなくても。

私たちは、その場に適していると判断したこと、その場で妥当だと思うことを話します。そのことについて、どれほど自分の気持ちをしっかりと反映しているかということは、日常のコミュニケーションの目的ではないのです。ところが、このような日常のコミュニケーションのパターンを、カウンセリングのような場面に持ち込むことについては、慎重にならなければいけません。

(2) 複数のモードがある

伝統的に心理学では、人それぞれに固有で、固定的なパーソナリティ、性格、人格が私たちの中に内在しているかのように見なします。そのため、性格検査などで、その人の性格やパーソナリティを判断することができると考えるのです。

ところが、そのような考えに反して、私たちはその場に応じた役割を演じているという視点もあるでしょう。私は、中学時代にバスケットボール、高校から大学までは、当時は軟式テニスと言いましたがソフトテニスをしていました。大学のときは体育会系だったので、そのモードが自分の中にあるのに気づいています。今の私はカウンセラーなので、人の感情などに注意が向いてしまうのですが、このモードを発動するような場にいけば、この側面が出てくると思うのです。具体的には、私がソフトテニスの顧問などをすれば、弱音を聞いたとしても叱咤激励するだろうなと思うし、そのときにはそのような側面をしっかりとしていきたいとも考えるのです。

その場に適した役割をしっかりこなすこと自体は大切なことです。そのため、私は学校の先生が、カウンセリング・マインドで、つまりカウンセラーのように生徒に接することが本当にいいことなのかどうかについては、もっと検討すべきだと思っています。

さて、その場に適した役割を演じて、その場に適したことをするということにおいてですが、みなさんそのことを実にうまくできるのです。会社仲間や同業者とはそのように振る舞うだろうし、学生時代からの友達と会って飲み屋に行ったらそのモードで振る舞うでしょう。そして、このような研修会の場では、みなさんはお行儀良く私の話を、ちゃんと聞いてくれるというわけです。

「うつ病」の診断がついた女性から話を聞いたことがあります。看護師なのですが、「私、ナメクジみたいな生活をしてるんです」って言うのです。どうしてそう思うのかと聞くと、「家では力が入らずに動けないんです。何にもできない」と教えてくれました。ところが、その人は勤務先である病院に来たら、ちゃんと仕事ができています。そこではそのモードだからできるのでしょう。

ここで、ナラティヴ・セラピーではどのように〈人格〉や〈パーソナリティ〉を理解していくのかというと、その人に固有で、内在し、固定的なものであるとは見なさないのです。人とは、いろいろなところに応じて、いろいろな側面を持つことができるということ、人間ってそういう存在なのだということです。このような見方は、カウンセリングの場面で大きな助けになります。

「うちの子は、内気で、人見知りなんです」というパーソナリティがあると信じたら最後、あまり可能性を持つことができないのです。ところが、人はいろいろなパーソナリティを持てるものだと信じることができたら、「内気で人見知り」ではないところもあるのだと思えるし、そのようなことに目を向けることができるかもしれないのです。

（3）再生産

ナラティヴ・セラピーの文脈では、私たちが日常さりげなく繰り返している言葉の使用に注意を払うように、私たちに促してきます。それを「再生産」と呼びます。社会で認められた言葉や表現を繰り返していくことによって、その認められたことを何度も再生していくということです。つまり、「内気で人見知り」という言葉を再生産することによって、そのことが〈真実〉として私たちにのしかかってくるということです。

日常会話において、私たちが使用する言葉の大部分がすでに社会で何度も繰り返されてきた言葉を繰り返すことによって成立していきます。あいさつに始まり、日常のいろいろな表現を観察してみてください。どこかで聞いたことがあるような言葉で溢れています。メディアで話題になって頻繁に聞くような話が、いつの間にか、個人の会話の中に、持論として入り込んでいることに気づくこともできるでしょう。

クライエントが相談事を終えて最後に「今日は大変ためになる話をお聞きしました。今後の生活に役立てたいと思います」というのを聞いて、本当に私たちとのセッションが役に立ったのか、本当に今後の生活に役立てるつもりなのかの確証を持つことはできません。なぜならそれは、専門家に対してはそのように伝えて終わるものだという社会的規範の中から、つまりは社会的に推奨されている再生産によって、話しているかもしれないという可能性を否定できないからです。実際には、「このことがどのようにあなたの人生に役立つと、今感じているのでしょうか」というところまで聞く必要があります。

一般の人だけでなく、専門家も繰り返し、専門的知識として認められたことを再生産しています。「トラウマとは」「統合失調症とは」「発達障害とは」という語り口で、同じようなことを繰り返すのです。

私は基本的にひねくれた人間なので、みんなが口をそろえて同じことを言ったら、逆にちょっと怪しいんじゃないかと思ってしまいます。そして調べていくと、実際のところ怪しさが大いに見つかってきます。そこで、ナラティヴ・セラピーに取り組むときの入り口としてみなさんにお勧めしたいのは、今みなさんが信じていること、本当だと思っていること、当たり前だと感じること、誰もがそう思っていると考えられることを、ちょっと怪しいと思って眺めてみることです。

みなさんが何気なく使う言葉の再生産によって、その言葉によって語られるような仕方で、その問題はずっとそこにとどまり続けます。問題解決をしたいと内心は願っていたとしても、その問題をありきたりの言葉で語り続けるとすれば、それはそのようにとどまるのです。つまり、ここで考えてほしいのは、その問題がこの社会で存続できるのは、私たち一人ひとりが「そのように語り続ける」からだということです。そして、本当にそのことを変えたいのであれば、私たち一人ひとりが無邪気にただ今あるものを再生産するのではなく、違ったように語り始めないといけないということです。

ある人が問題行動を繰り返していたり、また別の人が落ち込んでいたとすれば、日常会話では、あたかもその人が自分の内面にある要因によってそのようになっていると見なすように「語り」ます。ナラティヴ・セラピーでは、この社会文化的な要因の影響を多分に受けている人と見なして、話をしていくのです。それは、「何があなたにそうさせているのでしょうか?」「何がいったい作用しているのでしょう?」「いつからそういう影響を受け始めているのですか?」「何がそういう方向に行くのを協力してしまっているのですか?」というような質問から入るのです。

これを、外在化する会話法といいます。

2節　相手に文脈を提供する

たとえば「自分はうつです」という表現を聞いたとしましょう。そのときに「何があなたをそういう状態にしているのでしょう?」と外的な要因を尋ねる質問をすると、そのように考えることができるようになるのです。そして、「実は……うちの夫が……」「実は、隣の人が……」という側面を表現する機会を持てるようになります。

これは、相手にそのように語れる文脈を提供している、ということなのです。つまり、ここで考えるべきことは、相手にどういう文脈で語ってほしいか、どういう立場から語ってほしいのか、ということです。

(1) クライエントという立場と、そうではない立場

人は、私たち相談員の前に登場した途端、クライエントになってしまいます。私たちはその職業が求める役割に従って、何かを提供しようとします。つまり、支援とか援助、アドバイスといった類いのものですね。

ナラティヴ・セラピーだけではないのですが、この領域で活動している人たちは、コラボレイティヴとか、無知の姿勢ということを述べています。そのような言葉で何を目指したいのかというと、そのカウンセラーとクライエントの〈当たり前の関係〉、つまり、相手をクライエントのまま位置づけてしまうような再生産する言葉の使用から離れたいのです。〈クライエント〉という立場で語りを続けさせたくはないということです。なぜなら、クライエントとして語らせるから、クライエントの語りをすることになってしまうのです。

先ほど述べたように、みなさんが、友達と一緒にワァーと騒ぐことができるのは、その役割につくことができているからです。それには相手もその役割を

More Details
もう少し詳しく… by KOU

コラボレイティヴ

ハロルド・グーリシャンやハーレーン・アンダーソンが取り組むアプローチを、「コラボレイティヴ・セラピー(アプローチ)と呼ぶ。ナラティヴ・セラピーの姿勢や技法を取り入れながら、ポストモダンのセラピーを、コラボレイティヴ・アプローチと呼ぶことがある。たとえば、『*The Practice of Collaborative Counseling and Psychotherapy: Developing Skills In Culturally Mindful Helping*』(David Pare, 2012, Sage Publications) や『*Collaborative Therapy with Multi-Stressed Families, Second Edition*』(William C. Madsen, 2007, Guilford Press)。

受け入れてくれることが当然のことながら不可欠になります。みなさんの前に登場した人が、問題の困った人として、助言を必要な人として語ることができるのは、ちゃんとクライエントの役割についているからです。

目指すのは、そのような立場ではなく、あなたが自分の人生について最もよく知っているので、そのことをまずは教えてもらえないでしょうか、というところに立てる位置づけなのです。「うつ病」「統合失調症」などの専門家の知識は、つまり専門書などで得られることは、私たちのほうが知っているでしょう。しかし、その人の人生において、実際に何が起こっているのか、どのように苦しんでいるのか、どのように解決方法を模索しているのかについて、つまり、その人の体験から見えてきていることについては、その人が最もよく知っています。そのようなことは、その人の人生の最も身近にあるものなので、そのことをしっかりと話題にすることは、これからのことを検討していくうえで大変重要なことなのです。

ナラティヴ・セラピーでは、その人にとって、そのことをどのように体験しているのか、見えているのか、感じているのかを、できるだけその人の言葉で語ってもらいたいのです。質問としては具体的には、「あなたのうつについて、教えてもらえないでしょうか？」「これはどういう状態を示すことなのか、もう少し説明できますでしょうか？」などのような問いかけになります。ナラティヴ・セラピーでは、「私の理解を助けてください」「教えてください」などのような、相手がより知っているということを前提とするような言葉を使用していくのです。

以前、私のカウンセリングを受けてくれた人たちからのフィードバックですが、こ

More Details もう少し詳しく… by KOU

無知の姿勢

「中立的な専門家としてでなく、専門知識に固執しない学習者」としてクライエントに関わっているカウンセラーの姿勢のこと。カウンセラーは、専門知識に基づいてクライエントの経験を解釈するのではなく、クライエントに対しては無知であり、学ぶ立場としてクライエントを理解していく姿勢が求められる、とする。

のような質問を続けたら、最後に「私、いい気になって自分のことをしゃべっていますね」とか「わからないことがあるので、私が教えてあげるよ」という気持ちになって話をすることができたと教えてくれました。

摂食障害状態にある女性とのカウンセリングをしている、家族療法のカウンセラーにお聞きしたことですが、「あなたの摂食障害について教えてくれない？」と尋ねたことがあったということでした。すると、実にいろいろなことを教えてくれたそうです。体重を維持するためのノウハウ、日々の食べものの管理の仕方など、本当に興味深いことを語ってくれたということでした。

これを可能にしたのは、話す人（クライエント）の中で、自分の位置づけが変わったことによるものです。これは、最初はどのようにしたらいいのかわからないかもしれませんが、実際のところあまり難しいことではありません。相手にあなたの視点からのことをもっと知りたいと示唆する言葉を相手に提示していくことなのです。「もう少し教えてください」「どのようないきさつでここまで来たのか、教えてもらえませんか？」「そのことはどのようなものなのか、教えてもらえないでしょうか」「どうやって対応してるんですか？」などといった質問をしていくことです。

これは、みなさんが自分よりも上の存在に対して話を聞くことを想像したら、自然とするのではないでしょうか。たとえば、有名なスポーツ選手にインタビューをすることを想像してみてください。みなさんは、自然と敬意を払い、失礼がないように言葉を選んで、その人のことについて聞いていくでしょう。「どのようなトレーニングをしてきたんですか？」「スランプのときにはどのように乗り越えてきたのですか？」「体調を維持するために心がけていることはなんですか？」というようなことを聞くと思うのです。

たぶん、ナラティヴ・セラピーの姿勢は、このようなことと似ていると思うのです。相手が今まで何度も試行錯誤しながら、そして何度も失敗し、それでも何度も立ち上がってきた人、あるいは、ぎりぎりでもなんとか試練を乗り越えてきた人にインタビューするという姿勢、と言い換えてもいいかもしれません。今も問題を抱えている人という人に対するインタビューではなく、今までもなんとかやってきた人に対するインタビューなのです。

3節　物語の構造

ナラティヴとは、〈物語〉〈ストーリー〉というような意味ですので、物語のことについて話をしておきます。物語となるためには、基本的に出来事が時系列に並びます。たとえば、私が「うつ」だったとしましょう。私がうつになったということであれば、過去に原因となるものを探し求めます。どうしてうつになったのかを問いかけ、そこにつなげられることを過去の中に探し求めるのです。たとえば、過去にあった「裏切られたんです」ということを思い出し、そこに紐づけたとしましょう。

ここで時間軸の直線があると思ってください。中央が現在、左側が過去、そして右側が未来です。原因は過去の中に求められます。つまり、「以前に裏切られたので、私は、そのショックから立ち直れずにうつになってしまった」という因果関係が提示されたということです。

ここで考えてほしいことは、この過去の出来事は、今の現時点の問題に対する〈原因〉を探し求めるという形で探索されて、提示されたものです。「うつ」に関係しそうなことは何かないだろうかと思いながら、自分の過去を探っていく過程で、その出来事を見つけたということです。重要な点は、そのように探すことをあらかじめわかって、過去を探ったということです。

その際に、他者、特に専門家の関与が、どのように過去を探るかに大きな影響を与えるでしょう。つまり、その専門家が重要視している因果関係論によって、相手に過去を探し求めるように促すからです。たとえば、精神分析的な、幼児期をすごく重要視する理論的背景を持っているとすれば、当然親がその人の人生にどのように関与していたのかについて尋ねるでしょう。ここに親の愛情という問題を、話題の中に登場させるというわけです。どの親も完全ではないという非常に単純な理由によって、親からされてショックだったことは、見つけようとすれば見つかるでしょう。そのことが、現在のここに関係性があることとしてつながるのです。原因というのは意図を持って見つけるものです。

そこで、このような因果関係の成立した物語が持つ大きな力は、今のことだけではないということです。それは、未来を予測していくのです。自分は、このような過去を持って現在があるので、そうすれば、将来はこうなるであろうと予測が成立してしまうのです。過去から現在、そして未来までもつなぐ物語のストーリーラインが成立してしまうのです。

このストーリーラインの中では、本人は確かに現在うつ状態にありますが、過去には、そんな親でもいろいろと世話して、心配してくれたこともあるのだということが語られる余地がなくなっていきます。メインのストーリーラインから見たら、そのような側面は周縁化され、無視されるのです。結局、その人はうつ状態になってしまったので、たとえ昔に親が愛情を注いでくれたとしても、それは不十分だったという扱いになるかもしれません。

このような物語は、どうしてそうなったのかの説明、どうして起こったのかの説明を何度も何度も繰り返すことによって、強化され、固定化されていきます。ここで、ナラティヴ・セラピーとして懸念を覚えるのは、そのことによって、将来のあり方が強く予測されていくということです。つまり、希望がないという形で。また、自分の自己イメージを変えることも難しくなっています。因果関係のはっきりした物語というのは、もっともらしいし、説得力があります。そのような物語だけを生きてしまっていると、「過去に○○があったので、今は□□なんです」というがっちり固定された話になってしまうのです。

私たちカウンセラーとか相談員が、そのような物語をそのまま受け取り、強化していくことによって、「将来もずっとそうだ」というストーリーラインがその人の人生に残ることを支援してしまう可能性を考える必要があります。そのようなストーリーラインは、何度も何度も語ることによって、しっかりとその人の人生に根付いていってしまうのです。これをナラティヴ・セラピーでは〈支配的な物語〉といいます。

そこでナラティヴ・セラピーでは、そのような物語は絶対的な存在ではないと見なして、その物語をほぐすことに取り組んでいきます。たとえば、取り組む方向性として、その支配的な物語に、矛盾するような出来事はなかったのか、つまり、今はうつ状態になっているものの、親の愛情や保護、ケアなどをしっかりと覚えているところはないだろうかということを意図的に尋ねていくのです。それは、その今ある強力なストーリーラインに「マッチしないことは何かなかったのか?」という問いかけです。

過去にもっとひどいことが起こっていた場合、過去のことを見たら、今うつ状態程度であるのが、逆に奇跡的に思えることもあります。つまり、**そのようなことがあったにもかかわらず**どうしてこの程度の状態を維持できているのだろうか、という視点です。つまり、親から虐待を受けていたにもかかわらず、「そこまでされてきたのに、なんとか今まで生き延びられたのは、何が支えてきてくれたのでしょうか?」と尋ねることができたとすれば、過去の違った側面が思い出せて、語ることができるかもしれません。もしかしたら誰か助けてくれた人がいたのかもしれない。誰かの言葉がものすごく励みになっていたかもしれない。「今、うつだけど、自殺するまでいかずに持ちこたえたんです」という話が聴けるかもしれない。「○○があったから、今□□でダメなんです」という話から、「○○にもかかわらず、△△ということがあったので、ここまで持ちこたえることができました」という話を聞ける可能性があるのです。

支配的な物語が示すものではなく、そこから漏れ落ちてしまっている話を聞いていくということなのです。そのために質問を活用するのです。ナラティヴ・セラピーで質問は、支配的な物語をほぐしていくために使われるのです。

第3章 ナラティヴ・セラピーの実践とは？

1節 ナラティヴ・セラピーの進め方

ナラティヴ・セラピーの進め方ですが、これは、どんなときにも利用するようなマニュアルのようなものではないと思ってください。時と場合によって変更するし、ここで述べるような形をまったく使わないこともあります。ですので、今後ナラティヴ・セラピーに取り組む際には、ここを参考にしながらも、このことに縛られないようにしてください。

さて私は、翻訳パートナーであるバーナード紫さんたちと、『ナラティヴ・セラピストになる』というスティーヴン・マディガン（Stephen Madigan）の本を訳して出版しています（Madigan, 2011）。このスティーヴン・マディガンが、セッションをどのようにスタートさせていくのかについて見ていきましょう。マディガンは、「はじめに聞きたいのですが……私のような者に今、この時期に会いに来たというのは，どういうことなのでしょうか？」と問いかけます。いつどんなときも、このようにスタートさせるとは思っていません。しかし、ここからいろいろなことを検討できると思います。

ここで気づくべきことは、私たちカウンセラーの定番的な言葉かけになっている「相談は何でしょうか？」と聞いていないということです。相談という言葉さえありません。この言葉が示唆しているのは、「これからどのような立ち位置から話をしてみたいと思いますか？」ということです。「どのような話をしたいのかお聞きしてもよろしいでしょうか?」「そのことについてもっと詳しく教えてもらってもよろしいでしょうか?」というようなバリエーションもあります。

「相談は何ですか?」と聞かれると、相談事を話さなければいけないという気持ちになるのは理解できると思います。そこで、そのことに限定することなく、相手が話せるようなところから話すように促していきます。

(1) 影響相対化質問法

ナラティヴ・セラピーを、極端にまで単純化して説明するとすれば、二つの影響を見ていくプロセスだということができると考えています。それを影響相対化質問法の前半と後半といいます。これらを、マップ1とマップ2と呼ぶこともできるようです。

たとえば、なんらかの問題があったとしましょう。うつ病とか、親からの虐待、親の愛情不足など、あげれば数限りなくあげられると思います。影響相対化質問法の前半の部分では、問題がどのように、どの程度、その人の人生に影響を及ぼしているのかということを探索していきます。

代表的な質問としては、「その問題は、今、あなたの人生にどのように影響を及ぼしているのですか?」というものです。このような問いかけによって、「この問題があるために私は外に出れない」「この問題があるために、友達とうまくいかない」などのように、「この問題があるために……」という話が聞けるでしょう。ナラティヴ・セラピーでは、その問題がその人にどれだけ影響を与えているのか、ということを十分に描写してもらうのです。このことをしっかりと語ってもらうことを忘れないようにします。

また、このときの重要な点は、問題から影響を受けている人として話しかけることです。この人が問題を作っているという描写をしないし、そのように問いかけることもしないのです。「これがあるためにどういうことが起こっているのか?」「これがあるために、どうなってるんですか?」とか、「これがあるために、どういう希望が失われているんですか?」「これはどういうふうに人間関係に影響してくるんですか?」などと問いかけていきます。これを〈問題からの影響〉といいます。

次に、影響相対化質問法の後半に移ります。それは、この人がどのように、どの程度、問題に影響を与えているのかということです。つまり、問題がすでにあって大きくなっているとしても、なんらかの抵抗をしてきているはずです。そして完全には成功していないものの、問題がしたい放題するのをなんとか防いできたこともあるかもしれないのです。

このような側面に光を当てるとすればどのような質問になるでしょうか。たとえば、うつ病が人生に入り込んでいるとすれば、次のような質問を考えることができます。

- うつがあるにもかかわらず、どうやって日々の生活を、なんとかやりくりしているんですか?
- うつがあるにもかかわらず、どうやって会社に行ってるんですか?
- どうやって自分を奮い立たせているのですか?
- うつに抵抗するために、自分のためになることはどのようなことがあるのか教えてもらえないでしょうか?

重要な点は、この人が持っている、問題に対抗するためのノウハウについてしっかりと語ってもらうということです。先ほど少し述べた摂食障害のことをについて少し考えてみましょう。摂食障害、特に拒食症が限りなく大きな存在となったのであれば、当然死が待っています。ところがたとえ極端に痩せていたとしても、生き残るためになんらかのことをしていると想像することができます。それをちゃんとコントロールしているとは、言えないかもしれません。周りから見れば、それは、あまりにも極端な状態を推移しているからです。

ところが、その拒食症がとどめもなく大きな存在にならないでいることができるというのは、つまり、なんとか現状維持ができているというのは、何かしらの抵抗をその人が試みていると考えることができます。そのところを、なんとか語ってもらいたいのです。それをコントロールできている、と言えるまでのことではないかもしれません。しかし、なんとかそれが、際限なく大きな存在にさせないで、なんとか現状維持できているのかもしれません。それは、四苦八苦しながらのことかもしれません。

そこのところをゆっくりと語ってもらいたいのです。

- どんなふうにやってる？
- それをするために誰が協力してくれてるんですか？
- それをどうやって身につけたんですか？
- それをすることによってこの問題をどのようにできているのでしょうか？
- 大きくならないようにしてますけど、まったくなくならないにしても、どの範囲までその目を逃れて食べるようにしているのですか？

このような質問をしていくのです。このような視点から、このような側面に光を当てることができるのです。

影響相対化質問法とは二つの影響を見ることです。問題が人に対して与える影響を、しっかりと語ってもらいます。そして、この人がどうやって問題に影響を与えているかについて語ってもらうのです。

このとき、注意してほしいのは、問題解決ということを必ずしも目指すということではないのです。問題解決とはなんでしょうか。問題解決とは、問題がなくなることを目指すことになってしまいます。そのため、うつ病であれば、うつ状態がなくなることを狙いたくなるのです。ここでは、うつ病で日々できないことが多いのだけれども、その人にとって大切なとき、たとえばイベントのときや自分の当番が回ってくるときには、うつ病があるにもかかわらずなんとかやれているかもしれないのです。確かにうつ病があることはつらいし、苦しいかもしれないけど、それでもできていることをしっかりと確認できれば、とりあえずなんとか生きていけるとか、やっていけるという感覚を強くすることができる可能性があるでしょう。ナラティヴ・セラピーは、なんとかやりくりできているところを語ってもらうのです。そして、そんな状況で、それほどのことができていることを、語りを通じて本人も感じ取り、カウンセラーという存在を通じて、そのことの意義を見出せるというわけです。

少し戻りますが、影響相対化質問法の前半において、問題からの影響を聞き続けるというのは、つらいことになります。それを生業にしているカウンセラーだってつらいのです。たとえば、ひどいことがあったときに、何が起こったのか、そしてどのときにどんなふうに感じていたのか、というのだけを聴き続けるのは苦しいことです。ところが、外在化された形でそのことを語ってもらうことは、語るほうも単に起こったこと、苦しかったことだけを語るのではなく、より多様な視点で語ることができます。そして、その話は、聞くほうも比較的辛さが和らぐように感じています。そのため、その話によりしっかりと向き合えると感じています。

（2）新しい立ち位置からの新たな語り

さらに、ナラティヴ・セラピーでは、後半にする質問があるので、前半の話をその切り札のような質問を手にして聞くこともできます。しっかりと問題からの影響を聞いたあとで、タイミングを見計らって、次のように問いかけることができるでしょう。

- そんなに今までつらい状況だったにもかかわらず、どうやって今までやりくりしてきたんですか？
- どうやって乗り越えてきたんですか？

このような質問は、話のモードを大きく変えることになります。もし相手が前半のところをしっかりと話しきったと感じ、カウンセラーがそのことを受け取ってくれたと感じたのであれば、新しいモードでの話につきあってくれると思っています。それが十分ではないときには、この質問によってすぐにはモードが変わらないかもしれません。それはそれでもいいのです。しっかりと話しきってもらうまで待つことができます。

それでもどこかで、「それにもかかわらずどうやって対応してこられたんですか?」という質問を出してみることは、興味深いことです。大変シンプルな質問です。この質問を投げかけると、多くの場合、相手は立ち止まって、考え始めます。すぐに返答できずに、しばらく考え込んでしまうのです。返事がすぐに返ってこないので、慣れないと不安になり、声かけして、相手の考えを中断してしまうことがあります。ここは、グッとこらえて待つところです。

今まで慣れている語りというのは、自分がどのようなうつ状態でとか、自分がどのようにひどい目に遭ってきたのかとかいうようなものです。自分自身の中で、そのような形式でも語ってきているのです。そのため、そのように語るのに慣れているので、比較的すらすらと語ってくれるというわけです。ところが、この質問が提示しているのは、そのようなことから語ることではありません。

尋ねているのは、「あなたはうつ病にどのように全面的に支配されないように、うつ病を出し抜いてきたのだろうか?」とか、「うつ病に全面降伏しないで、なんとかやってきたところはどういうところなんだろうか」という質問に代表されるように、その人の問題に対する抵抗であり、行動であり、態度なのです。私は相手の頭の中を直接覗くことはできないのですが、この質問を受けるときの態度から見ると、頭はフル回転しているような気がするのです。

そして、そのことをたどたどしい言葉で、語り始めてくれます。なぜなら、そのように今まで語ったことがないので、その表現をそのときに考えなければならないからです。そのような表現をカウンセラーが受け取り、相手に返し、その表現について感じ取りながら、そこの立ち位置から語りを紡いでいきます。つまりそこから見えてくるものを、少しずつ言語化していく過程であるといえるでしょう。

大げさな表現に聞こえてしまうかもしれませんが、人によっては生まれて初めて、その立場から発語する機会になっているときがあります。そのため、言葉もギクシャクするし、自分の言葉を言いながら訂正したり、言い換えたりすることしきりです。でもなんとか表現するように努力してくれるのです。

このときに話された言葉は、できたてほやほやの表現です。本人だってその表現が適切なものかなんてわからないのです。そのため、その言葉を相手のしっかりした考えとか思いとして聞いてはいけないでしょう。そうではなく、そのような表現を一緒に味わい、一緒に考えていくことが大切になります。時に、カウンセラーのほうも適切な描写や表現、イメージ、あるいはメタファーがないか探すのです。「今、話を聞いていて、〇〇という表現が思いついたのですが、どのように思いますか?」などと提示することもできるでしょう。相手はその言葉を本人の感覚で味わい「うーん……そうじゃなくて、△△かなぁ……」みたいなことを伝えてくれるときもあります。

ここで何が起こっているのかというと、新しい立場からの語りが新たに生まれてきているのだと思います。このように新たな語りを生むプロセスを、ナラティヴ・セラピーでは「再著述」と呼びます（White, 2007）。そのため、そのときの表現や描写を大切に扱うのです。「今、語られたところ、そのようにしてきたということについて、もう少し教えてもらえないでしょうか?」「今、表現されたことを繰り返しますが、それを自分で聞いてみてどのように感じるのか教えてもらえますか?」このような質問を通じて、先ほど診断名などの名称だけでしか理解されていなかった人の人となりをもっと豊かに表現することができるのです。

「他にもそんなことしてたんですか?」「どこからそれを習ったんですか?」「誰から習ったんですか?」などとさらに聞いていくことができるでしょう。新しいことに対する歴史だとか変遷を尋ねながら、そのことが今のただの思いつきではなく、クライエントの人生の過去とつながっており、確実にあったものとして受け取ることができるようになるのです。つまりはそのことを偶然の産物で片づけるのではなく、クライエントの歴史の中に紐づけることによって、それが必然であることを見出すことができます。

「なるほど、そのような人からアイデアを得たんですね」や「その人はあなたにとって、どれほど重要な人だったのでしょうか?」のような質問は、その人からの影響を明らかにできます。そして、クライエントがどうしてその人の影響を受けるという選択をしたかったのかについて尋ねることによって、クライエントの主体性（エイジェンシー）も見えるようになります。

また「そのことは、あなたの人生の他の場面でも意味を持つものなのでしょうか?」と尋ねることによって、その新しく出てきたことの意味するところ、影響を及ぼすところが広がります。たとえば、うつ病に対してしてきたことは、人間関係にも応用ができるというようなことに気づく可能性があるということです。

ここで私は一つの理想的な話をしているのだと思います。この辺のところは、そんなに単純にいくものではありません。

「これって、○○ということですかね?」「いや、違います」「では、どういうことなのか、もう少し教えてもらえないでしょうか?」などといったやりとりを繰り返すのです。時間をかけ、ゆっくりと一緒に歩むことを忘れないようにしながら、ああでもない、こうでもない、これはどうなんだろう、あれはどうなんだろう、と一緒に取り組むのです。ここは慣れたからといって、スイスイといくとは思わないでください。逆に慣れると、いつかは出てくるだろうと思い、ゆっくりと取り組めるようになります。

このときのやりとりですが、人が自分の中から見つけてくる表現を聞くと、感じ入るぐらいうまいなと思うときがあるんです。このときのものをこんなふうに表現できるのだと思うときがあります。

一方で、なかなか表現が出てこない人もいます。それにはゆっくり取り組んだり、私のほうで可能性のありそうな表現を考えて、提示することもあります。

もう一つ興味深いのは、自分の中からの表現ではなく、カウンセラーにとって都合の良いというか、カウンセラーが好むような表現を言ってくれることもあるということです。つまり、こんなことを言ったらカウンセラーは喜んでくれると無意識に配慮してくれるのですね。大変お利口さんなクライエント役を引き受けてくれるのだと思います。そのときにも、その表現がその人にとってどのような意味を持つのかをしっかりと聞いてくことが重要になります。

この過程、新しい立ち位置からの新たな語りですが、急がずに、一緒に考えていくことに意味があると思っています。時に、次のセッションに持ち越すことだってあるのです。「前回出てきた表現について、私は考えていたのですが、何か考えたことがありましたか？　少し教えてもらえないでしょうか？」という問いから語ってもらい、自分でも「あの表現なんですが、あの後、次のようなイメージが湧いてきたのです」というふうに、自分のことをシェアすることもできます。

カウンセラーが見てすごくいい表現が出てきたから、安直に「やった！」などと思ってはいけないでしょう。また、平凡な表現が悪いということでもないのです。重要なのは、相手の語りの中で、徐々にでも定着していくような表現、そこから次の新しい語りにつながるような表現が大切だということです。

後々のセッションで、その表現がまた出てくることもあります。新しく生まれた表現をその人なりに育もうとしてくれることだってあるのです。ですので、表現として出てくるのは後になったりもします。そのときにまた、その表現について、つまりはその意味や意義について、またはそれが導いてくれそうなところを語ってもらうように促せるというわけです。

〈次に、ナラティヴによる会話の例として、『ナラティヴ・セラピーの会話術』の第6章に収録したセッションのビデオを上映しました。その後、このセッションについて、小グループでディスカッションをしていますが、本書では割愛しています。また、カウンセリングのデモンストレーションも実施しましたが、その内容については、ナラティヴ・セラピーそのものの検討をするのには大切なものですが、講義の部分ではありませんでしたので、割愛しました。当然のことながら、個人情報の観点からも慎重に扱う必要がありました。）

2節 アイデンティティ

ここからワークショップ2日目の講義となります。

（1）相手の使う言葉を使うということ

ナラティヴ・セラピーの実践では、相手が使った言葉、表現、言い回しを使って、対話を続けていきます。これを実践するためには、相当意識して取り組む必要があります。なぜならば、すぐに自分が慣れている言い回しに変わるからです。相手が「落ち込んでいる」と表現しているのに、自分のほうは「うつ」と言ってしまったりするということとです。自分はそんなことないと思うのであれば、自分の対話の場面の逐語録を起こして、追ってみてください。自分の言葉に置き換えているところを容易に見つけることができると思います。相手の言葉を使って会話を続けるというのは、意識せずに自然にできるようなことではないのです。

カウンセラーが自分の表現を変えてしまうと、その表現について一度立ち止まって、新しい表現の意味を考える必要があります。そのため、自分の思考が一時中断するのですね。クライエントが話している話の流れを、私たちの不用意な表現の変更によって遮ってしまうということです。

この実践は、慣れるまでなかなか大変なのですが、慣れると、カウンセリングで相手の言葉を使うことになるので、難しいことを話すときも相手の発語なので、比較的安心して提示できるようになります。

以前に、高校生とカウンセリングをしていたことがあったのです。「私バカなんです」ということを何度も話すので、「その『バカ』ということは、どのようなことなのか教えてもらえないでしょうか?」と質問するときにも、比較的使いやすく感じます。質問をナラティヴ・セラピーの外在化する表現にしていることもあります。でも、バカという相手の表現をしっかりと受け取って、その言葉を使うこともできるというわけです。

ところが、このときには、あまりにも自分のことをバカ、バカ言うので、私も、その言葉を繰り返したくなくなってきているんだけど、と伝えました。そうしたら、その子は、「じゃあ、ＢＫ(ＢａＫａ)でいきましょう」って提案してくれたんです。そのとき、相手が使ってくれる表現をうまいなと感じました。

そのような言葉なんですが、相手が自分で語った表現ですので、自分の体験に近いのだと思います。つまり、自分の感覚によりフィットしていると感じることができるのではないかと思うのです。そのような言葉を使いながら、会話を続ける、質問していくというのは、カウンセリングの実践としては、より安全だと思います。

逆に、こちらから表現や言い回しを提示するときには、相手が新しい表現をどのように受け取って、どの程度フィットするのかを確認する必要があるということです。ここを確認しないと、言葉のニュアンスに対する違和感を抱えたまま話を進めてしまうことになるのか、言葉をフィットしたものとして受け取ってくれているのかわからないまま、続けなければならなくなります。

ここで、本人の言葉を最後まで使い続ける必要があると言っているのではありません。人は、特定の描写に照らし合わせながら、過去の出来事を結びつけていきます。昨日紹介した「小さなことにクヨクヨする」という問題の会話がありました(『ナラティヴ・セラピーの会話術』の第６章のダイアログ)。「クヨクヨ」とか「小さなこと」

と表現している限り、自分がクヨクヨしたこと、小さなことがあったことを回想しながら述べることになっていたのだと思います。ところが、それは「大事なことかもしれない」という気づきを手に入れた途端、そのことの意味が変わり、「気遣い」とか「心くばり」に変更されていったのです。

新しい表現で自分のことを語るというのは、そのことに結びつけられていく過去の出来事も変更されるのです。そのことから、今までとは異なった過去の出来事が思い出され、そのことにつなぎ合わせながら、新しい表現を語れることになります。ここで、異なった過去の出来事と言いましたが、同じ出来事でも、異なる表現を持って眺めてみると、違う意味や価値が見えてくるものです。

ですので、問題を抱えた人が使う表現が変わっていくことの重要性もここで述べておきます。ただし、注意してほしいのは、私たちがその表現を変えることには、ものすごく慎重にならなければいけないのです。私たちのほうから表現を提示することは、ないわけではないものの、基本的には相手が新しい表現を見つけていくための会話を積み上げていくことになります。

ナラティヴ・セラピーの逐語録を見て、変わった後の表現だけを記憶して、その表現をどこかで使いたくなります。その表現は、そのクライエントだけにとって有効な表現ですので、他の人に有効な根拠はどこにもありません。その表現が大切だったのは、クライエントが自らたどり着いたからです。「クヨクヨ」している人に、それは「気遣い」とか「心くばり」ですよね、などとのっけから言ってもダメだということです。

大切なのは、どのような表現が出てくるのか、相手もわからない、私もわからないような会話に取り組み続けることです。会話を続けることなのです。

（2）アイデンティティを重要視していること

問題解決であれば問題を解決する、行動療法であれば行動の変容を目指す、認知療法であれば認知の変容を目指すということになると思います。そして、ナラティヴ・セラピーが目指すものというのは、アイデンティティに取り組むということだと思います。ここで、アイデンティティとは何かというと、「私はどのような人か」ということです。

私であれば、臨床心理士であるとか、ニュージーランド在住というようなものがあります。また、ピンチのときには比較的冷静でいることができますとか、ストレスに弱いんですとか、睡眠時間が足りないと全然ダメなんですとか、けっこう多動的な側面がありますというようなことが、私がどのような人であるかの描写になります。その際に、特に際立って見えているもの、際立って問題となっているものが、その人の人となりを代表して描写してしまうことになるでしょう。たとえば、私の場合、多動的な側面がけっこうあると自分で思い、それだけに注意が向いてしまうようなときです。私のアイデンティティとしての描写には、さまざまな切り口があり、多様な側面があるはずなのですが、一つだけの描写にひとくくりにされてしまうようなときがあるのです。

自分のダメなところも知っているし、そこが自分の欠点だと思っていながらも、それだけではないところも持っているとすれば、何かに取り組むときに、その両方を持って取り組むことができるのではないでしょうか。ところが、うつ病になったことがあったり、その他の状態で苦しんでいる人は他の側面が見えにくくなって、「自分はうつ病だから」「自分は何もやり遂げたことがないから」のような側面だけになってしまいます。

ナラティヴ・セラピーにおいて、アイデンティティに取り組むということは、「ダメなところ」を良くするのではなく、「自分はダメなんです」というだけになってしまっているところ以外の描写を再発見することなのです。自分自身に対する見方を一面だけのものではなく、もっと多面的で豊かにしていくということです。ダメなところもあるけど、これだけ他の面もあるんだ、頑張ってきたところもあるのだということを見ていくのです。そして、この苦難の中で頑張ろうとしてきた人、頑張ってきた人はどのような人なのだろうかということを見ていくのです。

(3) ひとくくりにする描写

ナラティヴ・セラピーで特に警戒して見ているのは、人のアイデンティティをひとくくりにする描写が与えられてしまい、それが、その人がどのような人であるかについての結論になっているような場合です。

たとえば、診断名、特に精神疾患の診断名があります。それから、職業名がそのような役割を果たすときもあります。そして、家庭環境についてのことがあります。母子・父子家庭とか、機能不全、愛情不足などですね。それから社会的に偏見を持たれているものも、そのように機能します。たとえば、同性愛や前科などがすぐに思いつきます。

このような描写は、当の本人が考案したものではありません。私たちが住んでいる社会の中にあって、その社会が維持してきているものです。つまり、上のような描写を与えられて、それだけの人ということでものすごく薄く理解されてしまうのですが、その理解の仕方は、この社会の中にあるものです。

たとえば、ゲイの人について、男性である自分が男性が好きだということで悩むのは、社会でそのことに対する特定の理解様式を維持しているからです。それは普通じゃない、と。逆に社会として、そこを理解して、少数派であるけれども、それは変なことではない、異常ではないという理解を保持してくれたら、本人は悩むことにはなりません。逆に、悩もうとしても悩むことができないという事態にもなるのです。

つまり、ひとくくりにするような描写を与えられて悩んでいるのは当の本人ですが、その悩みの根源に、本人の性格や特性を見るのではないということです。この社会の理解を受けて、本人が悩んでいるということです。そこで、そこに対応する私たちカウンセラーが、社会で育んでいる当たり前の理解を持って相手に対応しても、相手の苦しみが維持されることはあっても、減ることはないかもしれないのです。

このゲイをめぐる社会文化的な様相は、当然のことながら文化によって変わります。日本では、「それは変だ」などといった、周りとの違い、周りがどのように見るのだろうかという視線を感じながら悩むことになります。ところが、キリスト教圏やイスラム教圏に行くと、罪であるとか、地獄に行くというような理解があるところで苦しむのです。ニュージーランドでは、かなりそのことに対する理解も進み、そのことは当然のこととして接してくれる人も多くなってきています。そのため、生きやすくなってきているのかなと思っていたことがあったのですが、キリスト教圏にいると、他から、それもけっこう重要な教会から、今でも偏見に満ちた無理解な言葉が届くのです。

日本人は理解してほしいのですが、キリスト教圏では、歴史的にゲイを犯罪とする法案まで作ったことがあるのです。特にこれを主題としている映画ではありませんが、ベネディクト・カンバーバッチ主演の『イミテーション・ゲーム／エニグマと天才数学者の秘密』(2014)を見てもらえれば、ゲイがばれたときにはどのようなことが待ち受けているのかが描写されています。映画としてもよくできていると思いますので、機会があればぜひ。

蛇足ですが、これは同性愛でもゲイの話です。キリスト教圏で作られた法は、ゲイを対象としたものでした。レズは対象ではなかったです。なぜなら、同性愛は男性同士のことで、女性同士はないと思っていたようです。過去の歴史の中には、その時々に無知や無理解であったことを容易に見出すことができますね。未来の人々は、今の私たちの中にそのようなことをたくさん見出せると思います。

イスラム教圏ではもっと過酷です。イスラム教圏でゲイであることはど

More Details
もう少し詳しく…

『イミテーション・ゲーム／エニグマと天才数学者の秘密』

2014 年に公開されたモルテン・ティルドゥム監督による歴史ドラマ映画。第二次世界大戦時、天才数学者アラン・チューリングは英国政府の機密作戦に参加し、不可能とされていたドイツ軍の暗号エニグマの解読に挑む。アンドリュー・ホッジスの『*Alan Turing: The Enigma*』をもとに，英国政府によって重大機密として封印されてきた生涯を描く。

のようなことなのか、ぜひ調べてください。そのような文化圏からの人に対するカウンセリングにおいて、そのことをカミングアウトしてもらうわけにはいかない場合があります。当然のことながら、守秘義務は守られます。しかし、そのことが極刑につながるようなことをあえて語ってもらうことは、倫理的な問題があるはずです。ニュージーランドでは、極刑はありません。しかし、移民や難民の人たちは自国に戻る機会だってあるし、その民族のコミュニティの中で生きているのです。そのため、クライエントとカウンセラーの双方とも、同性愛のことを承知しているにもかかわらず、そのことを話すことができない場合もあるのです。

一方で、日本で大切なことは、社会というよりも、両親になっていきます。キリスト教の団体が同性愛について、今でも無理解で、無慈悲な声明を出すことがあっても、日本社会にはあまり届きません。ですので、日本では周りの人たちに受け入れられることが大切になると感じています。つまり、みなさんもできることが多々あるということです。つまり、その問題にどのように苦しみ、どのように悩むかは、どのような社会に住んでいるのかということから来ている部分があるのです。

(4) その「うつ」って、誰の言葉なのでしょうか?

どのような社会に住んでいるかによって、自分が、自分のことをどのように理解できるか、どのように受け取ることができるのかが、ずいぶん変わってくることを説明しました。ところが、今でも、ある一つの言葉によって、その人を理解し、結論づけ、定義してしまうようなことがしきりに行なわれています。たとえば、同性愛、薬物依存、発達障害、精神病など、人に向けてどのように使われているのかを見れば、理解できるところがあるでしょう。

スティーヴン・マディガンは『ナラティヴ・セラピストになる』(Madigan, 2011) を出版したときに、同じ組織からナラティヴ・セラピーのデモンストレーションのビデオも製作しています。このシリーズは、書籍とＤＶＤをセットにしているようです。

さて、マディガンですが、そのビデオの中で次のように聞いています。まず、ダンというクライエントが「自分はうつだ」と述べるわけです。そこで、マディガンは「そのうつって、誰の言葉なのでしょうか?」と尋ねます。ダンは、「別に僕が発明したわけじゃないんだけどね」と答えるのです。

相談の場面で、多くの場合提示されるのは、人に与えられたひとくくりにする描写なのです。そして、そのことのインパクトが私たちのほうに向けられます。たとえば、「離婚しました」「失業しました」「うつ病なんです」「末期がんなんです」などといった、簡潔な表現がクライエントの口から発生されたときに、私たちが受けるショックについて考えてみてください。

私たちは、そのような言葉の意味を、同じ文化圏に住んでいる身として理解してしまうのです。そして、そのことに対してどのように対応していいのか途方に暮れてしまいます。そのようなときに、マディガンがしようとしたように、その言葉のことをしっかりと理解するところから始める必要があるということです。つまり、あなたにとって、この描写はどのようなことなのか、どのような意味を持つのか、そして、この描写が隠してしまっているところはないのだろうかということに興味を持ちます。

ここで焦点を当てたいのは、そのような描写を人に与えて提示してしまっているのは誰かということです。この社会に生きていくとき、自分のことなのに自分では自分がどのような人なのかについて決めることができません。私という存在は、自分を越えた存在によって規定されてしまうのです。

それには、公的に診断名をつけることができる医師が筆頭にあがってしまうかもしれませんが、それだけではありません。いろいろな専門家という人たちも当然含まれるでしょう。専門家という地位は、専門的な知識を持つことによって付与されるのではなく、その職業に付与されているので、その職に就けば得ることができるものです。つまり、職を得てしまうことによって、その地位に就けるということです。そして、当然のことながら、そのことを社会に定着させ、維持するのは、さまざまなメディアということになります。

（5）メディアの扱いの差異

柄谷行人という哲学者が、『倫理21』（柄谷 2003）という本を書いています。その中で、責任の問題について論じています。おもしろいエピソードが載っているので紹介したいと思います。

アメリカの空港で、神学を学んでいる大学生がヘビーウェポンを所持しているということで捕まりました。ヘビーウェポンということなので、ピストルだけではなかったのでしょうね。そのことがニュースで流れていたのを柄谷さんが見たのです。翌日新聞でどのように扱われるのかを興味を持って読んでみました。そこに二人のコメントが載っていました。一人は友達です。「そんなことするヤツじゃないと思っていたんだけど」みたいなことでした。もう一人はその神学生の母親です。その母親は「これは罠である。うちの子どもがそんなことをするわけがない」というのです。

その後柄谷さんは、そのコメントにメディアがどのように反応するかを追っていきました。そこで、何に気づいたかというと、メディアは母親のコメントに何の反応もしないということでした。

日本のメディアの反応と全然違うでしょう。日本のメディアであればどのように反応するのか想像してみてください。相当な勢いで母親を叩きますよね。また、その余波は学校教育にも向かうでしょう。

でも、次のような考えがあることは触れられることはないと思うのです。それは、子どもが汚名を着せられて、世の中のさらし者になったとき、世の中でただ一人、その人の見方をしてくれる人を確保してあげてもいいじゃないですか。そのような人が多くの場合、親であると思うのです。たった一人だけであるその親が、その子どもを信じてあげる役回りについてあげるように支えたっていいじゃないですか。

もしかしたらその神学生は、本当にヘビーウェポンを持ち込もうとしたのかもしれません。その学生は有罪となるかもしれません。だからといって、その人が今後の人生を生きていくために必要な大切な人を奪ってはいけないのです。

ところが日本ではどうですか。親まで巻き込んで叩いて、今まで住んでいたところに住めなくなり、仕事も失い、結局自殺してしまったということだってあるでしょう。二次的な惨事を誰が作り出しているのだろうかということに、私たちは気づくべきだと思うのです。そして、自分はどこに加担しているのかという問いを、自分に向ける必要があると思うのです。

子育てにおいては、親の思うように子どもを育てることはできません。もしできているという親がいるとすれば、それは、親の力ではなく、トンビから鷹が生まれたことに感謝すべきだと思うのです。

私の息子もゲームばかりやっています。それは、私が望んでいるわけではないです。そのことで私の妻と口論になったりします。実際に子育てをしてみてわかるのは、すべて思ったようにならないということです。でも、私たちの社会文化的な理解は、違いますよね。親のしつけ、親の育て方が、すべてを決めることができるような感じです。

柄谷行人さんが論じてくれているのですが（柄谷 2003）、日本文化の特徴は、親が子どもを縛るのではないということです。

もし自分の子どもが万が一何かしでかしたとき、日本だったらものすごくつらいでしょう。なぜならば、自分にその責任があると自分でも思うし、周りからもそう思わされるからです。そのため、日本文化の特徴は、子どもを持った途端、実は子どもから逃れることができないという特徴を持っています。日本では、親が子どもを縛っているのではなく、親が子どもに縛られている社会になっています。

離婚問題にしても、絶対に離婚したほうがいいだろうと思う状況は多々あります。しかし、なぜ離婚を踏みとどまるかというと、多くの場合、子どものためですよね。それに、親が70とか80歳になって、50とか60歳になった子どもが事件を起こしたら、親が何か問われたような気がしますよね。つまり、子どもを持つということは、一生縛られ続けるということになるわけです。

日本の社会で子どもを持ちたくないと思ってしまうのがよくわかりますよね。いろいろな制度で子どもを持つことを支援することは重要なことです。そこは常に取り組むべきことです。しかし、親をどのように見なすかについて、ここで述べたように、親にすべての責任を、そして一生持たせるような風潮を維持していくようであれば、どんな政策も意味をなさないと思います。そして重要なことは、親にすべての責任を一生負わせるようなことを、自分も言っているとすれば、この風潮に加担していると見なされるべきだ、ということです。自分の、一人ひとりの発語が、そのような風潮を作り上げているのだという側面を忘れてはいけないのです。

3節　ナラティヴ・セラピーの質問

クライエントが自分自身はどのような人物であるのかという点について、社会的に照らし合わせて自分の状況をみて、「自分はダメなんだ」というような見方しかできないときがあります。ナラティヴ・セラピーでは、そのようなときに、どのような違った見方がありうるかということを、一緒に探す会話にクライエントを誘っていきます。それは、自分の現在や過去を見る視点を変更し、そこからであれば、どのようなことが見えてくるかに取り組むことなのです。

ここで、ナラティヴ・セラピーが目指そうとしているところが見えてきました。行動療法は、行動の変容を目指します。認知療法は、認知ですね。ナラティヴ・セラピーでは、その人の人となり、つまりアイデンティティの変化を目指すのです。

そして、そのことを実現するために、ナラティヴ・セラピーでは相手に質問していきます。

（1）質問によって相手に話すターンを託す

ナラティヴ・セラピーでは、どのように質問することが、その人が今までとは異なった視点で、自分のことを理解できるのだろうかということに取り組んできました。それは、独特の質問の形式にまで発展してきたのです。

ナラティヴ・セラピーと呼称が定着する前には、いくつかの候補がありました。その中に、「質問するセラピー」というものもあった、と聞いています。私としては、「質問するセラピー」よりも「ナラティヴ・セラピー」のほうがネーミングとして良いと思っています。それでも、このような候補にあがるぐらいですので、質問ということが実に重要な要素であると考えてきたのです。

セラピストとクライエントのやりとりの中で、セラピストがクライエントに返す言葉のほとんどが質問という形式になっています。私は、自分がどの程度質問で返しているのか、ちゃんと数えたことがないのですが、たぶん優に90％以上は質問で返していると思います。言い換えれば、そのぐらいのレベルを、自分は目指しているのです。

なぜ質問なのでしょうか。それは、質問というのは、「相手に話していいですよ」というバトンを渡すのと同じ行為だからです。相手は、問われて、つまりそのバトンを受け取ったからこそ、自分は話していいのだという気持ちになります。自分の話すターンが来たと思うわけです。

では、質問形式以外の言葉の様式にはどのようなものがあるのかというと、声明文というものがあります。それは、クエスチョンマークで終わるのではなく、句点、つまり丸で終わる文章のことです。たとえば、「あなたは○○ですね」「あなたは○○ということに悩んでらっしゃるんですよね」などといった形式ですね。これをどのように相手が返せるのかというと、「そうです」「はい」「ええ」といった形式にとどまる可能性が強いのではないでしょうか。相手は自分について述べてしまっているので、それ以上話をあえて続けなくていいのかなという気持ちになる可能性です。

相手の返事が「はい」で終わってしまったときに、次に発語するターンが宙に浮くということを考えたことがあるでしょうか。相手が「はい」と言って黙ってしまったときに、次に話す順番が明確ではなくなります。会話のフローがそこで止まると考えることもできます。そのような状況に陥った会話を再スタートさせるためには、けっこうなエネルギーが必要になります。

もしかしたら相手が話し始めてくれるのではないかと思いながら、沈黙に耐える必要もあります。また、どこで自分が会話を再スタートするために言葉を発したらいいのか、タイミングを見る必要もあります。

カウンセラーとして実にホッとするのは、時間的にはそれほどではない沈黙でも、相当長く感じているときに、相手が「あの……」と話し始めてくれるときではないでしょうか。沈黙のときに、ザワザワするような気持ちになるのは私だけではないと思います。

でも、ここで考えるべきことは、このような会話のフローを中断する言葉になったのは、どこに要因があるのか、です。それは、私たちが、「はい」とか「いいえ」で答えられてしまうような言葉かけをしているので、相手は「はい」とか「いいえ」と答えただけではないでしょうか。つまり、相手が会話のフローを止めたのではなく、私の言葉かけに、相手を止めてしまうような方向性が含まれていたのではないかという可能性です。

相手に「○○について、あなたの言葉でもっと語ってもらえないでしょうか?」というようなメッセージを含んだ質問をバトンとして相手に託す必要があります。そうすると、二人のやりとりの中で、明確にどちらが今バトンを手にしているのか、どちらにターンがあるのかという、その所在が明確になります。そのときの沈黙は、バトンの所在が不明なままの沈黙とは異なるのです。当然のことながら、沈黙に耐えていくという慣れも必要になります。しかしながら、相手にタスキを渡した以上、相手の返事が遅かったりしても、それは、相手の考える番だということで待っていられるのです。

時に、いろいろなことを考えすぎて、質問のことから離れてしまい、何について考えているのかわからなくなることがあります。そのようなときに相手は、「あの……質問は何でしたっけ?」と聞いてくることがあります。そのような場合、時には質問を繰り返したり、同じような質問ですが言い方を変えたりします。または、相手に今どのようなことを考えていたのか尋ねたりするのです。そして、会話を続けることができるというわけです。

逆に、「あなたは、〇〇なんですね」と「うつ病で苦しんでいるのですね」などと問いかけたところで、相手は「はい」と言ってくれるかもしれません。でも、自分たちの言葉の中に、それ以上のことをぜひとも話してくださいというメッセージは含まれていないです。そして、会話が途切れてしまったとき、つまり〈間(ま)〉ができるのです。この〈間〉の難しさは、次にどちらが話すのかわからないようなものなのです。ですので、居心地が悪いのも当然なことです。

カウンセリングの場面では、カウンセラーに責任がありますので、何かしゃべらないといけないという気持ちが高じてきて、別の話題に振ったりしてしまいます。大切なことを話していたのかもしれないのですが、沈黙、つまりは〈間〉ができてしまったために、次に行ってしまうようなことがあるのです。

（2）質問に答えることによって

私たちが発語するということとはいったいどういうことなんだろうか、について考えてみたいと思います。質問を問いかけて、相手に何をしてもらっているのかというと、自分で話をしてもらっているわけです。そのことの意義をしっかりと理解しておくべきだと思います。

私たちの発語そのものが、パフォーマンスであるという考え方があります。話すことによって、そのことを身近に感じたり、意識することができるようになります。たとえば、自分の考えがよく見えないときでも、人に話すことによって、その輪郭がはっきりすることもあります。話すことによって、そのことを意識し、そのことが現実味を増していくということもあります。

たとえば、簡単なやりとりをやってみましょう。（ワークショップ参加者の一人に実際に尋ねました。以下、そ

のやりとりです）

私　　：今日の昼に何を食べたいと思いますか？
Aさん：そうですね。お昼は、さっぱりしたものがいいですね。
私　　：なるほど、さっぱりしたものとは、どんなものを考えますか？
Aさん：うーん、麺類ですかね。
私　　：はい、ありがとうございます。今日のお昼に食べたいと思う、さっぱりした麺類を、どのぐらい前から食べたいと思っていましたか？
Aさん：それは、質問されてから。

人が話すことですが、別に以前からあったものが言葉になっているとは限りません。質問されてから考えが浮かぶということが多々あるわけです。問いかけられ、そのことを考え、そして話すことによって、その現実味が増してくることがあります。

「麺類を食べたい」ということを言葉にして、私も聞いてしまいました。それは、自分の考えを相手に提示するというパフォーマンスをしているということです。そして、私だけでなく、他の人も聞くことによって、そのパフォーマンスの意味は高まります。そして、もし隣の人が「私も食べたい。一緒にいきましょうか」などといったら、どんどん麺類を食べるという現実味が増してくるというわけです。

ここで重要なことは、本当に麺類を食べるかどうかではないです。人は、自分の話したことが現実になっていくというような、結果論について話をしていません。そうではなく、話すことによって、何かが変わっていくということです。

少なくとも話したことによって、「さっぱりしたもの」「麺類」はその人の前に現れるわけです。それが実際に食べることになるかどうかは、他にもいろいろな要因があるのでわかりません。近くにそのような店がないことだってあるのです。しかし、そのことは意識できるようになるし、候補として検討することができます。

そして、もう一つ興味深いことは、そのことを話せば話すだけ、しっかりと意識できるようになるということです。私が「さっぱりした麺類」の話題でこれだけ引っ張っているので、Aさんは、さっぱりした麺類を食べないといけないのだろうかという思いが出てくることだってあるでしょう。

ですので、話すことは、そのことの具現化に向かう推進力につながるのです。それは、単に話したということだけではありません。そのことに向けて、パフォーマンスしているということになるのです。

質問されるということは、質問する前には考えていなかったことに目を向け、そのことを話すことができます。そして、その言葉は自分でも聞いていますが、誰かに語ることによって、いっそう取り上げられることになります。独り言ではなくなり、そのことを言った自分を相手に見せてしまうようになるのです。相手は、そのことを言った人として、自分を見なし、話しかけてくるようになるということです。

自分で発語することの重要性と、そのことを誰かが受け取ることの重要性に気づいていたいのです。語られた言葉は、確かに自分から出た言葉です。しかし、ある種の質問を受けなければそのことを語ることはなかったでしょう。そして、そのことを聞いてくれる人がいて、そのことを取り上げられることによって、そのことは、より強く意識できるものとなっていくというわけです。

(3) 質問の方向性

ナラティヴ・セラピーでは、今までの中で何度も出てきて、そのことをめぐってすでに語ってきたことを、また繰り返し語ってもらうような質問をしないようにします。そうではなく、質問されなければ、その人は意識を向けることも、考えることも、語ることもあまりないような領域をめぐって質問をしていきます。

まずは、すでに繰り返し語られているような話がどのようなものか少し見てみます。

たとえば、うつ病の診断を受けたり、出社できない状態の人が来たりして、そのことをめぐって話をしてくれることを想像してみましょう。そのような人は、心療内科などの場面、または上司や肉親との場面で、そのことについてはすでに話をしたことがあります。また、自分の中でもいろいろと考えながら、自分の中で話すこともあったでしょう。

すでに語ったことがあるような話、そして、そのことが何度も繰り返されてきた話は、話すのがうまくなっていると容易に想像することができます。話がうまくなるということはどのようなことかというと、話の筋道がはっきりして、因果関係も明確に提示されてきます。つまり、その人が、今そのような状態になっていることの理由が実によくわかります。話が整っているので、納得力があります。そして、このような話は、結局落ち着くところが同じなのです。つまり、話のオチは決まっているということですね。カウンセリングのような場面で、同じオチに向かう話を、同じように語ってもらっても仕方がないと思うのです。

そうではなく、ナラティヴ・セラピーでは、問題や苦悩などをめぐって、今まで見なかったところから語ってもらうように促していきます。そのために質問していくのです。

うつ病でも、出社できないでも、不登校でもかまいません。今まで語ったことがない視点からの語りを促す質問をしていくと、うまく語ることができなくなります。質問から受け取った視点を手にして、自分の話をもう一度組み立てなければいけないということですね。そのため、答えるまで時間がかかるようになります。相手の表情を見ていると、一生懸命何かを考えている様子がわかるときです。

しばらく待って、表現されたことは、テーマは同じなのですが、そこで語られる描写は異なってくるのです。ここで、うつを乗り越えた、不登校を乗り越えたというような、描写のことではありません。そうではなく、今までとは少し違ったふうに、そのことを語っているということなのです。

その新しい表現に対して、カウンセラーという聴き手がいますので、その言葉が当然取り上げられます。そして、そのことはどのようなことなのだろうかとその新しい表現の意味を尋ねられると、そのことの意味を確認できるようになります。自分で言ったことに対して、なぜ私はそう言ったのだろうかとか、自分の話したことは自分の気持ちをちゃんと伝えているのだろうかということを、確認できる機会になります。

(4) ナラティヴ・セラピーの語りとは

今までのところを少し要約しておきましょう。ナラティヴ・セラピーの語りとは、次のようなものだと考えています。

> その問題がその人に影響を及ぼしていない領域（ユニークな結果）を手がかりに、その領域はどのようなものか（ユニークな説明）、その領域はどのような意味を持つのか（ユニークな再描写）を求めていく。そして、その領域を維持、拡大することによってどのような可能性があるのか（ユニークな可能性）を探る。そして、そのことに対して、他の人の貢献を求めていく（ユニークな流布）ことである。

当然のことながら、常にこのようにできるというわけではないし、しなければいけないということでもありません。人の会話を定型のフォーマットに収めようとしても、常にうまくいくとは限らないでしょう。だからといって、何も指針のないままに会話に従事することもできないので、このような視点で取り組むということです。大切なことは、相手の語りにしっかりとつきあうことです。技法ありき、形式ありきで、カウンセリングの会話を進めてはいけません。

ここで、私の好きな言葉を紹介します。ノルウェーの精神科医であったトム・アンデルセン（Tom Andersen）という人の言葉です。リフレクティング・チームという形式を世に発表して有名になりました。一方、ハロルド・グーリシャン（Harold Goolishian）というアメリカ人がいます。ハーレーン・アンダーソン（Harlene Anderson）と一緒に、コラボレイティヴ・アプローチという心理療法の姿勢を示しています。トムは、ハロルドの言葉をよく引用しています。ハロルド自身は、自分で文章をあまり書かなかった人なので、親交を通して、ハロルドの言葉を知ることになったのだと思います。

> ハリー（ハロルド）・グーリシャンがとても熱心に言っていたことだが、「僕らは、自分が考えていることを言ってみないことには、それが何かわからない」ということだ。彼は言った。「考えることを見つけるためには、話し続けなければならない」。表現が先で、それから意味が生じる。
>
> (Malinen et al., 2012)

カウンセリングにおいて、この言葉が意味することをしっかりと考える必要があると思っています。私たちは、話すことを明確に持って、話しているわけではありません。話すべきことは何か具体的にわかっているわけではないのだけども、聞いてくれる相手がいるので、できるところから言葉にしていくのです。そして、言葉にしてみたことを自分で聞き、相手に聞いてもらい、相手から返ってくるこ

More Details
もう少し詳しく…

トム・アンデルセン
(Tom Andersen)

ノルウェーの精神科医。「会話を通した平和活動」という、家族療法のもとで実践されている「リフレクティングプロセス」を提唱した。

ハロルド・グーリシャン
(Harold Goolishian)

ガルヴェストン・ファミリー・インスティテュートおよびヒューストン・ガルヴェストン・インスティテュートを設立。20 世紀末から始まったポストモダン・セラピーに多大な影響を与えた。

とによって、その表現についてもっと考えていけます。
できたてほやほやの表現を聞いたときに、そのことをそのまま相手に返してあげると、その人はその表現を鑑賞し、付け加えたり、修正したり、そのままにしたりすることができます。そして、そこからまた次の語りを考えることができるというわけです。

4節　外在化する会話

(1) 外在化する質問の形式

ナラティヴ・セラピーでは、従来とは異なった視点から語ってもらうために、外在化する会話に相手を招いていきます。
従来の視点からの語りとは、誰かが悪いというものが典型的なものです。相手が悪い、自分が悪いという起点からさまざまな語りが提示されていきます。そのような語りは、「私がダメなんです」「私が悪いんです」「あの人がしっかりしていないんです」「あの人さえ変わってくれれば」などといった、主語に誰かを名指しで示したものです。日本語の文法上、主語を省くことができますが、その文章が誰を示しているのかは明らかでしょう。違った視点の語りとは、ここの主語を変更することによって成し遂げることができます。

More Details
もう少し詳しく…

ハーレーン・アンダーソン (Harlene Anderson)

ヒューストン・ガルヴェストン・インスティテュートおよびタオス・インスティテュートを共同設立。ポストモダン・ファミリーセラピーにおけるコラボレイティヴ・アプローチで現在国際的にも活躍。

たとえば、次のようなものです。「何が」あなたにそれをさせているのでしょうか？　「何が」あなたに「私が悪い」と思わせているのでしょうか？　「何が」あなたに「私がもっとしっかりしていたらよかった」と思わせているんでしょうか？

このような質問が意味することは、私たちは常に社会的、文化的な影響を受けていて、自分自身の行動や発言を自由自在にできないという前提に立っているということです。これは社会構成主義の基本的な考え方から来ています。

みなさんは、したいことをすべてできるわけではありません。常に、その場の縛りを受けていますので、いろいろなことができないと感じているでしょう。逆に、したくないことをしている場合も多々あります。ですので、私たちは社会文化的な縛りを受けているのです。それゆえに、私たちの行動を考える場合、行動の主体が私たち自身に常にあるわけではないと考えることもできます。

外在化する質問というは、なんらかの要因が主語になるように構成されています。たとえば、どのような状況がその問題を悪化させているんでしょうか、とか、誰があなたにそのように思わせるのでしょうか、というふうになります。

私たちの語りは、比喩を用いて話すことができます。外在化する会話というのは、比喩を用いて、自分の状況を語ってみるように誘いかけるということでもあります。

たとえば、癇癪や怒りに対して疳（かん）の虫、男にとって都合の良い浮気の虫などを用いて状況について語ると、誰に責任があるのかという視点からの語りとは異なってくるのはわかると思います。

ここで注意しておきますが、疳の虫や浮気の虫は日本文化に根付いているので、みんな知っているものです。そこで使い勝手が良いため、カウンセラー側が使い始めてしまうということがあります。ナラティヴ・セラピーでは、どのような比喩を使うのかについては、相手の語りの中から見つけるということを原則にしています。ですので、カウンセラー側が自分の好きな比喩で、相手に語ってもらうということではありません。念のために、伝えておきます。

さて、クライエントが自分自身の語りの中で、「自分はうつ病なんです」というような表現を用いて自分を表現しているような場合において、「うつ」を外在化することができます。それは、あたかも「うつ」を擬人化するようなことになるかと思います。

そのときの表現をいくつかあげてみます。

- 「うつ」は誰の力を借りているのですか?
- 「うつ」は何を味方につけているのかわかりますか?
- 「うつ」が嫌がることを一緒に考えてみませんか?
- 「うつ」を弱らせるためには何ができそうですか?

弱らせるという表現ですが、英語圏では、「どうしたら弱体化できるでしょうか」という問いかけをします。弱体化よりも弱らせるという言葉のほうが、日本語で自然な感じがしますね。ここで、あえて「弱らせる」または「弱体化」という言葉を使っているのは、問題の撲滅を目指さないというナラティヴ・セラピーの姿勢から来るものです。実際のところ、私たちが落ち込む、くよくよする、元気がなくなるというのは、私たちが生きていくうえでどうしてもあるものであり、時には必要なものです。うつ病の人が困っているのは、抑うつ状態が必要以上にあるということです。ですので、それが抑えられる必要があるけれども、それをなくす必要はないということに気づくべきだと思います。

別の例で、外在化する質問の例をあげてみましょう。自傷行為である「リスカ」(リストカット)です。若い子が自分の手首などをカミソリなどで切っているのを見て、なんでそんなことをしているのか、という話をするのではなく、次のように問いかけることもできるでしょう。

- 「リスカ」と今後どのようにつきあっていきたいのでしょうか？
- 「リスカ」がいろいろなことを要求してきたときに、どのようにして断ることができるのでしょうか？
- 「リスカ」との適切な距離感というものはあるのでしょうか？
- 「リスカ」がもっと切れと言ってきたときに、どんなふうに抵抗しているのでしょうか？

このときにも、うつを撲滅するというような、リスカを完全に止めるという会話をしません。そこの意識をしっかり持っていないと、このような質問は出てこないと思います。

比喩として「悪友」が適切な表現だと思います。私たちにとっては、時に悪いことをするように誘ったり、やっかいごとに巻き込んでくるような友人です。そのような友人は、常に一緒にいるとかなりしんどい感じになってきます。しかし、つきあい方次第によっては、自分の人生にとっても何か貴重な役割を担ってくれることがあります。この「つきあい方によっては悪くない存在」かもしれないという発想は、ものすごく大切な視点だと思っています。

（2）問題とどのようにつきあうのかという視点

世の中には、絶対になくすことができない問題もあります。問題解決の視点だと、問題を聞いただけで頓挫してしまうような問題があるのです。

みなさんの中で、どの程度知っている人がいるのかわかりませんが、吃音（きつおん）、つまりどもりというのはそのようなものの一つです。吃音は、分類すると三つの状態があります。一つは、最初の音が繰り返されてしまうものです。「わたしは……」と言いたいのですが、「わ、わ、わたしは……」となってしまいます。次は、ある音が伸びてしまうというものです。「わたしは……」というときに、「わ〜〜たしは……」となってしまいます。最後は、音が出てこないというものです。「…………わたしは……」という感じでしょうか。

吃音は、古代から知られています。そして、当然のことながらいろいろな治療法も考案されてきました。その状態になんらかの変化をつけることは可能かもしれないのですが、吃音を治療するということに成功していません。小児の吃音は自然治癒という可能性があるようですが、吃音が固定化してしまうと、それを治癒することはできません。つまり、私たちにはその治療手段がないのです。

そのようなときに、私たちは、それとつきあっていくことしかできません。しかし、つきあう方法をうまく見出せないと、つまり吃音があるので人前では恥ずかしくて話せないとなってしまうと、人前に出られなくなってしまうのです。

日本でも大ヒットした「スキャットマン」を歌ったスキャットマン・ジョン（本名：ジョン・ポール・ラーキン）は、歌ではどもることなく歌えるのですが、ふだんの会話では子どもの頃からものすごくどもっていました。そのため、人と話すことを避けて生きてきました。ひっそりと場末のバーで歌って生計を立てていたのです。ところが、その歌が人の目にとまり、メジャーデビューする機会がめぐってきます。しかしジョンは、有名になったら人前で話す機会が当然あるだろうし、そうすれば、どもって話すことがわかってしまうと恐れたのです。ですので、そのオファーを断りたくなります。そのときにジョンの妻に、「もうばれてもいいじゃない」と言われ、オファーを受ける決心をす

More Details
もう少し詳しく…

スキャットマン・ジョン (Scatman John)

「テクノスキャット」創始者。アメリカ合衆国カリフォルニア州エルモンテ出身のミュージシャン。メジャーデビューアルバム『スキャットマンズ ワールド』が日本を含む全世界で600万枚以上を売り上げた。

るのです。

　この話で重要なことは、スキャットマン・ジョンのどもりがひどいからこのように思ったということではありません。どもる程度の問題ではないのです。ちょっとであったとしても、本人が大いに気にしてしまうような場合には、人前で話せなくなることがあるのです。

　一度吃音のグループに宿泊研修をするように呼ばれて、参加したことがありました。そこで、二泊三日一緒に過ごしたのですが、中には、よく聞いても、どもっているのかよくわからない人もいました。でも、本人は自分がどもったところに気づいているのです。その場は、自分に吃音があることをオープンにしている場ですので大丈夫なのですが、そうではない場合には、自分はいつどもるのだろうか、どもるのがばれてしまうのでないかと、恐怖を感じながら生活を送る場合があります。つまり、「自分はどもってしまう。それは恥ずかしい」と思ってしまうと、日常の会話が恐怖と化していくということです。「私たちも時にはどもっちゃいますよ」程度の感覚でいるわけではないということです。

　つまり、吃音という問題をどもる程度、つまりはその強弱、または頻度の問題として理解して、取り組んでもダメなのです。少しでもどもったら恥ずかしいと思う気持ちがある以上、少しぐらいどもりが改善されても何も変わらないということです。

　さて、ここで前のポイントに戻ります。私たちが悩むのは、問題の大きさや頻度ではないということです。悩みの深刻さは、問題との関係性において理解されるべきだということです。

　吃音のある当事者とのつながりがありますので、そのことについて少し話をしました。もし吃音に興味を持ってもらえるのであれば、手始めに『英国王のスピーチ』（2010）という映画でも見てください。いい映画です。観るときに誤解してほしくないのですが、スピーチ・セラピストの助けによって、非常に大切な演説をこなすことができるようになります。そのため、どもりを克服できたというふうに受け取ってしまう人がいます。でも最後のテロップの中で、その英国王は、一生そのスピーチ・セラピストとのつきあいを持ち、支援を受けたことがわかります。治ったわけではありません。そうではなく、避けがたい演説を、なんとかこなせるようにはなったということです。

More Details
もう少し詳しく…

『英国王のスピーチ』

2010年に公開されたトム・フーパー監督による歴史ドラマ映画。吃音に悩まされたイギリス王ジョージ6世と、その治療にあたった大英帝国構成国出身の平民である言語療法士の友情を，史実をもとに描いた作品。第83回アカデミー賞では作品賞など4部門を受賞した。

ワーク 「擬人化された問題にインタビュー」

マイケル・ホワイトのワークで、「なんらかの問題があるとして、その問題を誰かに演じてもらい、その問題にインタビューする」というものがあります。このことによって、問題の実体を探り、問題を弱らせる方法を見つけていきます。

どのような問題についてのワークをするかは、この場の人たちから案を出してもらい、その中から一つ決めたいと思います。

（注記：「人前でいい顔をしてしまう」と「自信がない」などが出ましたが、多数決で「自信がない」に決まりました。その後、〈自信がない〉という問題の役をしてもらう人を四名、〈自信がない〉に悩まされている人の役をしてもらう人を四名募集しました。前に来てもらい、私のインタビューに答えてもらうという形で進めました。実際には、〈自信がない〉という問題の役に五名が参加してくれました。）

それでは、それぞれにインタビューしていきます。別に代表した意見を言う必要はありません。「『自信がない』ってどんな影響あるんですか？」と聞いたら、みなさんが思いつくことを言ってもらってかまいません。それは、本当のことかどうかというようなことは気にしなくてもかまいません。

左側のグループは、〈自信がない〉という問題になってもらいます。そして、〈自信がない〉ということに悩んでいる人が右側のグループです。〈自信がない〉という問題として、どのように苦しめてやろうかとか考えながら、答えてください。つまり、〈自信がない〉という問題は、どのような存在なのだろうか、ということを考えながら答えてもらえたらと思います。一人だけでは答えにバリエーションが広く出ませんので、四〜五人に出てきてもらっています。

質問者

それでは、こちらのグループは〈自信がない〉さんです。そしてもう一方のグループは、〈自信がない〉さんに悩まされている人です。まずは、悩まされている人たちにインタビューしていきます。〈自信がない〉ということがあることによって、どんな思いにさせられて日々を送っているのですか？

悩まされている人①

ええと……思い切って行動できない。口に出して言えない、できない、発信できないっていうことで悩んでます。

悩まされている人②

たくさんチャンスを逃しているなと思って、チッていう気持ち（笑）。

悩まされている人③

もっと頑張んなきゃ、頑張んなきゃって思って……でも、それがなかなかできなくて、そのギャップが苦しいです。

悩まされている人④

そのために、こうやるべきことが……なんていうんですか……できない。自信がないから余計できなくて……役割を達成できないっていうような気持ちです。

質問者

もう少し具体的に聞きますね。その〈自信がない〉というのは、みなさんの人生だとか、実生活であるとか、会社の場面で、みなさんを、具体的にどんなふうにしてしまうんですか？〈自信がない〉ことによって、本来したいと思っていたことをどんなふうに変えてしまうのでしょうか？　そして、そのことによって望んでいないどんな行動をさせてしまうのでしょうか？

悩まされている人①

今まで経験してきたこととか勉強してきたことを基に、新しいこととか、それを生かして仕事をしていきたいという気持ちはあったし、できると言われてるんだけれど……自信がないためにできないと思って……動けなくって……結局何も一歩も進まないままずっと同じところにとどまったままでいます。

悩まされている人②

そんなに悪い判断をしていると思わないけれど、自分の判断に満足はできないんです。幸せそうな人を見ると、あー、自分はなんかちょっともったいないことをしているな、と思うことですかね。

悩まされている人③

自信がないことをどうにかしなくっちゃって思って、本当は遊んだりゆっくりしてのんびりしてっていうふうにだらだらして過ごしたいのに、そうすることが許されなくて……ずっと勉強の時間だとか、何かあえてする時間みたいな感じに使ってしまって、自分がのんびりしたい時間が、全然ない感じになっちゃってます。

悩まされている人④

自信がないことによって、結局その周りからの期待だとか、そういう信頼を信じられない自分がいて、なんかこう一人であたふたしてしまったりとか、結局、無駄な動きをしてしまい、自己嫌悪になるっていう形です。

質問者

それでは、その自信のないっていう問題は、みなさんの人間関係にどんな影響を及ぼしてきたんでしょうか？

悩まされている人①

そんなに大きな問題は起こってないですけれども、でも、自信があって行動したら得られるであろう新しい交友関係とか、可能性とか、いろんなチャンスを逃してしまっていると思います。

悩まされている人②

そんなに交友関係に影響はないと思うんですが……うーん、強いて言えば、判断がスパスパできる人がうらやましい一方で、ちょっと気圧される感じがあって、そういう人とはお友達にならないことが多いかなという気がします。

悩まされている人③

子どもがいるんですけれども、中学3年生と小学6年生の息子たちと十分にのんびりした時間を過ごせないでいたりするし、会いたい友人に、年賀状を書いたりするたびに「今年こそ会おうね」というのをもう何回書いているんだろうと、書くたびに毎回思ったりして、会いたい人に会えないとか、過ごしたい人と過ごせないということが起きています。

悩まされている人④

人間関係にどう影響……ですね。自信がないことによって、できるよねっていう期待に応えられていないっていうふうに周りに思われているんじゃないかとなります。人間関係的には、なんか……自分がうまくいっていないっていうことになり、悩んでしまう。うまくいっていないという感じです。

質問者

それではですね、問題のほう、〈自信がない〉さんにインタビューしていきたいと思います。あなたはですね、どうやって人に入り込んでいくのですか？

自信がない①

ええとね……脅します。なんていうのかな、「失敗したらどうするんだ、お前」って言う。「相手の顔を見ろって昔から言われてきたでしょ」って言う。「あなたどんくさいんじゃない、なんて不器用なのって言われてきたでしょ」って言う。「僕がいなかったら、あなたちゃんと生きないでしょ」。そういう感じで入っていきます。

自信がない②

僕の場合は、「責任とれるのか」みたいに言いますね。「リーダーシップ発揮して、他の人に迷惑かけたらどうするんだ」と。たとえば、「おまえ責任とるのか」と。そういうふうに伝えます。

自信がない③

えーと私は、「失敗するぞ〜、失敗するぞ〜」と耳元でささやきます。

自信がない④

私はですね……不安をあおります。で、「笑われちゃうよ〜」とか、そんなこともささやきます。

自信がない⑤

私もですね。「みんな見てるよ〜」って耳元でささやきます。「みんな見てるよ〜」。

質問者

次に聞きたいのは、どういう隙を狙って人に入り込んですか、ということです。どんなタイミングをはかってとか、どういう隙を狙って入っていくんですか？

自信がない①

それは、もう迷ったときですよ。自分はどうしたらいいんだろうと思ったときは、私が指揮管理監督をして初めて、生きていける。私の責任感ですね。はい。

自信がない②

一人のときですね。「一人でやろうかな～」と思ったときは狙ってささやくようにしています。

自信がない③

ドキドキして心拍数が上がってきたときかもしれないです。はい。

自信がない④

私はですね、人の視線とか人の見方なんかを考えたときに入り込むと思います。

自信がない⑤

私は、小さなこと、小さなことでもくよくよしているときに、入っていきます。

質問者

それでは、どんな人もまんべんなく狙うんですか？　それとも特定の人、つまり性格だとかを見て狙うんですか？　そうであれば、どんな人を狙うんですか？

自信がない①

弱いやつやね。意気地のないやつっていうか、俺がいないとしっかりできないやつ。そういうやつを目ざとく、もう空気の匂いを嗅いで入っていくんですね。はい。

自信がない②

僕も基本的にはうじうじした人を選ぶんですけど、成功体験が少ないであるとか、一人ぼっちのことが多い人を狙っているとけっこう、成功確率が高い気がします。

自信がない③

見境なく誰彼かまわず行きます。

自信がない④

私はですね、隙間を見つけたらそこに入り込みます。で、その隙間を気にする人のところにもっと入り込みます。

自信がない⑤

そうですね。頑張っている人ですかね。すごい頑張りすぎている人って意外と隙があるんですよね。

質問者

狙って入り込むときに、単独行動で行くんですか？　それとも、誰か助っ人とかと一緒に行ったりするんですか？

自信がない①

やっぱり専門家としてはチームであたってますね。チームセッションが基本ですよ。駆り立てるやつとか、ささやくやつとか、コンビネーションで取り組むんです。そうしないと対応できない。そんな感じですかね。はい。万全です。

自信がない②

僕は、タイミングをはかっています。自信がある人でも、失敗した瞬間とかを思い出させたりとかして攻撃しています。

自信がない③

組織立って、指揮命令系統をしっかり持って動いています。

自信がない④

私はですね、自分が行こうと思ったときに行きます。ただ結果として、いろんなところでいろんな人がいるので、すごいダイナミックに動いているような気もします。

自信がない⑤

そうですね……時間差攻撃ですか。あとさまざまなものを拾いますね。その人の気にしていること、細かいところ、バレーボールのように華麗に拾っていきます。

質問者

そうすると、聞きたいんですが、いったい何をしたいんですか？　なんで、どんなことに喜びを感じているんですか？　生きがいって何なんですか？

自信がない①

生きがいは、やっぱりこう、本人にしゃきっとしてもらうことかな。あと、本人が怖い思いとか、失敗しないとか、手堅く生きるとか、現状維持を大事にしてほしい、というのをモットーにしています。

自信がない②

失敗してほしくないとか、責任とってほしくないとか、それやったら責任とらなきゃいけないよとか思ってやってます。

自信がない③

そうですね、軽はずみさを叩きのめすためにやってます。

自信がない④

特に目的はなくて、なんかそうしたいなと思うからしてます。

自信がない⑤

布団から出られなくなったらミッション完了です。

質問者

それではですね、ちょっと質問の方向性を変えてみます。お聞きしたいんですけれども、苦手意識のある人っているんですか？

自信がない①

なんだろうな……歩み寄ってくる人とか、わかったみたいなことを言われると、なんか気持ちが萎えるというか、指導しようとする気が弱まるというか。なんだろう、協調するとか協力するみたいなことってむずがゆく感じますね。

自信がない②

僕が苦手なのは、成功体験がある人とか、そういうことを思い出せる人とか、未来志向の人とか、将来のために……という人は苦手ですね。

自信がない③

私は、「失敗するぞ～」と耳元でささやくので、「わかっているよ、わかっているけれどね」と反論されると怯みます。

自信がない④

私はあんまり小さいことを気にしないような、大雑把な人が苦手です。

自信がない⑤

もう受け入れちゃう人は大嫌いですね。何でも受け入れるみたいな感じでやられちゃうと、ちょっと困っちゃいますね。

質問者

それではですね……〈自信がない〉さんが、人に住み着いている、悪さをしているときに、雲行きが怪しくなりそうなので、極力つぶしたい、早めに芽を摘んでしまいたいようなことって、どんなことがあるんですか。

自信がない①

なんか、わかろうとしたりとか、受け入れようとしたりとか、あ、オレうまく生き始めてるとかっていうのは、なんか早めに芽を摘んでいきたいというか、リスクですよね。私たちからすれば。

自信がない②

そうですね、心臓ドキドキしているとか、顔が赤いうちはいいんですけれど、落ち着いてもらうとちょっとなかなか対応しにくくなるので、なるべくドキドキさせるようにしています。

自信がない③

自分の姿が見え始めたとき、見られているなってわかったときに、ちょっとどうしようかなって思います。

自信がない④

なんか冷静になられて、こう具体的に戦略を練られ始めるとちょっとやばいなって思います。

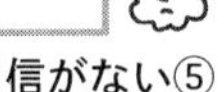

自信がない⑤

なんか、「ありがとう」とか、そんな言葉を意識して使い出したりすると、まずい。「そんなことをやったって意味ないよ」とささやくんですが、そういう言葉遣いが変わってくるとか危険ですね。

質問者

入り込んでいる人の周りに、どんな人がいると、うっとうしいというか、邪魔だなとか、あっちいけばいいのになあ、やりにくいなあ、と思うんですか？

自信がない①

手を取り合おうとか、お前の気持ちわかるとか言われると、面倒くさいですね。べたべたしりとか、慣れ合いはしたくない……そんな感じですかね。

自信がない②

応援するとか、寄り添うとか、褒めるとかは困るので、なるべく非難する人を周りに呼ぶようにしています。

自信がない③

おおらかな人が周りに来ると、私の姿が見られてしまうし、本人にも見えてしまうので、逃げたくなります。

自信がない④

そうですね……なんだろうな……その人のことを受け入れちゃったりとか、そういう大切にしてくれてたりとか、なんかこう包み込むようなすごい愛情を感じられる人たちが周りに集まってくると、どうしようかなと思います。

自信がない⑤

一番嫌なのは、ナラティヴ・セラピストですね。その人本来のところに光を当てちゃうんですよね。ちょっと嫌ですね。

質問者

入り込んでいる人のところは、居づらくなって、見切りをつけて次に行きたくなるのはどのようなタイミングなんですか？　そのときには何が起こっているのですか？

自信がない①

軽く自分でやり始めたり、いきいきとし始めたりしたときに、引き際かなっていう、撤退するしかないっていう感じですかね。

自信がない②

僕の存在に気づいたんですけれど、なんか行動し始めると、とにかく行動されると防ぎようがないので、とにかく困ってしまいますね。

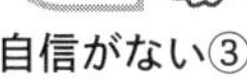

自信がない③

はい、気づかれたら終わりです。次へ行きます。

自信がない④

そうですね。そういう私の存在も受け入れちゃって、それでも立ち上がっていく人になっちゃったらもうダメかなって思います。

自信がない⑤

そうですね、私もです。私のことを認めちゃって、お前いいやつだな、みたいに来られちゃうと、もうこいつとは居れないと思って逃げ出しますね。

質問者

それでは、〈自信がない〉さんに悩まされている人に戻ります。今、〈自信がない〉さんの性格とか特徴を探ってみました。その特徴を知って、考えていることとか、どうしてやろうかとか、今どんなことを思いますか？　少し向こうの性格を知ったあとで今、考えられることを教えてください。

悩まされている人①

そうですね、一人で悩んじゃいけないなと思いました。強力な助っ人がほしいなとか、見つけたいなと思いました。

悩まされている人②

えっと、「人の隙に入ってきやがって！」と思いましたけれど、でも、なんか仲良くできそうかなと思いました。

質問者

その、仲良くできそうってどういう側面なんです？

悩まされている人②

向こうも不安があるからですね。

悩まされている人③

私はなんかこう、弱点をちょっと知れたので、これから戦えるような感じがしました。

悩まされている人④

なんかこう、気づかれたらとか、認められたらとか、存在に気づかれたらとか言っていたので、そんな自分を受け入れたらいいのかなっていう気持ちになりました。

質問者

今後、〈自信がない〉さんと、どのようにつきあうというか、どのような距離感、または、どんな関係性を持っていきたいと思いますか？

悩まされている人①

そんなにすごいくらい驚異的な存在ではないのかなとちょっとだけ思えたので、そういうのもいるんだっていうふうに、今より距離をもってそれを見つめていけるかな。

悩まされている人②

いろいろと話を聞いていて、まあ一応少なくとも表向きだけでも私のことを考えてくれているんだなって（笑）思ったので、そこはありがたく受け取っていこうかな。それでも、自分なりに強制終了の方法を知っておきたいな、というふうにも思います。まあつきあっても10分20分で終わらせる、自分なりにスイッチが持てるようになったらつきあいやすいかなと思いました。

悩まされている人③

なんか、気づかれたとか、隙間とか、けっこう意外とちっちゃいやつ（笑）ですね。意外とちっちゃい。懐中電灯を当てると影が小さくなったり大きくなったりするじゃないですか。あんな感じで自分が勝手に大きくしているんだったら、まあ居たとしても、軽くシカトしてもいいぐらいの存在なのかもしれないなと思いました。

悩まされている人④

なんでしょう。なんか……いろんな性質というか、特徴を知ったら、なんかそういうのもありなのかなっていう。なんていうんですかね……「失敗しちゃうよ」とか言ってくれていることも大事なのかな、自信がないときもあっていいんじゃないかなっていう気持ちです。

質問者

ありがとうございます。はい。それでは、一連のインタビューを終わります。

（以下、ディスカッションやカウンセリングのデモンストレーションを実施しましたが、その部分は割愛します）

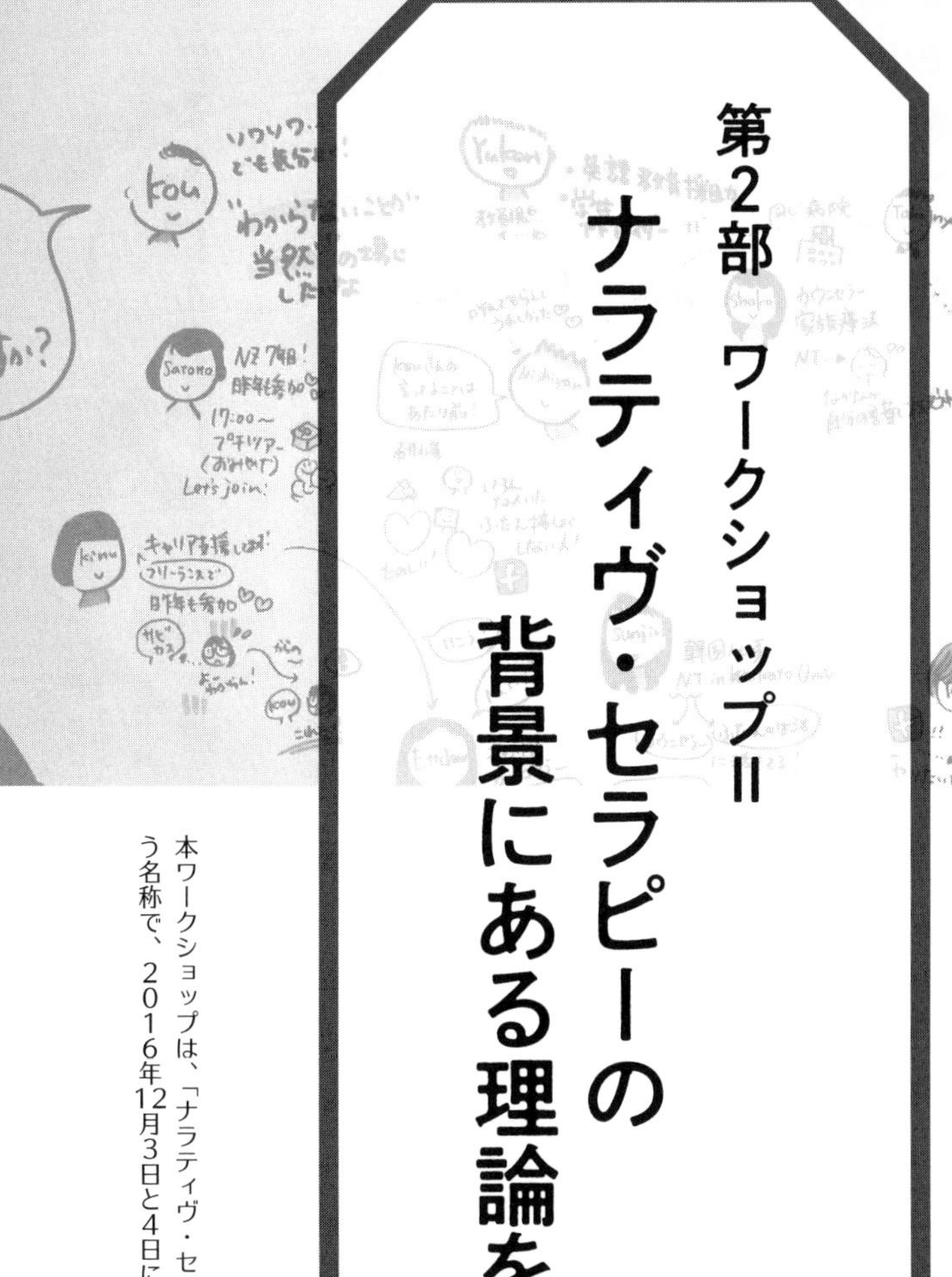

第2部　ワークショップⅡ

ナラティヴ・セラピーの背景にある理論を知る

本ワークショップは、「ナラティヴ・セラピー・アドバンスコース」という名称で、２０１６年12月3日と4日に東京（永田町）で実施しました。

イントロダクション

私は、今ニュージーランドに住んでいます。ニュージーランド人は「こういち」と言いづらいところもあるので「こう」と呼んでもらっています。私は大学で教えているわけでもないし、教員だったこともないので、みなさんも「こう」または「こうさん」と呼んでもらえるといいなと思っています。そのほうが私も気が楽になります。日本の文化では、最初からそのように呼ぶのは敷居が高いかもしれませんが、私のことをファーストネームで呼んでくれる人も増えてきたので、そろそろみんなにお願いしてもいいのかなと思ったところです。無理にとは言いませんので、できる人からお願いいします。

さて、ナラティヴ・セラピーというのは、オーストラリア人のマイケル・ホワイトとニュージーランド人のデイヴィッド・エプストンがその原型を作りました。そして、いろいろな人が実践に取り入れようと取り組んできています。このデイヴィッド・エプストンですが、関心を分かち合うコミュニティが大切であると述べています。英語ではCommunity of Concernといいますので、直訳は「関心のコミュニティ」となります。私の翻訳パートナーであるバーナード紫(ゆかり)さんと、この訳語を「関心を分かち合うコミュニティ」としました。私は、今のところこの訳語が気に入っています。

人が集まるとグループができます。私たちが社会で生きていくときに、いろいろと自分を取り繕って、その場に合わせて、そこに居ようとしてしまうことが往々にしてあります。ナラティヴ・セラピーで目指すコミュニティというのは、そのようなものではないと思うのです。一人ひとりが大切にされ、それぞれが相手に関心を持って接することができるような場であってほしいと思っています。

ワークショップの冒頭で、四人程度のグループを作り、その中で自己紹介をして、どうしてここに居るのかなどを分かち合ってもらっています。これは、講師対受講者という関係性だけでなく、横のつながりもできてほしいなと思ってのことです。ですので、最初に少し時間をとることは、大切なことだと思っています。

さてこの二日間で、五つのことをカバーしようと思っています。それは、「哲学的な基盤」「ディスコース」「脱構築」「外在化」「質問術」です。一つひとつ進めていきましょう。

第4章　哲学的思想を基盤とする心理療法

1節　哲学を基盤とするということ①

(1) はじめに

哲学的思想を基盤とする心理療法ということですが、心理療法をアプローチと置き換えてもかまいません。なぜ哲学的な基盤が大切なのかということについて話していきます。

心理学においてどのようにして知識が積み上がっているのかというと、仮説を立てて、実験を通じてその仮説が合っているかどうかということを基盤にしています。つまり出発点は、私たちの思考であり、発想であることになります。これが意味していることをしっかりと考えるべきではないでしょうか。

私たちは、文化的な理解、そして言語的な制約を持って生きています。その枠組みの中で考えているのです。その枠組みの中で仮説を考えて、検証していくという行為、その枠組みの中で積み上げられている知識は、本当に本質的なことを示すことはできないのだという指摘があります。私は、この視点に与しています。

それでは、そこを越えていく視点を持つためにはどうしたらいいのでしょうか。それは、哲学的に思考するということから検討できそうなのです。当然のことながら、時代の哲学者もそのときの文化的な枠組みの中で考え、そのときに利用できる言語的な制約の中で思考してきました。しかし、**その制約があることに気づいて、考察していっ**

たという違いがあると思うのです。

ところが、この領域のことが難解です。有名な哲学者の本を読んでも、文字を追うことはできるものの何が書いてあるのか、一向につかめるという感じにはなりません。この点において、ナラティヴ・セラピーの近寄りがたさというものも理解できます。自分の知的能力の限界を感じて、悔しいというか情けない気持ちになります。

もう一つ重要な視点は、哲学者たちは、心理療法に興味を持っているわけではないので、その人たちが自分たちの考察がどのようにこの領域で活用できるのかについて述べているわけではありません。そこで、そこを橋渡ししてくれる人が必要になると思うのです。それが、マイケル・ホワイトやデイヴィッド・エプストンだったと思うのです。

フランスの哲学者でミシェル・フーコー（Michel Foucault）という人がいます。マイケル・ホワイトがよく引用するので読んでみたことがあります。難しかったことは難しかったのですが、そのときに思ったのは、一生懸命フーコーを読んで理解しても、ナラティヴ・セラピーが生まれるわけではないなということでした。でも、そのような哲学的な論考を読んで、臨床のことにつなげてくれた人たちがいたのです。それを、私は一種の飛躍だと思っています。

これからいろいろな哲学者の引用を示していきますが、基本的に孫引きです。他のカウンセラーが引用してくれたものをお見せしています。時に、自分でも原文に戻る必要があると思ったところは、原著で確認してきたことも当然あります。しかしここで、私がそのような人たちの書物をすべて読むところまでいっていないということをしっかり伝えておくのは、自分に正直になるという点で大切だし、今後、自分の知識の限界を悟られないように繕う必要がなくなる気もしています。

（2）真実は存在しない、ただ真実だとする解釈があるのみ

スティーヴン・マディガンがフーコーを引用しつつ述べていることに、次のようなことがあります。

フーコーが一貫して立ち返る原点は、真実は存在しない、ただ真実だとする解釈があるのみ、という考えなのです。

(Madigan, 2011)

ミッシェル・フーコーという人は、フランスの哲学者で、ゲイでした。フーコーが生きた時代、ゲイであるということは、ものすごく大変なことであったようです。そこで、本人も何度も自殺未遂をするぐらいだったようです。そのフーコーが、これまでの歴史を異なる目で振り返り、さまざまな研究をしていきます。そして、フーコーが一つ大切な視点としたのは、真実は存在しないのだということ、そして、ただ真実だとする解釈があるのみという点です。

私たちは、本当のこととは何か、真実とは何か、本心とは何かというような、あるものに付随する本質を探ろうと議論していきます。しかし、そのようなものはないのだと、言い切るわけです。しかし、それが真実だとする解釈に、みなが合意すれば、それが真実であると見なしておけるということです。本来であれば、本質は、私たちが合意しようとしまいと変わるものではないはずでしょう。ところが、私たちが合意してしまうものが本当のことである、としてしまっているのだということです。

それゆえに、時代が変われば、そして場所が変われば、その合意が変わるので、事実も当然のことながら変わります。

学校のことについて少し考えてみましょう。明治政府は、開国後、寺小屋ではなく学校を作りました。そのときに政府は、子どもたちに学校に行ってもらうことが大変でした。なぜならば「学校に行って何になるんだ」という

考えが一般的でしたので、子どもという労働力を無駄にして、学校に送り出す意味がわからなかったのです。それが、その時代に多くの人が共有していた合意ですね。それが真実でした。学校に行っても何にもならないだろうということです。親はそんなところに行かなくても、立派に大人になっているじゃないかということです。

ところが、みなさんがよくご存じの通り、学校に通うことの意味は、今の時代はまったく違います。そして、50年後、学校というものが、今のままであると思うでしょうか。また、50年後も今のままであってほしいのでしょうか。

少し脱線しました。ナラティヴ・セラピーにおいて、誰かが本当だ、真実だ、本質だということを言っても、正真正銘の真実だとして聞くことはありません。それは、この社会文化的な中で、それを真実だと語り、そのように繰り返されているのだと考えます。

そうすると、私たちが使う言葉も懐疑心を持って使う必要が出てきます。たとえば、私たちは、相手に本心とか本音を聞きたくなるときがあります。自分の中を探っても出てくるのか定かではないようなものが、相手の中にはあると思ってしまいます。それは、そのように尋ねているやりとりを見たことがあるからであり、時に本心があると語る人がいると知っているからです。しかし、そんなものはわからないことが往々にしてあります。また、言えたとしても、それが心底から本心であるという確証がある人はなかなかいないでしょう。

本当の自分を見つけるとか自分探しの旅、広告のキャッチコピーとしては非常に魅力的なものがあります。私たちは言葉をそのように使えることができますが、実際にそのような本質的なものがあるかどうかは別の話です。

自己という言葉があります。この自己は、明治時代に作られた言葉です。江戸時代の人々は、そのような概念がなく、生きていたということですね。吉田松陰が、師匠であり叔父の玉木文之進から、文字通り死ぬほどのスパルタ教育を受けるのです。そのときに〈公〉の場面で、〈私事〉のことで殴られる場面が司馬遼太郎の小説にありましたが、公と私の区別はあったのかと思います。

私たちを取り囲むいろいろな概念や言葉があります。たとえば、精神年齢、精神病、統合失調症、トラウマ、深層心理、母性、父性、性別など、あたかもその概念が実際にそこにあるかのように存在します。その存在自体を疑うことなどしないでしょう。繰り返しになりますが、そのような概念も私たちが合意しているからこそ、そこに実在のものとしてそこに存在しているのです。

（3）言葉の使用方法を学ぶことによって使えるようになる

自閉症の診断を受けて、博士号まで取得した人がいます。テンプル・グランディン（Temple Grandin）という女性です。この人は、牛の屠殺場の設計をしているのです。なぜならば、牛があまりにも惨めに、恐怖におののいて殺されているのを見かねて、安らかに死ねるような設計をしたのです。このテンプル・グランディンですが、自閉症ということもあって人と話をするのがあまり得意ではないのですが、牛とはコミュニケーションがとれるというのです。『テンプル・グランディン（*Temple Grandin*）』という映画が製作されています。日本では紹介されていないようですが、なかなか良くできている映画ですので、機会があれば見てください。テンプル・グランディンを演じたクレア・デインズが好演しています。

さて、このテンプル・グランディンが、みんなが犬、犬と言うが、犬の共通項って何かわからないと思ったんですね。四つ脚というだけでは不十分です。毛がある犬もいますが、ない犬もいます。そうしたら、一つ共通項を見つけます。それは、犬の鼻の穴の形は同じだというのです。それは、私たちが犬というものを見るときの特徴ではありませんね。ここで、犬という種を認識しているのではありません。

ここで何の話をしているのかというと、「うつ」という言葉がありますが、しっかりとその特徴に合意されて使っているのではないですよね。そのようなことがあり、いろいろなことを説明するのに便利だからといって使うような言葉があるのです。それは、便宜上使ったり、診断に困ったり、それっぽいから使ったりして、使い始めるのです。

私たちは言葉を使うときに、厳密にその特徴を捉えることによって、対応する言葉を利用するのではないということです。それは、どのような場面で、その言葉を使えるのかという、言葉の使用方法を覚えることによって、言えるようになっていくのです。

トラウマという言葉を覚えて、どのような場面で、どのような状況で使えるのかまで学習したとしましょう。そうすれば、その言葉を使えるようになります。それは、日常生活という実践の場で、何度も何度も見て身につけたものですので、使い方をわきまえているということです。それは、トラウマということが、いったい何かということを知る必要がなく、使えてしまうということです。恐ろしい話をしていると思っていてください。

ところが、そのように言葉が利用され、そのように自分が言われるとそのことに悩んでしまいます。相手は、トラウマというものがあると思えるし、それが使われることに対して疑問を持たないのです。

(4) ポスト構造主義の基本的考え方

現在ある〈当たり前〉〈当然とすること〉あるいは〈普通〉に疑問を投げかけていく姿勢は、哲学的な考察から生まれました。それを構造主義またはポスト構造主義といいます。構造主義は、最終的に根底的に本質的な要因を想定していますが、ポスト構造主義ではそれも想定していません。

More Details
もう少し詳しく…

テンプル・グランディン (Temple Grandin)

コロラド州立大学教授。アメリカの動物学者で、家畜に恐怖や苦痛を与えない食肉処理施設を設計。自閉症を抱えながら社会的な成功を収めた人物として知られ、2010年にはTIME誌「世界で最も影響力のある100人」にも選出される。彼女の半生を描いたテレビ映画『テンプル・グランディン―自閉症とともに』(2010年、HBO：日本語版は出ていない）はエミー賞・ゴールデングローブ賞を受賞。TED Conferenceで「世界はあらゆる頭脳を必要としている」(2010年）を講演、また自閉症についての書籍『自閉症感覚：かくれた能力を引きだす方法』(2010年、NHK出版)、『自閉症の脳を読み解く：どのように考え、感じているのか』(共著、2014年、NHK出版）などを執筆。

マイケル・ホワイトの基本的なスタンスはポスト構造主義であり、構造主義ではありません。しかし、歴史的な文脈の中で、哲学者や思想家などをどちらに分類するのかについては、明確な線引きはありません。

次の説明は「構造主義」についての書籍からの引用ですが、両者の共通項として、そして、ここでの基本的なスタンスをうまく言い表していると思いますので、紹介します。

> 私たちはつねにある時代、ある地域、ある社会集団に属しており、その条件が私たちのものの見方、感じ方、考え方を基本的なところで決定している。だから、私たちは自分が思っているほど、自由に、あるいは主体的にものを見ているわけではない。むしろ私たちは、ほとんどの場合、自分の属する社会集団が受け容れたものだけを選択的に「見せられ」「感じさせられ」「考えさせられている」。そして自分の属する社会集団が無意識的に排除してしまったものは、そもそも私たちの視界に入ることがなく、それゆえ、私たちの感受性に触れることも、私たちの思索の主題となることもない。
>
> （内田 2002）

歴史的に見れば、今私たちが当然としていることも、当たり前ではなかったことがいくつも見つかります。今、女性はズボンをはきますね。しかし、それは、女性の権利を獲得するという闘争によって獲得されたものです。１００年以上も前の話ですが、アメリカでは、女性がズボンをはくことは許されていませんでした。今でも、その痕跡は残っていて、私立の学校では、女性の教員にスカートをはくように義務づけているところもあると聞いています。

ここで重要な点は、どんな歴史的な変遷を経ようとも、一度当然のこととなってしまったら、私たちは何も感じることができないということです。難しいことは、文化的に排除してしまったことを人に説明しても、そのことを考えることも、感じることもできないということがあるのです。

これは、文化圏をまたいで移動するときに特に感じることができます。旅行だけではなかなかそこを感じることはないかもしれないのですが、異文化における考え方の違いに触れるときに、自分たちが感じることも考えることもしてこなかったことに遭遇することがあります。そのことについて、日本人の感覚から見たら**ありえない**だろうと伝えようとしても、その文化の中にいる人には、私たちが伝えようとすることを理解するのは大変難しいのです。たぶん異文化から日本に来た人が**ありえない**だろうと思ったことを、日本人である私たちが聞いても、ピンとこないということにもなります。つまり、私たちが所属している社会文化が所有している価値観とか、意味づけ、考え方の影響を私たちは受けているのだということなのです。つまり、私たちは、それほど自由に考えたり、思ったり、感じたりできる存在ではないということです。

シーラ・マクナミー（Sheila McNamee）とケネス・ガーゲン（Kenneth J. Gergen）が書いたことを紹介します。

> われわれが日常「本当」だとか「良い」とか判断するときの基準は、社会や人間関係の中に埋め込まれている。（中略）われわれの現実感は、「われわれが用いている言語体系によって導かれ、同時にそれによって制約されている」というものである。他者と自己、そして、世界をどう捉えるかは、人間の間で共有されている言葉のやりとりや語り方の習慣によって決まってくる。したがってたとえば、ある人間やある国の歴史を「実際に起こったこと」に基づいて記述することはできない。むしろ、ストーリーを物語る形式や物語の形式といった道具立てが先にあって、それが過去に当てはめられ形をなす。もし、物語るという昔ながらの方法を用いなければ（中略）納得のゆく説明はできないだろう。
>
> （McNamee & Gergen, 1992）

構造主義、ポスト構造主義、そして社会構成主義で取り組んできたテーマのうち、一つの大きなことは、私たちが用いる言語です。言葉って、実のところ何なんでしょうか？　言語はどのように私たちの理解様式や感情を形作っていくのでしょうか？　つまりは、言語はどのように私たちを形作るのでしょうか？　このようなことに取り組んできたのです。

2節　哲学を基盤とするということ②

(1) 言葉とは

私たちは、言語を使うという主体的なポジションにあるように考えがちです。つまり、言葉を書く、文字を読む、人の話を聞くという行為をしますが、私たちがそのような言語を用いて、さまざまな知的な活動ができるということです。私たちは、自分の意思や判断によって、適切な言葉を選び、それを使うことができるという考え方ですね。ところが、言葉とは何なのだろうかということに取り組んでいくと、実は逆なのではないかということが見えてきます。内田樹の文章を紹介しましょう。

私がことばを語っているときにことばを語っているのは、厳密に言えば、「私」そのものではありません。それは、私が習得した言語規則であり、私が身につけた語彙であり、私が聞き慣れた言い回しであり、私がさきほど読んだ本の一部です。

「私の持論」という袋には何でも入るのですが、そこにいちばんたくさん入っているのは実は「他人の持論」

です。

私が確信をもって他人に意見を陳述している場合，それは「私自身が誰かから聞かされたこと」を繰り返していると思っていただいて，まず間違いありません。

「私が誰かから聞かされたこと」は，文章が最後まででき上がっていますし，イントネーションや緩急のテンポや「ぐっと力を入れる聞かせどころ」も知られています。何より私自身が「それを聞いて納得させられた」という過去があるので，安心して他人に聞かせられます。

その反対に，純正オリジナル，できたてほやほやの無垢の「私の意見」は，たいていの場合，同じ話がぐるぐる循環し，前後は矛盾し，主語が途中から変わるような，「話している本人も，自分が何を言っているのかよくわかっていない」ような困った文章になります。こういう意見におとなしく耳を傾けてくれる聴衆はなかなかいません。


（内田 2002）


このワークショップで私は，みなさんに講義をしています。いろいろなことをペラペラしゃべっているのですが，私が話していることは私のオリジナルの言葉ではありません。私が読んだところ，そして，そうだよなと思ったところを繰り返しているわけです。確かに，私がどこをピックアップしたのかについては，私の関与がありますが，基本的にすべて借り物です。

みなさんは，私の声の特徴，話し方の特徴という，私という存在が関与している形で私の話を聞いているので，あたかも私が創作して話しているのかと思ってしまうかもしれません。しかし，すべて借り物です。どこからか来ているということです。その程度の話を聞いているのだと思っていていいのかもしれません。

みなさんも自分が語っていることについて，少し注意を傾けてほしいと思います。日常会話を聞いたら，その場でどのように話すのかを学習したことを繰り返しているだけということがありますよね。たとえば，高級レストランに連れていかれたら、どんなものを食べても〈ここは「おいしい」と言う場面〉だと察することができると思うのです。このようなワークショップに参加したあとに感想を求められたら、〈ここは「勉強になりました」と言う場面〉だと察することができてしまうのです。

人間不信になる人がいます。そのような人は人の言葉がその人の本心から出ているのかどうか確証が持てない気持ちになるのですね。たとえば、「一緒に食事に行きましょう」と言われても、それは単に社交辞令のようなあいさつなのか、本当にその意味で言っているのかわからないということです。その言葉の意味を確定できるためには、単に言葉の文字面を追ってもダメなのです。そのことの意味を理解できるためには、その人との関係性が大切になります。つまり、この人は、本当に食事に誘ってくれるような人であると感じることができるときに、食事への誘いとして受け取ることができるようになるということです。つまり、関係性を抜いて、言われたことの意味を確定させることはできないということです。

1999年に山口県光市で、未成年の男子が女性をレイプし殺害した事件がありました。その夫がメディアにけっこう出てきて、「極刑を望む」ということを訴えていました。あのとき私は、その夫は、極刑とは何を意味するのか、そして、どうしてそこを望むということを表明しているのか、しっかりと考えて話していると感じたのです。

ところがそのようなメディアで頻繁に取り上げられた後、まったく異なる事件において意見を求められた人が、犯罪者に何を望みますかと聞かれると、「極刑を望む」ということを話しているのを聞きました。それも、何回かそのような語りがメディアを通じて流れてくるのを聞いたのです。同じ犯罪のことについてではありません。

私は、そのような人たちは極刑が何を意味しているのかわかっているのかどうかさえ、確信が持てませんでした。さらに、そのような人たちは、極刑が行なわれるとすれば、本当に自分の心は静まる、癒される、あるいは、満足を感じることができるのだろうかということまで、考えていないと思ったのでした。ここで気づいたのは、たぶんそのような人たちは、このような場面で、このようなことを言うことができるということを、メディアを通じて学んだのですね。そして、それを単に繰り返したのではないかということです。このような方には、「極刑って何のことか知っていますか？」と尋ねたくなります。

大阪教育大学附属池田小学校で、児童8名を殺害し、多くに傷害を負わせた犯人がいました。その犯人が死刑確定後、一年以内に死刑が執行されました。あの刑が速やかに執行されたことによって、私は、大変モヤモヤした気持ちになったのです。なぜなら、その人がこの世からいなくなったとしても、その犯罪行為から受けた苦しみ、悲しみなどが、緩和されることがないように感じたからです。

さて、人が語る言葉ですが、本人が言っているにもかかわらず、その人がしっかりと考えて述べているのではなく、他からの借り物であるかもしれないという話をしています。

私の知り合いに、自分自身の記憶から適切な言葉を検索して取り出すのが、時にうまくいかない人がいます。少なくとも、私はそのように理解しています。その人は、話そうとしている言葉がうまく見つからないので、焦り、時にどもります。私たちにもそのようなときが多くあると思います。でも、その人は、言おうとする言葉をなんとか自分の記憶から見つけて話すのですが、その言葉が間違っているときがあるのです。たとえば、「A高校」という言葉をうまく思い出せないので、「B高校」の名前が記憶の中から見つかってしまうとしましょう。すると「B高校」で話を続けてしまうのです。最近は慣れてきて、そのようなことがあると知っているので気づけるのですが、それがわかるまで、相当惑わされました。

この例で言いたいことは、人が発する言葉がどのような意味で、あるいは意図で使われたのかを、その使われた言葉だけで理解するのは、基本的には無理だということです。

人は自分の言葉で、何らかの発語をします。その発語が、どの程度その人がしっかりと考えたあとで出されたものなのか、単に他で聞いてきたものを、遭遇した場面で使うことができる言葉のパターンとして繰り返しているだけなのか、相当注意して見ておく必要があります。

（2）定番の語りからその人の語りへ

カウンセリングのような相談の場面で話を聞いていると、たとえば、自分のこと、パートナーのこと、子どものことなどについて、実にスラスラと話せる人がいます。ここまでの話を踏まえるとすれば、このような話がいったいどこから来たのかについて、考えておく必要があると思います。

私は、スラスラと出てくる話は、いい確率でどこかですでにリハーサルをしているのだと思っています。それは、友人に話したり、親にも話したり、子どもにも話したりする場面もあったかもしれません。また自分の中で、一人トークで、何度も何度も同じことを語ってきたのではないかと思うのです。そのような話の興味深いところは、話のオチまで含めて話ができているということですね。ですので、何度聞いてもそのオチに到達できるというわけです。そのオチは、最初に戻ってしまうという可能性もあります。

そのようなときに、定番となって繰り返しとなっている語りから離れて、話すように誘うことがあります。つまり、その人に今まで問いかけてきた質問のバリエーションとは、方向性が異なる質問をするということですね。それが、どのような質問であるかについては、別途検討します。

すると、話しているのが止まり、しばらく考えて、ぽつぽつと話をしてくれるようになります。そして語りは、たどたどしくなるし、行きつ戻りつし始めます。それでも、その人が自身の考えで話していると思えるのです。

カウンセリングの会話で、ものすごくスラスラした、起承転結の整った話を聞くとすれば、どこかで繰り返してきた話を聞いている可能性を考えるべきだと思っています。そしてそのような話は、何度話しても同じオチにたどり着くわけです。そして、そのオチはその人にとって求めるものではないので、いまだにカウンセリングを求めるのです。そして、自分の目の前で、その話を繰り返すとすれば、そして同じオチが待っているのであれば、カウンセラーとしてどうしたいでしょうか？　私は、そのセッションをまた同じオチに持っていきたくないのです。ですので、別の立ち位置、つまり別の視点から語ってもらいたいのです。

ニュージーランドのワイカト大学で教えてくれたウォリー・マッケンジー（Walter H.（Wally）Mckenzie）というナラティヴ・セラピストがいます。彼が家族内の語りを冗談交じりに話してくれたのを思い出します。ウォリーの親戚が家族の集まりのときに、毎回同じジョークを話すということでした。そのジョークにはいくつかありますので、話に番号をつけておけば、番号を言うだけで、笑えるようになるのではないかと思ったというのですね。人の語りはそれほど繰り返しています。

（3）発語することで生じる

カウンセリングで、定番の話をしてもらいたいわけではないのです。その話のオチは決まっているので、カウンセリングで何か新しいものが見つかるということにはつながらないでしょう。そうではなく、相手がうまく話せないと感じたり、どのように話していいのか悩んだり、今までとは異なるエピソードを持ち出したりするような話をするように誘っていきたいのです。そして、そのような語りが出ることの価値を認めたいということです。

ところが、そのような語りがすぐに出てくるとは思ってもいけないでしょう。たとえば、子どもと話していて、私のような大人が納得してくれる話をちゃんとしてくれる場合があります。不登校でも、明日とか来週から学校に行きますというようなことを言っておけば、相手は早々と引き下がってくれるのではないかと知っているわけです。私たちが欲しいものを提供すれば、本人は解放されるのを学習したと思います。そのようなときに、その返事は私が欲しいものではないことを伝えます。直接的に伝えるのではなく、私は先生ではないし、あなたの親でもない、ましてや、あなたを学校の戻すことを第一のこととして考えているのではないということを伝えるのです。そして、あなたがどんなことが好きで、どんなことに興味があり、どんなことを考えているのだろうかという、〈あなたがどのような人なのか〉に興味があるのだということを伝えるのです。

そうなんだ、と思って、すぐに話をしてくれる子どももいません。私の様子を伺いながら、ぽつぽつと話をしてくれるところから始まるのです。そして、私が本当にそのような語りに興味を持っていることを伝えることに成功したら、相手はもっと話をしてくれるようになります。

最初のうちは、私という人間が何を望んでいるのかわからないので、恐る恐る語るところもあると思うのです。それでも、その話でいいのだと感じられるところまで到達するとき、人は自分の言葉で、自分の考えや思いを、より自由に、そしてより主体的に語れるようになるのだと思っています。

ここで大切なプロセスは、最初のうちは、自分で考え自分で表現しようとした語りは、しっかりと整っていないということです。ですので、聞くほうもそのように聞かないといけないのです。相手は、自分のことを表現しようと思って、挑戦してくれました。その表現は、もしかしたらできあがったばかりで、その人もその表現でしっくりしたのかどうかさえわからないということです。

> 私たちはごく自然に自分は「自分の心の中にある思い」をことばに託して「表現する」というふうな言い方をします。しかしそれはソシュールによれば、たいへん不正確な言い方なのです。
> 「自分たちの心の中にある思い」というようなものは、実は、ことばによって「表現される」と同時に生じたのです。と言うよりむしろ、ことばを発したあとになって、私たちは自分が何を考えていたのかを知るのです。それは口をつぐんだまま、心の中で独白する場合でも変わりません。独白においてさえ、私たちは日本語の語彙を用い、日本語の文法規則に従い、日本語で使われる言語音だけを用いて、「作文」しているからです。
> 私たちが「心」とか「内面」とか「意識」とか名づけているものは、極論すれば、言語を運用した結果、事後的に得られた、言語記号の効果だとさえ言えるかも知れません。
>
> （内田 2002）

表現することの大切さがここに示されていると思います。

人の語りを聞くときに、その表現はその人の内面から出てきていると思いがちですが、話した人も、その発語した瞬間に、その発語の意味に気づくということです。つまりは、内面に、自分の本当の気持ち、考え、思いがあって、それをセリフを読むように話すのではないのです。ところが、ある言葉が発語されたときに、その意味が生じます。

たとえば、ここの会場の誰かを指名して「これまでの話を聞いてどう思いますか?」と尋ねたとしましょう。その人は、どう思っていたのかなんて考えもしていなかったはずです。しかし、尋ねられて、焦りながらでも言葉にした瞬間に、その感想が生じます。その答えは用意されていなかった。事前にはなかったものです。

カウンセリングにおいて、人の語りとはそのようなものであると理解していることは、実に大切になると思っています。人の語りを聞いて、それが今生まれた語りであるとして聞く姿勢は、その語りを相手と確認していく姿勢につながるからです。

「今、○○と言われましたね? 言われてどう思いますか?」「それは、○○のことなんですね。○○のこととは、どのような意味なんでしょうか?」「○○であると言われたのですが、その表現についてもっと語ることはできますでしょうか?」 相手の語りが、相手の内面にすでにあるものの表出であると考えてしまう場合には、このような質問は出てこないでしょう。

カウンセリングにおいて、相手が自分自身の言葉で発語していくとき、それは、実に創造的なプロセスに取り組んでいるということです。そこで生まれたものを受け取り、どのように発展させていくことができるのかが、カウンセリングの対話における醍醐味だと思っています。

（4）説明概念と真理・真実

さて、私たちが学んだ診断名や障害などは、それが実物のものではなく、説明概念ではないだろうかということを見てみます。

何でもいいのですが、診断名をあげてみましょう。たとえば、ＡＤＨＤでも自閉症でもかまいません。それは、実物のものなのでしょうか？　実際にこの世に存在するのでしょうか？　存在するとはどのようなことなのでしょうか？

癌という疾患があります。癌は何によって診断されるのかというと、バイオプシーなどによって細胞を取り出し、顕微鏡で見て癌細胞があるかどうかによって診断することになります。このように実際に目で見て確認できるようなものをバイオマーカーといいます。

精神疾病ではどうでしょうか？　うつ病、統合失調症、ＡＤＨＤ、自閉症などの診断項目には、そのようなバイオマーカーによって、診断するような基準はありません。ＩＣＤ（疾病及び関連保健問題の国際統計分類）であろうとＤＳＭ（精神疾患の診断・統計マニュアル）であろうと、基本的にその人の言動の観察、そしてその人の訴えによって診断するのです。つまり、その原因についてはまったく何も触れていません。

> 生物学的な異常が精神疾患やその他のメンタルヘルスの問題の主たる原因であるということについて、決定的なエビデンスは何もあがっていない。ＤＳＭ-5（広く使用されている診断マニュアル）（American Psychiatric Association, 2013）を作成した専門調査会の議長が述べているように、「将来的には、障害を生物学的な、あるいは遺伝学的なマーカーで識別できるようになることを期待している。ここ数十年の間、患者たちに『バイオマーカー』（ある特定の疾病の指標となるような、計測可能な特質）が明らかになるのを待っているのだ、と伝えてきた。我々は今もまだ、それを待っているのだ」（Kupfer, 2013）。（Cooke, 2014）

では、どのようにしてこのような診断名が作り上げられてきたのでしょうか？　人の言動を見て、普通とは違うと思うような状態に気づくことがあります。その状態を追っていくと、他の人も同じような状態を持っていることに気づきます。それはどのようなものなのか調べることもできるでしょう。そして、そのような状態を持つ人の例がそれなりに集まれば、そこに分類名をつけることができます。そして、分類名があることによって、他の人が同じようなものを持っていることをより見分けられるようになります。

さてこの分類名が、診断名ということになります。これは、あるものを説明上、便宜上分類したものです。ですので、その分類名が原因を示唆するものとして扱ってはいけないのです。

> 米国精神医学会（APA）の診断マニュアル（DSM）には、その分類法が原因については何も言及していない、文字通りにいえば、「原因論の理論に関しては中立である」ことを明確に記載している（American Psychiatric Association, 2013）。例をあげると、声を聞く体験があると語る人は「統合失調症」という診断を受けるかもしれない。しかし、これは原因については何も示唆していないので、その人が「統合失調症」のせいで声を聞くのだ、ということにはならない。物理療法医学における類似点を参照すると、「特発性疼痛」という名称は、その患者が痛みを訴えているが、その原因が何か特定できない、ということを意味するだけであるのと同様である。
>
> （Cooke, 2014）

分類名が診断名となり、そして、それがいろいろな症状の原因として語られるようになっていくことがあるのはいくらでも見つけられると思います。たとえば、落ち着きのない子どもに対して、「ＡＤＨＤだからね」と語ることは往々にしてあると思います。診断名がその状態を作り出す原因であるということは、その定義上言うことはできないということです。

そのようなことのもう一つの例として、循環論法というものを見てみましょう。次の引用は、ビビアン・バー（Vivien Burr）からのものです。少しわかりにくいのでゆっくり読んでみてください。

> これは結局、一種の循環論法になる。例を挙げてみよう。われわれは、ある人が別の人を身体的に攻撃するのを目撃した場合、特に別のように考える（おそらく、その人は自己防衛で行動しているとか、それは事故だったとか）だけのもっともな理由があるのでもなければ、その攻撃者は攻撃的な人なのだと、たぶん推測するだろう。これは、彼ないし彼女のパーソナリティの記述である。しかしながら、もしも誰かが、その攻撃者がそれを行なった理由をどう考えるか尋ねるとすると、「攻撃的な人ならば、やりそうな類のことだ」などとわれわれは言いかねない。これは、循環論法である。われわれはその行動（攻撃）を観察し、そしてそこから、攻撃者は攻撃的パーソナリティをもっていると推測した。しかし、彼ないし彼女がそれを行なった理由を問われると、その「攻撃性」によってその行動を説明する。この行動自体が、もともとその「攻撃性」の推測のために使われたのに。つまりわれわれは、ある人をその行動のせいで攻撃的と呼び、さらにその人をそう仕向けたのは攻撃性であったと言うわけだが、しかしわれわれの作り上げたパーソナリティ行動の循環の外では、この「攻撃的パーソナリティ」の実在を証明する手立てはないままなのだ。（Burr, 1995）

言い換えて説明してみます。ある人が誰かを「攻撃した」のを目撃しました。私たちはその人が他人を攻撃したので、「その人は攻撃的な人である」と思いました。ではどうして、その人は、攻撃したのだろうかと考えると、私たちは「あの人は攻撃的な性格を持っている」と考えてしまうことです。攻撃した原因は、その人の攻撃的な性格によるものだ、と。

(5)〈科学〉の重要性を支持するもの

クリフォード・ギアーツ（Clifford Geertz）は、科学を信奉する人々の後ろにあるのは、科学そのものではなく、私たちの生活に役立っていることが科学的であるということにしたので、科学に対して大いなる信仰を持つことができるようになったと指摘しています（Geerz, 1983）。

つまり、科学が世の中の役に立っているということにしているので、科学が良いものであるということになっているということです。

> クリフォード・ギアーツは、「蒸気機関は科学に負う、というよりも科学は蒸気機関によっている。染色技術がなかったならば化学はありえなかったであろう。冶金学は鉱山採掘を理論化したものである」（Geerz, 1983）と述べています。つまり実は、私たちにとって有益なものが先にあって、それを説明しようと、後付けされたものが科学的な知であるという見方も可能なのです。科学や技術の最先端に身を置く人たちは、既知の科学や技術だけでは十分ではなく、しっかりした根拠のない仮説、試行錯誤、そして時には空想も必要になると理解している必要があるのです。
>
> （国重 2013）

科学が蒸気機関を作ったのでしょうか？　いろいろな試行錯誤を通じて作ったのですよね。ところができあがった蒸気機関は、科学によるものであるとしてしまっているのです。なんか、手柄を横取りしているような気がしませんか？

(6) 科学的証明

エビデンスとは、科学的に証明されたものを示すことになっていますが、実に興味深いものがたくさん世の中には出回っています。検索サイトで「科学的に証明」というキーワードで検索してみてください。そこにはたくさんの記事を見つけることができると思います。
少しおもしろいところを引っ張ってくると「今すぐやめた方がいい、不幸になると科学的に証明されている５つの行動」「生涯パートナーを愛し続けられる８つの方法」などが見つかりました。この内容を見ると、自分の不幸は確約されたような、生涯パートナーを愛し続けられないということがわかるともいいます。

「今すぐやめた方がいい、不幸になると科学的に証明されている５つの行動」
1. やたらとSNSを見る
2. 屋内に1日中いる
3. 物質主義的になる
4. いつも忙しくする
5. 創造性を押し殺す

(http://www.lifehacker.jp/2016/03/160316stop_to_happier.html)

科学的に証明された「生涯パートナーを愛し続けられる８つの方法」
1. 結婚式にお金をかけ過ぎない
2. オンラインで相手を見つける
3. ただし、ソーシャルメディアに依存しない
4. 映画を一緒に見る
5. パートナーのとりとめのない話につきあう

6. ケンカのときに「私たち」という言葉を使う
7. パートナーを理想化する
8. 二人が一緒に楽しめることをする

(http://www.huffingtonpost.jp/2014/12/31/8-things-that-lead-to-a-lasting-marriage_n_6399260.html)

馬鹿らしいと思ってくださいね。でも、私たちにエビデンスがあると言われているものは、この程度のものかもしれないということを考えてみる必要があると思うのです。ここで証明されているのは何でしょうか？〈相関関係〉と〈因果関係〉の違いについて考えてみる必要があります。

> 相関関係があるだけでは因果関係があるとは断定できず、因果関係の前提に過ぎない。「相関関係は因果関係を含意しない（Correlation does not imply causation）」は、科学や統計学で使われる語句で、二つの変数の相関が自動的に一方がもう一方の原因を意味するというわけではないことを強調したものである（もちろん、そのような関係がある場合を完全に否定するものではない）
>
> (Wikipedia)

要は、二つの要素が一緒に上下したからといって、そこに原因と結果のつながりがあると言うことはできないということです。そして、考えてみるとわかるのですが、人間の行動において、因果関係をちゃんと証明するのは、原理的に可能なのかどうか私は疑っています。よって、私たちは、因果関係がわかりやすいものとして理解できるものではないと、理解しておく必要があるということです。

第5章 ディスコース・アプローチ

1節 ディスコースと〈権力〉

(1) ディスコースとは

次のトピックに移りたいと思います。ディスコース・アプローチです。ナラティヴ・セラピーが日本に紹介されたときに、問題の外在化だとか、物語の語り直しのような側面は伝えられたのですが、ナラティヴ・セラピーがディスコース・アプローチであるということはあまり伝わらなかったのではないかと思います。

ディスコースというのは、日本では「言説」と訳されることが多いと思います。元々はフランス語ですので、「ディスクール」と表記されている場合もあります。

さてこのディスコースなのですが、興味深いほど、これがどのようなことなのか説明してくれる文献がないのです。ところが、ニュージーランドでナラティヴ・セラピーを勉強している人、みなが使えるようになっていく用語でもあるのです。この用語は使えるようになると非常に便利な用語なので、重宝します。たとえば、その場で起こっていることを説明するときに、「これは学校のディスコースだよね」とか「これは男というディスコースが強いんだよ」というようにです。このように使い方から覚えていくと、ディスコースという言葉の使いどころもわかり、使えるようになっていきます。

ところがですね。これを辞書的な定義から入ると、よくわからないのです。いくつか紹介します。

「私たちの話すものの対象を形成する実践」

(Foucault, 1972)

「一つのディスコースとは、何らかの仕方でまとまって諸事情の特定のバージョンを生み出す一群の意味、メタファー、表現、イメージ、ストーリー、陳述、等々を示している」

(Burr, 2015)

「ディスコースとは、何かを語る際の制度的な方法を表すものです。言語とは異なって、ディスコースは、抽象的な構造や過程ではなく、一連の特有の行為や対話の実践を強調するものです。ある種のディスコース内に身を置くことによって、私たちは、特定のタイプの人間として、存在するようになります」

(Madigan, 2011)

それぞれの定義が何を言っているのかよくわからないでしょう。それに、それぞれの定義は同じことについて述べているとも思えません。定義って、本当に本質的なことを述べているはずです。それを知っている人にはその本質が見えるのかもしれませんが、知らない人にはその本質が見えないものだと、このような定義を見て考えています。脱線しますが、物事をその定義で理解するのは、危ないと思っています。たぶん、そのことを知らない人が定義だけを聞いたら、大いに誤解すると思うのです。

さて、ではディスコースって説明もできないことなのかということになってしまいますが、私はだいたいこのぐらいの理解をしています。

ものごとの理解は、この「ディスコース」によって私たちにもたらされるということなのですが、そのような理解は、単一の「ディスコース」があって、単一の「理解」があるというわけではないのです。いろいろなディスコースが存在し、そのディスコースによって、もたらされる理解が違うということです。このような概念が何をもたらすかというと、私たちは「まっさらな状態で、自分だけの判断で、ものごとを解釈する」という見方の否定です。私たちは、ディスコースによって、何かを理解できるようになるというのです。つまり、さまざまなストーリーは、ディスコースによって解釈されている、と言うこともできそうです。

（国重 2013）

これですべてがクリアになるとは思わないのですが、ディスコースの概念をある程度表現できている気がしています。

さまざまなことに対して、私たちは、それは良いとか悪いとか判断を下すことができます。ディスコースとは、そのような判断基準を提供してくれるようなものではないでしょうか。私たちは、この社会、文化、言語という檻の中にいるので、その中で何かを見て、感じ、判断するときについてきてしまうものです。よって、ディスコースを外すとか、ディスコースから逃れるという言い方は適切ではないのです。私たちは、ディスコースから逃れることはできない、という前提に立ちます。

そこで、もう一つの前提は、さまざまなディスコースがあるのだということです。たとえば、父親というのはどのようなものか、母親というのはどのようなものか、ということについて、実に多様な見方が存在するでしょう。つまり、ディスコースから逃れることはできないものの、自分が好む、あるいは自分にフィットするディスコースを見つけて、そのように生きていくということができるということです。

(2) 支配的なディスコース

ところが、みなさんもすぐわかるように、そんなに簡単にはいきません。この社会に住んでいて、このようにしなければいけないという考え方や振る舞い方がいたるところにあります。そして、それに合わせることができないと、自分はダメだと思ってしまうときもあるでしょう。

このように、社会において特に大きな力を持っているのを、「支配的なディスコース」と呼びます。支配的なディスコースとは、さまざまにあるディスコースのうち、自分こそが〈真実〉であり〈本当のこと〉であると主張しているものです。そして、次のところが重要なのですが、そのことを人々が〈真実〉として受け入れ、そのように語り、そのように行動しているものです。つまり、その支配的なディスコースは、私たちの語りとか行動というような実践を通じて、維持されているのです。

この点を繰り返します。あるディスコースがあるとしましょう。そのディスコースは、私たちにすべきこと、してはいけないこと、言うべきこと、言ってはいけないこと、思うべきこと、思ってはいけないことを示しています。これを上からの指示と見なすことができるでしょう。ところが、このディスコースが支配的な地位に就けるのは、みんながそのことに同意して、そうであると語り、そのような行動を実践することによってなのです。つまり、私たちは、支配的なディスコースに対して完全に受け身という立場ではなく、そのディスコースを受け入れ、実践することによって、それを維持しているということになります。つまり支配的なディスコースは、私たちの日々の暮らしの活動によって支えられているということができます。

ここで、興味ある実験を想定することができます。たとえば、入社試験や面接時の服装がありますね。非常に画一化されて、同じ色、同じ形です。あれを一度、会社も面接を受ける人も合意して、私服にしなければならないとしたとしましょう。そうすれば、あの実践が変わる可能性があると思いませんか？　要は、みんながいっせいに、「その支配的なディスコースのルールには従いません」と言ってその行動を変えるとすれば、変わってしまうのです。

少なくともその可能性があるということです。

これが簡単である、という話はしていません。個人が支配的なディスコースに果敢に挑んで、支配的なディスコースの言いなりにはならないと頑張るのはなかなか大変なことです。入社試験も、フォーマルでもグレーとか、ピンストライプのような模様の入ったもので行くことはなかなかできないでしょう。ところが、支配的なディスコースは永久的にその地位が保証されているのではなく、何かの要因で変わる可能性があるのだということを覚えておくのは大切なことになります。

それが変わった例をあげてみましょう。当時私は日本にいたのですが、ネクタイを締めるような職場にいなかったので私自身が直接体験したことではありません。そのとき、日本人の服装が相当変わったと感じたことがありました。それは何かというと、日本政府がクールビズというキャンペーンをしたときのことです。あのときに、相当の人がネクタイを外すことができたのではないかと思いました。なぜできたのかというと、ネクタイを外すという合意形成ができたからです。

それでも、私たちは社会にある支配的なディスコースにかなり影響を受けながら生きています。そのことをもう少ししっかりと見ていきましょう。

たとえば、教育を例にとってみたいと思います。現代社会における教育の支配的ディスコースは、親に相当な影響を及ぼしていると考えることができます。子どもにとって、十分に外で遊ぶことが大切だということは、たぶんほとんどの親が同意してくれると思います。しかし実際にはそれが現実のものとはなっていませんよね。塾に通わせたり、習い事をさせたりして、子どもの遊ぶ時間が削られていってしまっています。

More Details
もう少し詳しく…

クールビズ (COOL BIZ)

日本において、夏期に環境省が中心となって行なわれる環境対策などを目的とした衣服の軽装化キャンペーン、もしくはその方向にそった軽装のことを示す造語。

柄谷行人さん（柄谷 2003）は、日本の場合、親が子どもを縛っているのではなく、親が子どもに縛られていると見るべきだろうと言っています。それが、日本の親に対するディスコースです。子どもが成人して、40になっても50になっても、その子が何かをしでかしたら親の育て方を問題にしますよね。つまり、親が子どもから逃げられないという状況があるのです。

親としても、理屈としては、子どもは外で遊んだほうがよいことは十分にわかっています。しかし、そのことによって子どもが不利益を被った場合、つまりそれなりの学校に行けなかったり、それなりのところに就職できなかった場合、親として責任を感じるというわけです。「本当は遊ばせてあげたい。だけど……」というのが特徴です。将来のことを考えたら十分に遊ばせてあげることができない、という気持ちで子育てをしているといえるのではないでしょうか。そして、子どもが何かでつまずいた場合に、子どもを満足に遊ばせてあげることができなかったからに違いないと思ってしまい、自責の念に駆られるというわけです。

私たちの背後にあって、私たちのものの見方や考え方、言動に大きな影響を与えているのは、私たちが住む社会文化的な要因なのです。そして、この背後にあるものはずっと変わらないものと思ってしまいますが、変わる余地があることを、ディスコースという考え方は伝えてくれます。

(3) 支配的なディスコースが示すもの

支配的なディスコースというのは、良い母親とは、あるいは良い父親とは、ということを、私たちに示しています。カウンセリングにおいて、このようなディスコース、つまりは、「良い母親って何?」「良い父親って何?」ということを一緒に探索していくことがあります。「理想的な母親とはどのような人だと思いますか?」などと問いかけると、芸能人などの有名人の名前が出るときがあります。でも、長く生きていると、昔、理想的だと言われていた夫婦が、離婚したり、実はあのときはそのように見せていただけという話があります。つまり、支配的なディスコースが提示する理想像というのは、誰もが実現することができないような〈理想〉であると考えられるのです。

コミュニケーション力ということがよく話題になります。特に、若い世代についてのことになってしまいます。実に典型的な言い方である「今の若い人は……」というくだりから始まる語りです。カウンセリングをしていてわかるのは、年齢とか性別に関係なく、コミュニケーション力の高い人もいますし、苦手な人もいるということです。でもあえて言えば、昔のほうが「コミュニケーションが下手だからダメだ」と言われる機会は少なかったということですね。ということは、苦手なところを常に人から、あるいは社会から、目を向け続けるように、改善するように努力するようには言われないで、生きてくることができたかもしれないのです。自分の弱点や苦手なところを見続けて生きていくことって、苦しいだろうと思います。そして何より、それでは自分が人並みにできることまで、できなくなってくるような気がします。

ここで私が思いつくのは、苦手な食べものを克服しようと、毎回苦手なものが食卓に出されるような光景です。たとえ自分が好きなものが出されたとしても、毎回、嫌いな食べものを食べないといけない食事だと魅力を感じなくなると思うのです。好きなものが10個並んでいても、もう絶対に口にしたくないようなものが一つでもあれば、その食事へのテンションは下がります。

支配的なディスコースが提示する、こうあるべきという姿や能力に対して、私たちは解決方法を見出して対応したくなります。しかし興味深いことに、そこに取り組むと泥沼にはまっていくことになるのです。

先ほど話したコミュニケーション力のことですが、本当にすべての人がうまくしゃべれるようになると思うでしょうか。苦手な人にプログラムを提供し、そのことに取り組んでもらったら、本当にみんなうまくなるものだと思いますか。少しは上達するかもしれないという可能性がある気はします。しかし、そのような取り組みを通じて、コミュニケーション力の向上というプラス面のことよりも、自分はそれでもうまくできないのだという劣等感を植え付けるマイナス面が生じる可能性があるのではないですか。

それよりも、コミュニケーションがあまりうまくない人でも、やっていけるような環境や土壌があるほうが楽だと思いませんか。そのような環境が、コミュニケーションの苦手な人に自分のペースで少しずつ話してもいいと感じさせることができれば、自分から発語する機会が増えていく可能性、またはその自然さに魅力を感じませんか。

カウンセラーという仕事をしていて、常に直面するのは自分がカウンセリングという手段を通じて、相手をよくしてあげることができていない、という思いです。もう少し何かできるのではないかと、常日頃思うのです。他の人はうまくいっていそうな気がするのに、私はダメだということですね。日々の臨床というのはそのようなことの連続です。

このように講師の役をしていると、自分がうまくいったことを引っ張り出してきて、みなさんに示すのですが、実のところ、日々の臨床場面での悩みは尽きません。そして、私ができたことをこのような場面で語ることによって、そして、ナラティヴ・セラピーによってできることを語ることによって、できることの可能性を感じることができるとは思います。しかしです。そのことによって、「他の人はできるのに自分はできない」という思いを強化してしまうこともあるのだと思います。ですので、みなさんに伝えたいのは、ここでは失敗事例を述べる場ではないのでそのことを話していませんが、私もすべてうまくいっているわけではないということです。

ナラティヴ・セラピーの世界ではそれなりに有名になっているジョン・ウィンズレイドから教えてもらったことがあります。そのジョンに、実際の臨床ではもう悩むことなくできるようになってきているのか、と尋ねたことがあります。そうしたら、実践では

More Details
もう少し詳しく…

スーパービジョン (Supervision)

対人援助職者（スーパーバイジー）が指導者（スーパーバイザー）から教育を受ける過程である。指導者が援助者と規則的に面接を行ない、継続的な訓練を通じて専門的スキルを向上させることを目的とする。

常に悩みながらしているということを話してくれました。

ニュージーランドでは、臨床しているカウンセラーは、すべてスーパービジョンを受けなければいけない義務があります。どんな偉い人もベテランの人も例外ではありません。つまり、実践する以上、ケースについての悩みはなくなることはないという前提があるのです。この前提は、そうだと思えますし、潔さを感じます。

支配的なディスコースに戻ります。この支配的なディスコースが提示するところにいかに合わせていくか、ということに取り組むだけになると、たいていはつらくなり、苦しくなります。老後のために、いくらためないといけないのかを考えたら、「もう自分の人生はオワタ」と思ってしまうでしょう。このような状況を踏まえて、ナラティヴ・セラピーでは、自分のことを受け入れてくれる、自分が自分でいていいような、自分が取り組むことができそうな、自分が取り組みたいと思う、ディスコースを見つけていくことに取り組むのです。

2節　ディスコースと〈生きづらさ〉

(1) 支配的なディスコースは不全感をもたらす

支配的なディスコースが良いと認めているものができないとき、私たちは不全感

More Details
もう少し詳しく…

人生ｵﾜﾀ

人生オワタ（じんせいオワタ）は「2 ちゃんねる」などで使われるアスキーアート（AA）によるキャラクター、および、悲観的な事態を意味するインターネットスラング。アスキーアート部分を単に「オワタ」と呼ぶこともある。また「＼(^o^)／」のみで（人生等が）オワタという意味のインターネットスラングとして使用されることもある。通常「オワタ」は半角の「ｵﾜﾀ」を使用し、「人生ｵﾜﾀ＼(^o^)／」等と表記する。

や不能感を持つようになります。たとえば、「学校に行くこと」「結婚すること」「離婚すること」「就職すること」「子どもを持つこと」などを考えれば、すぐに理解できるのではないでしょうか。これができないときに、思ってしまうことです。

興味深いことに、支配的なディスコースの言うままに物事がすんなりできているうちは、ディスコースの圧力を際立って感じることはありません。それが、支配的なディスコースの指示を受けて自分がしているということさえ気づくことはないでしょう。自分の意思で、自分の好みで、そのことに取り組んでいるとさえ思うのです。それは、当たり前のことをする、常識的なことをするという形で、私たちの行動や、考え方、意思決定に反映されていきます。そして、それがスムーズにこなせているときは、大変だとは思いながらも順風満帆だと思えるし、やり甲斐も感じるでしょう。

ところが、ひとたびその路線に沿っていることが困難になると、この支配的なディスコースの存在をいたるところで感じられるようになります。興味深い特徴は、〈支配的なディスコース〉からの要求を満たせなくなって初めてそこの重みに気づけることです。ですので、うまくいっている人に、この辛さを伝えようとしてもうまくできないのです。その人は気づくことも感じることもできないのです。そこに必要なことは、それができなくなったときの場面に、自分自身を置いてみるという想像力ですが、すべての人が十二分に持っているわけではありません。

たとえば、ＬＧＢＴのような性的なマイノリティーのこと、正社員になれないこと、男性であること、女性であること、外国人であること、ハーフであること、背が低いこと、背が高いこと、持病があること、などなど、さまざまなことがこの世にはあります。そして、そのようなことを、外から見ただけではよくわからないのです。でも、その人の立場になることも難しいでしょう。しかし、その当事者になってみると、誰もがそのことを直接感じられるようになるというわけです。

私たちは、自分の想像力だけでは当事者の体験を理解することができません。そのようなときには、その当事者の体験に耳を傾けることしかできないのです。当事者から学ぶということの大切さがここにあると思います。私は、本もそれなりに読みますが、私の臨床を支えているのは書籍だけではありません。偉い人が書いたものだけではないのです。クライエント自身の体験の語りを通じて理解したことが、私の臨床を支えていると思っています。

（2）正当性と正統性

さてディスコースは、社会文化的な文脈に根ざして存在しています。ディスコースは、物事に対してある特定の見方を提供するものですが、それは事実に由来して存在するようになったのではないのです。歴史的な変遷を経て、人々によって認められたことがあったのでしょう。つまり、みながその理解様式に合意し、そのように振る舞っていくことによって、そのディスコースが存在できるようになるということです。そして、ひとたびディスコースが存在するようになると、私たちのものの見方や解釈、言動はそれに大いに影響を受けることになるのです。

ここで重要な指摘は、私たちが信じている〈当たり前〉、〈しなければいけないと思っていること〉、〈してはいけないと思っていること〉、〈良いとか悪いとかの判断基準〉は、しっかりした根拠のあることではないのだ、ということだと思います。誰も、その根拠を疑うこともなく、「当然でしょ」「普通でしょ」「当たり前でしょ」といいながら、そのディスコースを強化し、維持しているということです。

そのことによって、なんらかのことができない、しない、したくない人たちを、社会の片隅に追いやり、抑圧しているということです。このようなディスコースの特徴は、常に、なんらかのことができないという責任を人々に押しつけてくることです。そのため、できない、しない、したくない人たちは、それは自分のせいだ、自分が悪いんだ、と思いがちなので、自分から発言してくれないのです。自分が悪いと思っている人が、社会に向けて、世の中に向けて語りたくなるとは、私は思いません。その人たちの語りを聞くのは、こちらから聞く姿勢を提示しなければ、自然と耳に入ってくるということにはならないでしょう。そして、そのような声を聞いていくというのが、ナラティヴ・セラピーの姿勢になります。
物事が事実に由来していないということについて、別の角度から見てみましょう。

> 何かに名を与えることが、それを実物にするわけではない。
> 名称を持つものは実体であり存在物であり、それ独自の存在を持つものであると信じる傾向は常に強い。そして、その名称に対応する実在が見つからない場合、そこには何も存在していないのだが、それは何か特別に難解で神秘的なものなのだ、と想像をめぐらしてきたのだ。
> (Mill, 1869)

私たちは、名称を何かにつけることができます。架空のものに対してだって可能です。たとえば、光速を超える物質は現時点ではないということになっていますが、空想力の豊かな人が、光速を超えるものを「タキオン粒子」と呼びました。この架空（デタラメ）の名は、SFや漫画、アニメの世界で重宝され、みんなが知ることになっています。もしかしたら、タキオン粒子があると思ってしまっている人もいると思うのです。

心理学の領域ではどうでしょうか。深層心理というものを、フロイトは本当に見つけたのでしょうか？　それともそのような概念を仮定し、そこを見ようとしたためにそのように見ることができるようになった、という側面があるかもしれないと思いませんか。誰も、深層心理を直接見ることはできないものです。でも、そのように見るという眼鏡をかけたら、そのように見えるのです。

このような概念が私たちの中に入り込んで、そのまま居座ることの大きな理由の一つは、それが、大変便利だからです。そのことによって、私たちが遭遇するいくつかの現象に対して、理解できるようになるということです。SFや漫画、アニメが好きな人ならわかると思うのですが、タキオン粒子という言葉は、非現実的現象をストーリーに組み込むときには便利な存在です。

ここで、同じ音を持つ二つの言葉を比べてみることによって検討してみましょう。それは「せいとう」というものです。「正当」とも「正統」とも書けます。

「正当」とは、文字通り「正しく当たっている」ということですね。正しいことであり、当を得ているということです。一方で、「正統」とは、由緒正しいということです。由緒とは、「物事の起こり」「長い歴史を経て作り上げられた格式」です。

私たちの周りにある文化的な風習を見ていくと、別に、そのことが正しいからとか理にかなっているという理由で、続けているのではないということがあります。それも、たくさん。家族のしきたり、冠婚葬祭など、失礼ですが、馬鹿げていると思うことがたくさんあります。重要な点は、馬鹿げていると思っても、それをしないのはなかなか難しいと感じることでしょう。このようなことで、支配的なディスコースに対応することの難しさを感じることができます。

それでも、ここで重要な指摘は、繰り返しますが、特に根拠があるわけではないことがたくさんあるということです。そして時代と共に変容を遂げるということです。

カウンセリングの世界で、カール・ロジャーズ（Carl Rogers）は非常に大切な原則を述べました。その原点にさかのぼると、１９５７年に発表した「心理療法におけるパーソナリティの変化を導く必要にして十分な条件」(Rogers, 1957）です。そこでは、六つの条件について述べています。

①二人の人に心理的な接触がある。
②クライエントと呼ぶ一人目は、不一致の状態、気づきやすい、または不安な状態にある。
③セラピストと呼ぶ二人目は、この関係において一致または統合している。
④セラピストは、クライエントに対して無条件の肯定的配慮を経験している。

⑤セラピストは、クライエントの内部照合枠によって共感的な理解を経験し、その経験をクライエントに伝えるような試みをする。
⑥セラピストの共感的理解と無条件の肯定的配慮が、最低限クライエントに伝わっている。

これが、「自己一致」「無条件の肯定的配慮」「共感的理解」の三つの条件に要約されるところまではなんとか理解できるにしても、「傾聴」がカウンセリングの文脈でこれほど幅をきかせるようになっているのはよくわからないと思うのです。歴史をさかのぼって、その系譜的な理解をすると、もっといろいろと見えてくると思っています。

ここで問題を、その言い出しっぺの人のせいにしてはいけないということです。それは、何度も語られることによって、私たちの中に定着していきます。適当なことでも、言われたことをうぶに信じてしまった人が他の人に語ることによって、その考えが強化され、ガーゲンの言う「合意」に達してしまうのです。

社会構成主義の基礎的な考えはとてもシンプルなようでいて、非常に奥深くもあります。私たちが「現実だ」と思っていることはすべて「社会的に構成されたもの」です。もっとドラマチックに表現するとしたら、そこにいる人たちが、「そうだ」と「合意」して初めて、それは「リアルになる」のです。

(Gergen & Gergen, 2004／邦訳20頁)

性的なマイノリティーに対して、それは罪だという考え方は、キリスト教の中に根強くあります。私は、何回か新約聖書を読んだことがあるのですが、それを裏づける記述はまったくありません。では、その根拠はどこにあるのかですが、旧約聖書という膨大な文章の中からそれっぽいところを引っ張ってきて、こじつけているのですね。つまり、根拠などないのです。

冠婚葬祭のような儀式的な場面であれば、まあ文化的に育まれてきたものを尊重することも、円滑な社会生活を送るうえで必要な気もします。しかし、専門知においてそのようなことがあることは、どのようなことなのか、検討しておく必要があるのではないでしょうか。

ここでくどいようですが、繰り返します。「真実は存在しない、ただ真実だとする解釈があるのみ」（Madigan, 2011）ということです。支配的なディスコースが、真実だとする解釈やものの見方を提供しているのですが、それは〈正当〉なものではなく、自らの〈正統性〉を主張して、そこに真実味を持たせようとしているのです。つまり、ナラティヴ・セラピーにおいては、支配的なディスコースが維持している〈問題〉そのものではなく、その〈問題〉を問題としてしまうような支配的なディスコースが問題なのです。

(3) 身体に刻印を刻む実践

ここでスティーヴン・マディガンからの受け売りになってしまうのですが、ミッシェル・フーコーが検討していたことの一部について見ていきましょう。

フーコーは、現代において、人がモノと見なされるようになってきていると主張します。そして、そのモノに対して、刻印を刻みつけていくような実践が行なわれているというのです（Foucault, 1972）。

たとえば、「発達障害」「うつ病」「精神患者」「統合失調症」「不登校」などさまざまな名称が人に与えられます。その名称はどのようになってしまうのかというと、石版に刻みつけるように、その人に刻みつけられるようになっていくのではないかということです。それは、そのような名称が与えられ、そのうえ、その人が受け入れてしまった場合、その人の刻印は一生ついて回るということは想像できるのではないでしょうか。

ニュージーランドで看護師をしている人がいるのですが、その人が以前に人生においていろいろなことが重なったので、抑うつ的になり、精神科の医師に診てもらったことがありました。投薬治療を受けたものの、それが長引くことなく、回復していったのです。しばらくしてから、生命保険に加入するのを検討するために保険会社に連絡をとります。そのときに、以前に受けた診断を理由に断られるのです。確かに、身体に直接入れ墨のように刻印をするようなものではありませんが、その人がどのような人であるのかということについて、消すことのできないものを刻みつけられたと見ることができるでしょう。

たとえば、発達障害の診断を受けたとしましょう。そのような人は、他人に自分のことを紹介するときに「僕はアスペルガーですから」「私は自閉症ですから」ということはまれではありません。確かに、そのことを知っている人に対しては伝わることも多いのですが、知らない人に伝えていくことは、誤解だけしか伝わらないこともあるでしょう。つまり、「あの人は自閉症なんだって」という噂話としてしか扱われないようなことです。

フーコーの指摘は、このようなことだけにとどまりません。今の時代において、興味深い、そして考えてしまうようなことは、人は自分自らそのような描写、つまりは自分に対する刻印を求めていくように差し向けられてしまうということです。これを、「人自ら主体（対象）となっていく技術」と呼んでいます。ここで技術とは、そのように人を差し向けていくシステム、あるいはプロセスと見ることができるでしょう。

この点において、専門家も、相手に刻印を刻んでいくということを正当化できます。なぜなら、それは相手が求めてくるからです。そのことをしてあげることは、相手の要求を満たしてあげることですから、いいことをしていると思えるところもあるでしょう。

> 人々は、型にはまった文化的な規範に寄せる、自身の解釈に従って、自身を監視し管理するとともに、さらなる導きを求めて、宗教指導者や精神分析家のような外的な権威像を模索する。
>
> (Winslade & Williams, 2011)

自分が誰であるのかについて、権威あるところからのお墨付きをもらいたいということですね。それなりの人に、「あなたは○○である」と言われることによって、自分という存在を確認できるようになるのではないかということです。

人々に自分自身の身体に刻印を刻みつけたいと思わせるような技術とは、どのようなものであろうかということについてもう少し見ていきます。

> フーコーは、現代では社会支配のために暴力的な弾圧政治はあまり行われず、代わりに「正常とする判断基準」や人々を位置づける正規分布など、もっと洗練されたテクノロジーが用いられることを示した。実際、あらゆる人にとって普通でありたいという願いは、人生を考える上でかなり重要な要素となっている。ここで問題なのは、「これが普通である」という定義それ自体が、特定の人たちを自動的に社会の周辺へ追いやり、周辺的存在等のアイデンティティを押し付けることにつながるということである。（中略）その1つが、疎外感である。
>
> （Winslade & Williams, 2011／邦訳12頁）

普通であることが私たちの希望、願いの中にあるという指摘は、私自身のことに照らしても、実にわかる気がするのです。いろいろな場面で、人と比べてしまうというのは、もはや避けられない状況にある気がしています。自分が人並みにできることについての比較は、とびきりのものとの比較が待っていますね。つまり、ちょっと人よりもできたぐらいでは満足できないというか、自分にいいよと言ってあげられないようなものです。とびきりのものとの比較というのは、偉人や賢人のことを教育講演で聞くようなところから始まるのかと思ったりします。「できないことをできるようにする」のを目標にしていくことにまつわる、挫折感という感じなのかもしれません。

一方で、もっとやっかいなのは、自分が人並みにできない、していないと思うことです。自分が「普通ではない」

「変わっている」「おかしい」というところに関しては、非常に肩身が狭い思いをするというのも理解できるのです。

私は、このような講演の場で、それなりに自信があるような口調で話せているように見えるかもしれません。でも、私が苦手な場に連れていかれたら、いつ自分に番が回ってくるのだろうかと、ビクビクするような感覚を持つことがあります。それは何かというと、私の音痴のことです。ですので、カラオケに連れていかれると、大変居心地が悪いと感じます。まず近寄りません。

人生を生きていくときに、苦手なところが焦点化されないで生きていくことができれば、比較的楽に生きられるのではないでしょうか。一方で、その部分が人生の前面に居続けると、疎外感、不全感、自分はダメなんだという気持ちを常に抱くようになってしまうのです。

第6章 脱構築するアプローチ

1節 ディスコースと脱構築

(1) 脱構築するアプローチとは

これまで、ディスコースというものを見てきました。その圧力の強さを理解できると共に、それが裏づけのあるようなものではないということも理解できたのではないでしょうか。すると方法論として検討することができるのは、そのディスコースの正体を暴くという作業です。つまり、社会文化的に作られた、構築されたので、それを解体、脱構築するという作業に取り組むことができるということです。

不登校状態にある子どもを登校に導く。出社できない人を出社に導く。そんな単刀直入なやり方というのは、支配的なディスコースの思うつぼとなります。それを専門にしている人に尋ねたら、そんな簡単なことではないし、常に大変な取り組みだということを語ってくれると思います。そのような取り組みをけっこう簡単に解決できるというような書籍や、ネット投稿（広告）を目にすることがありますが、私が勘ぐっているのは、うまくいったところだけを取り上げて、うまくいかなかったところを切り捨てているのではないかということです。私が維持したい姿勢は真逆です。うまくいったところは、多分にその本人やその周りの人々の力によることとし、うまくいかなかったところにこそしっかりと取り組みたいのです。

さて、私たちが苦しむのは、当たり前、普通のことができないことは、おかしい、変だということになるからです。しかし、ある特定の考え方や意味づけ、価値観が、それは「本当である」と主張していても、それは、一つの考え方に過ぎないと見なすことができます。みんなが「それが本当である」と見なしているストーリーにしか過ぎないのだ、と。時代や文化、あるいは地域において、特権的な位置づけを獲得してしまったのかもしれませんが、それはそれが〈真実〉だからではありません。

脱構築する作業というのは、そのような特権的な地位を獲得していった歴史、理由、原因を解きほぐしていくことによって、その絶対性を緩めていくことです。ここで、緩めていくという言葉を使っていることに、注意を向けてください。別に、脱構築する作業において、そのディスコース、つまり考え方や価値観をなくそうとしているのではないのです。そうではなく、人が、他のディスコースに目を向けられる程度に緩めるということが大切になります。

だいたいにおいて、人は大変多様な存在なのです。その人が、その社会でただ一人、支配的なディスコースの要求を満たせないということは、ありえません。たとえば、不登校児はたくさんいます。同性愛者、結婚していない人、離婚した人、子どものいない人もたくさんいます。そのような人たちを、受け入れ、生きていくことを認めてくれるディスコースも存在するのです。

つまり、脱構築するということは、その人の生き方にとって有効なディスコースを探していくということであるともいえるのです。

(2)「うつ病」を例にとって

実際にどのような会話に誘うのでしょうか。たとえば、「私はうつ病なんです」と相手が語り始めたとしましょう。そのような語り、つまり、主訴の部分をそのまま鵜呑みにして、うつ病の改善には取り組みません。「うつ病」と聞いただけで、わかってしまう部分こそが、支配的なディスコースが伝えようとしていることになるからです。そうではなく、その人が経験している「うつ病」とはどのような状態のことなのかに興味を向けるのです。ここでの興味は、一般的に理解されている「うつ病」と照らし合わせて、どれほどその人の「うつ病」がマッチしているのかではなく、どれほどマッチしていないかなのです。

まずは、その人自身の言葉で、自身が経験している「うつ病」について語ってもらうことになるでしょう。「あなたの『うつ病』はどのようなものなのか教えてもらえないでしょうか？」という質問が代表的な質問になるかと思います。そのときに、「うつ病」にはさまざまなものがあるということを伝えて、その人の体験を語ってもらうことになるのです。それでも、人によっては、自分の体験に照らし合わせるというよりも、専門家から聞いたこと、自分で調べて知ったことを軸に、一般的な「うつ病」について語る人がいます。そのようなときでも、そのような語りを聞きながら、その人の体験を引き出そうとするのです。「なるほど。一般的な理解としての『うつ病』に近いものがあることがわかりました。○○さんが体験している『うつ病』がどのようなものは、もう少し教えてもらえないでしょうか？」と尋ねることができるということです。

「うつ病」と診断されたり、「うつ病」と見なされると、うつ病の人のように振る舞わなくてはいけないと思ってしまうことがあると想像できるでしょうか。発熱しているときにウロチョロ動いていないで、おとなしく寝ていなさいということでしょう。ここではうつ病のことなのですが、うつ病と診断されて自宅で療養しているときに、どこかに遊びに行ったということが会社にわかってしまうことがあります。うつ病で元気がないはずなのに、遊びに行く元気があるということは、仮病だったのかという疑いの目を向けて、怒ってしまう人がいるということです。

このような考え方の背景には、うつ病と診断された以上、うつ病の人間のように振る舞えということがあるのはわかります。でも、このような視点は、うつ病と診断された人が、元気を出していくために必要な活動さえも抑制するということに気づいていないのだと思います。

実際にうつ病などから回復途上の人が仕事を再開したら、どのように振る舞っていいのかわからないのです。たとえば、うつ病の人っぽく振る舞えば、いつまでも治っていないと思われるし、変にテンションを上げて普通に振る舞えば、もう治ったと思われて配慮されることもなくなるのです。回復途上のときに、どうしたら塩梅の良い支援や配慮が受けられるのか、つまりどのように振る舞えばいいのか、そう簡単にはわからないでしょう。

カウンセリングの会話の場で、このような途中経過、つまりトランジション期間には、どのようなことに取り組む必要があり、どのような困難が待ち受けているのかについて話をしておく必要があるでしょう。うつ病として振る舞おうとしてしまっているところに、関わる必要があるときもあると思うのです。

(3) 因果律

私たちは、すべてのことに原因があると信じる傾向が強いと思います。つまり、因果律のことですね。

うつ病などを抱えてしまう人の話を聞くときに、その原因の探求だけに終始してしまうことがあります。原因の話をすべきではないと言っているのではありません。それに終始してしまうことが、どのような語りにつながってしまうのかについて述べていきたいと思います。

ここで気づいておく必要のあることは、原因は、私たち専門家が知っている、あるいは基盤にしている考え方の傾向によって大きく作用することがあるということです。たとえば、私が精神分析をしていたら、幼児期になんらかの原因があると考え、探りを入れていくでしょう。内分泌を専門としている医師であれば、ホルモンの異常を疑うでしょう。さまざまな立場によって、探りを入れるところが違うということであり、そして、さまざまな立場がそれぞれの原因を見つけることだってあるのです。

幼児期のことですが、親になってみればわかると思うのですが、一度も厳しく怒ることなく、乳幼児期の子育てを乗り切れるわけではないでしょう。私はできませんでしたが、そんなことができる人がいるのでしょうか。本当に怒る必要がなければいいですが、怒る必要がある場面でも、怒らないでやり過ごしてしまっているのがどのようなことなのかについて考えると、怒らないことが単純に良いとはいえないはずです。ある人が、幼少期に自分が厳しく怒られたことを覚えていて、そのことを専門家に報告したとしましょう。極端な話、それが原因として取り上げられてしまう可能性があります。

このように話を聞く側の姿勢によって、原因が違っていくということは、どういうことなのでしょうか。それは本当の原因であるはずがないし、それは単に一つの可能性に過ぎないということです。この原因のバリエーションを見ていくと興味深いものが見えてきます。うつ病の原因の話なのに、先祖の話になって、お墓参りの必要性を説かれたり、宗教的な話になっていくこともあるのです。

今の苦しい状況を打開しようと、いろいろな人のところに相談に行く人がいます。その中には、専門家だけでなく、友人や知人なども含まれているのですね。そうして、それぞれの場で、違う原因の話を聞いて混乱してしまう可能性だってあるのです。

ある母親が子育てに困っていました。子どもが学校でも家でも、うまく生活を送れないのです。感情的な不安定さもありますし、友人関係のトラブルもありました。そこでその母親は、いろいろと相談したのですが、あるところでは過保護だと言われ、あるところではもっと関わってあげないといけないと言われてきたのです。さあ、正解はどちらでしょう。私もわかりません。ただ、原因を求めようとして、混乱してしまったのはわかります。

もう一つ注意してほしいのは、自分が求める原因を見つけようと思えば見つかるということです。実に興味深いことです。私たちは、見つけたいものを見つける能力があるのかもしれません。なんらかの原因が見出されることが往々にしてあります。

そして、原因が見つかった以上、それに取り組むということが、私たちの定石ではないでしょうか。この点において、お墓参りというのは悪くないと思うのです。非常に現実的ですし、きれいになったお墓を見るのも気持ちいいものです。お墓があるような風景の中に行くのも大切でしょう。また、自分の祖父母などの先祖に思いを馳せて、自分がつながりの中でこの世に生きているのだという思いを強くすることは大切なことだと思えます。

それでは過去に起きた幼児期の体験はどうでしょうか。それにどのように取り組んだらいいのでしょうか。手法としてはいろいろあるので、取り組む方法はあるでしょう。しかし、簡単なことではないはずです。ここで問題とすべきところは、そこに取り組んだら、今の状況は本当に改善するのだろうか、因果の関係が本当にわかっていないというのに、ということです。

2節　脱構築と〈会話〉

(1) ひとくくりにする描写と一致しない描写を探る例

引き続き「うつ病」を例にとって話を進めていきます。しかし、ここの内容は、他の言葉に置き換えて考えることができるものです。

さて、うつ病という話を聞いて、私たちは一般的なうつ病というものにマッチするところを探そうとしてしまいます。そして、それとはマッチしないと頭をひねることになります。うつ病ではないとすれば、何だろうかと別の診断名を求めていくのです。そして、いつか正解にたどり着くことができるはずだという、漠然とした期待を持っているのだと思います。

しかしここで、しっかりとマッチしてしまったときのことを考えてみましょう。私たちは、その人がうつ病であるという確信を持てば持つほど、私たちの手元にとどめておける希望や可能性はどうなっていくのかということを考えたことがあるでしょうか。だんだん少なくなっていきますよね。その人が、正真正銘の、どこから見ても非の打ち所がないうつ病であったとき、投薬治療や精神科病棟入院ということしか思いつかなくなってしまいます。

当然のことながら、そのような治療が必要な場合もあります。入院するということが必要な場合もあります。しかし、私たち専門家がそのことだけを聞き続けた結果、そのように思うようになってしまう可能性があるとすれば、どのような話を聞くのか大変注意していないといけないのです。なぜならば、語りには力があり、そこに向かっていく推進力になってしまうことがあるからです。

> その人は、「うつっぽい」物語に沿って、話を進めようとしているのです。自分がいかに「うつ」という状況に困っているのかを、私に訴えたいのです。ここに「うつっぽい」状態に向かっての推進力を感じることができます。
>
> （国重 2013）

一方で、うつ病という一般的な概念とは一致しないところを語ってもらったらどうなるのでしょうか。質問としては次のようなものが思い浮かびます。

- その「うつ病」について、もう少し聞かせてくださいませんか？
- ○○さんの言われる「うつ病」について少しお聞かせ願えませんか？
- その「うつ病」が他の「うつ病」と特徴として少し変わっているところはあるでしょうか？
- ○○さんの状態を「うつ病」であるということは、どこから来たのでしょうか？

- その「うつ病」のどこが、「あっていけないものだ」と訴えかけてくるのでしょうか？
- 「うつ病」だとしても、そうではないところもあるとしたら、教えてもらえないでしょうか？
- 「うつ病」が人生を支配しきっていないとすれば、「うつ病」の影響の少ないところはどこでしょうか？

聞いてみると実に興味深いことを語ってくれることがあります。こちらの方向性の話を試しに聞いてみることを進めてみます。そうすると、今まで話をしてくれなかったことを語ってくれるときがあります。そして、そのような語りの中にこそ、カウンセリングの中で取り組み、そのことを続けたり、広げていくべきことが含まれているのです。

（２）支配的なディスコースを脱構築する質問の例

支配的なディスコースとは、こうすべき、こうすべきではないという基準を提供していると見ることができます。そのことを検討する方法の例を検討してみましょう。ここでは、「親として失格なんです」ということを考えてみます。すると、私は次のような質問を考えることができます。

- 親を失格と見なす基準にはどのようなものがあるのでしょうか？
- その基準は、公平（フェア）なものであると感じますか？　または、不条理を感じるようなことがあるでしょうか？　それはなぜでしょうか？
- 親を失格とする基準の存在は、親を助けてくれるのでしょうか？
- この親は失格、この親は合格とするような視線は、お母さん（お父さん）にどのような影響を与えるのでしょうか？

このような質問が意図することは、自分が自分でダメだと思ってしまっているかのように見えて、実は、社会文化的に維持されている基準が、その判断に組み込まれているのだと理解することです。そして、そのような基準の存在が明るみに出ることによって、それは自分を助けてくれるのか、それとも、自分の足を引っ張っているのかを考えることができます。そのような基準は、無意識的に作用していたのですが、質問を受けて検討することによって、意識化することができます。依然として存在感の強い基準であることには変わりがないでしょう。しかし、無条件に受け入れる必要がない、そして、抵抗してもいいのだという思いを持てるようになるということです。

(3) 診断名を脱構築する質問の例

脱構築する作業について、もう少し例をあげてみます。ここでは、診断名で考えてみましょう。来談者が「私、不安症なんです」と語ったとしましょう。すると、次のような質問を考えることができます。

- ○○さんの状態が「不安症」であると判断したのは、どなたなのでしょうか？
- その判断は、○○さんの状態を十二分に理解してからのものだと思ってもよろしいでしょうか？
- ○○さんの別の側面を見せたら、その判断が変わる可能性がありますか？
- 「不安症」と言われたことで、自分に対する見方がどのように変わったのですか？　それは、生きていくうえでどのように作用しているのでしょうか？
- 「不安症」であるとされることで、ごく普通に感じる不安のことをどのように考えるようになるものなのでしょうか？
- 自分が「不安症」であるとする確信が揺らぐときは、どのようなときがありますか？

このような質問の意図は、相手に、ある診断名を軸にした画一的な語りをしてほしいのではないということです。そして、画一的な語りから離れて、その人自身の体験を軸にして語ってほしいということです。

ナラティヴ・セラピーを実践するうえで、「うつ病」と訴えながら、話している内容は全然違うじゃないかといって困惑したり、憤慨するのではなく、そのような違う部分が出てくることを歓迎する姿勢が必要になります。そちらのほうが必要なのです。

第7章　外在化する会話法

ここからワークショップ2日目の講義となります。

1節　外在化する会話と〈問題〉

(1) 外在化する会話法とは

昨日、私が一貫して話をしてきたことは、私たちはディスコースの影響を受けている存在である、ということです。うつ病だから、発達障害だから、不登校だから、その影響を受けているということではなく、社会に住む人間は誰でも、ディスコースの影響を受けながら生きているという前提ですね。そしてそれは、行動になんらかの問題があったとしても、その人に内在する性格特性や人格などを求めていかないという姿勢につながります。

カウンセリングのような対人援助をしていると、悪いものとか必要ないものに対してのみ、このような考えを用いたくなりますが、前提としては、どんなものもなんらかの影響下にあると見なします。このような前提に立つと、その人の外にある要因のことに思いを馳せることが容易になります。ここでは、外在化する会話法について検討していきます。

まずは、〈問題の外在化〉と〈外在化する会話法〉の違いについて少し考えてみます。〈問題の外在化〉は、たとえば、うつ病であるとかの疾患名、問題行動、あるいは、人を苦しめている考えなどを、客体化して、外に出すことです。たとえば、「『うつ病』はあなたの人生にどのように影響を及ぼしているのですか？」のような形式をとります。

ここの部分だけを取り上げて〈外在化した〉ということもできるのでしょうが、その後、原因なり要因を、その人の中に求めるような言葉の使い方をしては台無しになってしまいます。つまり、「『うつ病』はあなたの人生にどのように影響を及ぼしているのですか？」という質問のあとに、「動けない」とか、「やる気がでない」「外に出ることができない」などといった答えが返ってきたら、「どうしてできないの？」「朝、散歩から始めたらどうでしょう」などのような質問を続けたのであれば、問題を外在化したことがどこかに行ってしまいます。そして、結局は、できないことの要因がその人の中に再び戻ってしまうことだってあります。

そこで、問題を人から切り離して語り続ける必要があるのです。そのような語りを続けることを、〈外在化する会話法〉と呼びます。

まず、問題の外在化をするということにおいても、日常の言葉の使い方と異なるので、それを実際に言葉にすることが難しく感じることが往々にしてあります。たとえば、「『うつ病』があなたの人生にどのようにして入り込んだのでしょうか？」というような質問ですね。問題の外在化について書いてあるのを読むと、そういう言い方もあるのかと気づけるかもしれません。しかし、実際に人に向けてこのような質問をするのは、照れたり、恥ずかしかったり、変に思われないかとか考えるので、それほど容易なことではありません。また、実際に言葉に出して、自分で言えるようになるためには、頭の中でしっかりとリハーサルしておくとか、実際に言葉に出して練習してみる必要があります。文法的に慣れ親しんでいるものではない文章を言葉にするのですから、自然には出てこないのです。

単発で、問題を外在化して質問することでも、時に大きな違いをもたらすことがあります。しかし、文法的に外在化している構文で話を続けるというのは、慣れと練習が必要になります。カウンセラーであれば、自分の相談場面を録音して、逐語に落として検討してもらいたいのですが、自分の言葉の使い方で気づくことが多々あると思います。ですので、外在化する会話法を紡いでいくというのは、練習、振り返り、練習の繰り返しが必要になるということです。気をつけていないと、その人自身の中になんらかの要因があるということをほのめかすような言葉遣いに容易に戻ってしまいます。

カウンセリングにおいて、臨床経験のことを重要視されると思います。ナラティヴ・セラピーにおいては、それと同時に、練習の必要性を強調されるのです。英語ではプラクティスといいますが、「プラクティス、プラクティス、プラクティス」が標語になっています。カウンセリングのアプローチで、これほどプラクティスを強調する技法は、他にあるのだろうかと思ったりします。

私たちが相手に投げかける言葉の重要性について、強調しすぎることはないと思っています。実に大切なところを聞こうとしているのにもかかわらず、尋ね方があまりよろしくないので、その大切なところを聞きそびれるということは往々にしてあります。自分の逐語の振り返りの中で、この場面では、どのように聞くことができたのだろうか、と考えることは実に価値があることだと思うのです。私は、カウンセリングのセッションが終わって、うまく聞くことができなかった場面のことが、実に気になります。その場面を乗り切るためには、またはその場面を何か違った展開につなげるためには、どのように問いかけることができたのだろうか、とけっこうしつこく考えます。そして、可能性がありそうなことを思いつくとホッとすると同時に、その場でこのことを思いつかなかったことを悔やむのです。

(2) 外在化する会話法の効用

さて外在化する会話法ですが、苦しく、しんどい状況にある人にとって、または、自分がしでかしてしまった、自分が悪かったという状況にある人にとって、比較的楽に話せることにつながります。マイケル・ホワイトは、外在化して話すことを「解毒剤」（White, 2007）と表現しています。

人が話をするときに、そのときに張り詰めたような緊張感や、もはやこの先どこにも進めることができないような閉塞感があるときがあります。当然、私たちもその雰囲気に圧倒されて、どのように質問していいのかわからなくなります。そのようなときに、外在化する質問は、その場の雰囲気を変えることにも貢献できると考えているのです。なぜならば、その人が自分自身に向ける責任感、罪悪感、無能感を強調しないところから、語るように促すことができるからです。

ここで、マイケル・ホワイトとデイヴィッド・エプストンの説明を少し見てみましょう。

> 「外在化」とは、人々にとって耐えがたい問題を客観化ないし人格化するよう人々を励ます一つの治療的接近法である。この過程において、問題は分離した単位となり、問題と見なされていた人や人間関係の外側に位置することとなる。人々や人間関係の比較的固定した特徴とされた問題はもちろん、生来のものと考えられていた問題も、以前ほど固定的ではなくなり、限定的な意味を減らしていく。（White & Epston, 1991）

このような外在化において、次のように人々の役に立つことがあると、マイケル・ホワイトは述べています。

（1）誰が問題に対して責任があるのかという論争も含め、人々の間の非生産的な葛藤を減らす。

（2）問題解決の試みにもかかわらず存続する問題のために、多くの人々が持つに至った挫折感を帳消しにする。

（3）人々が互いに協力し、問題に対して一致団結して立ち向かい、そして人生や人間関係に対する問題の影響から身を引く方法の基礎を築く。
（4）人々が、問題やその影響から彼らの人生と人間関係を取り戻す新しい可能性を開く。
（5）「恐ろしくシリアスな」問題に対する軽やかでより有効な、さほど緊張しなくて済むアプローチの自由を与える。
（6）問題についてのモノローグよりもダイアローグを提供する。

(White & Epston, 1991／邦訳54 - 55頁)

（3）位置づけへの招待

外在化する会話法ですが、相手をどのように位置づけるのかということに関係してきます。私たちの気持ちのうえでのことは当然としても、言語的にも、相手をある位置づけ、つまりは立場に招き入れたいのです。ここで招くという表現をしているのは、そのような立場を押しつけるのでもなく、強制的に立たせるものでもないということを示したいからです。招く、つまりは誘うという姿勢のことです。

さて、ここではどのような立場に招きたいのかというと、その人は自分のことを一番知っているというところから話してもらいたいということです。これは、当然のことのように見えて、そのようには実践されていないということであると考えています。相手が自分のことを一番知っているということを肝に銘じるとすれば、つまり、相手が私よりも知識も経験も豊富だと見なすと、私たちの言葉遣いはどのように変わるでしょうか。

たとえば、この場で、みなさんは受講生という立場です。そして、みなさんがその立場から、私に質問したとすれば、どのような言葉遣いになるかというと「教えてください」になると思うのです。そして、みなさんの誰かが別の場面で講師になって、私が受講生になったとすれば、私は講師に「教えてください」と語りかけるでしょう。

クライエントが専門家のところに来て相談するというのは、講師の立場でしょうか、それとも、受講生の立場なのでしょうか。多くの場合、カウンセラーのもとに、何かを教えてあげるという立場で来ることはないでしょう。「教えてください」という立ち位置にいるのではないでしょうか。

さて、クライエントの立場につくためには、相談事を持ってこなければいけないと思うことも興味深いことです。クライエントになるためには、何か具体的な相談事が必要ですね。そして、それについて、専門家の洞察を「教えてもらう」ことになります。

この前提を当然のこととして受け取っていいのでしょうか。相談事について話をしないといけないという考えは、相手が本当に語りたいことを抑制していないでしょうか。また、強制的にカウンセリングにつながってしまった相手が、相談事などないと訴えたときに、話すことは何もなくなるということになるのでしょうか。

相談事について語るという制約があることによって、どのような会話が展開されてしまうのか考えてみましょう。クライエントが冒頭に相談事として語ったことは、実はあまり重要ではなく、それよりももっと大切なことが後に控えている場合があります。それは、入り口は相談事を話さなければいけないという思いがあるので、そのようなことを話すのでしょう。しかし、本人も気づいていないこともあるのですが、実はもっと大切なことがある場合が往々にしてあります。もしその場が相談事について、つまりは冒頭に提示された主訴をめぐって話を続けないといけないとカウンセラーが思い込んでしまうと、会話がそこに制限されてしまいます。

位置づけの話に戻ります。患者として語りかけられると病気の話をします。うつ病の人として話しかけられれば、うつ病の話をします。加害者であれば加害者として、被害者であれば被害者として話をするでしょう。実に興味深いことに、その立場に置かれると、その立場から見えるものしか見えなくなります。そして、その立場に付随している語りの形式からしか話せなくなるのです。

このようなときに、外在化する質問は、その立場を離れて語ることを許してくれると考えることができます。それを、「もう少し客観的に」と表現することもできるだろうし、「俯瞰（ふかん）的に」と表現することもできると思います。

それは、自分が置かれている状況に、自分自身の語りがどのような影響を受けているのかを検討することでもあるのです。

このような影響をしっかりと見ていくと、確かに問題の存在は大きく、悩みは尽きないものの、完全に途方に暮れているということではないのだ、というところも見えてきます。そのときに、少しでも自分でも何かできる余地があると感じられると、不能感から逃れることができます。これは、話を聞いているカウンセラーにとっても切実な問題です。その人を苦しめている問題について、あたかも袋小路にいるかのような話を聞き続けるということは、苦しいだけでなく、何もしてあげることができないという不能感が生じることがしばしばあります。

ここで、外在化することの目的を引用して、振り返っておきます。

外在化実践の目的は、人々が自分と問題は同じではないということを理解できるようにすることです。セラピストとしては、そのためにいくつもの方法が選択できます。
一つの方法は、人々が自分たちを記述するのに使っている形容詞（「私はうつっぽいんです」を名詞に変えて、この〈うつ〉は、あなたにどのくらいの期間影響を及ぼしているのですか？」とか（「〈うつ〉は、あなた自身について何と言っているのでしょうか？」）と質問することができます。　(Russell & Carey, 2004)
もう一つの外在化実践は、人々が問題を擬人化するように誘う質問をすることです。たとえば、トラブルにはもう巻き込まれたくないと考えている子どもと仕事をするときは、こんな外在化が使えるでしょう。「その〈いたずら小僧〉は、どうやって君をだますの？」とか「〈いたずら小僧〉が一番やってきそうなときは、いつですか？」。

このような質問を通して、諸個人と問題との間になんらかの空間が創造され、それによって、諸個人は、問題との関係を改訂することができるようになるのです。

(Russell & Carey, 2004)

外在化する会話ですが、どの程度擬人化したり、どの程度外在化するのかということを意識する必要があります。たとえば、この「いたずら小僧」とかっていうのは、子どもには使いやすいですね。でも、大人に対して唐突に使うことはなかなかできないと思います。大人でも乗ってきてくれる人もいますので、一概には使えないと思いませんが、相手の様子を見ながら、相手の語りを聞きながら調整する必要があるのだと思います。

一番、安全でやりやすい方法は、相手の表現を使うことです。こちらからなんらかの表現を提示するときには、相手の感覚に沿ったものかどうかわからないので、丁寧に導入する必要があるでしょう。一方で、相手が自分自身で使った表現を使うことは、実に安全な実践であり、相手の感覚を尊重しているともいえると思います。

外在化する会話法は、大人向けか、子ども向けかという議論があります。実に興味深いのは、大人に対して、外在化する会話を使うことに慣れている人は、子どもに対して、どのように働くのかわからないという感覚を持っているようなのです。逆に、子どもに対して、外在化する会話法を使うことに慣れている人は、大人に対して、どのように働くかわからないという感覚を持っているようです。ですので、どちらでも外在化する会話法を利用することはできるのだと、私は思っています。ここで大切なのは、先ほど述べたように、外在化する問題にどのような比喩を用いるのかですが、相手に合わせてあげる、または相手の表現をしっかりと使うということが必要になります。

2節　外在化する会話を紡ぐ

(1) 外在化する会話の基本的な形式

外在化する会話の基本的な形式を少し見ていきましょう。まず、文法的な側面から外在化を理解することができます。

「私が悪いんです」「私がもっとしっかりしていたら」という表現を受けて、「何があなたをそうさせるんですか?」とか、「どのような状況がその問題を悪化させているんでしょうか?」というような形で質問して返してあげることができます。この文法の主語には、「何が」「どのような状況が」と置かれています。興味深いことですが、私たちは、主語に合わせて、それに応じた述語を選択するようになるということです。ですので、主語を変えることによって、全体の文章も大きく変更されていくことになります。

次に、比喩的な側面から外在化を理解することができるでしょう。つまり、外在化されたものを、比喩的に客体化して表現するということです。擬人法ということですね。外在化されたものが、あたかも意思を持った存在、生きている存在として扱うのです。たとえば、次のような質問があります。

- そいつは、誰の力を借りているのでしょうか?
- 「うつ」は何を味方につけているのかわかりますか?
- 「うつ」が嫌がることを一緒に考えてみませんか?
- 「うつ」を弱体化させるのに協力してくれるのは誰でしょうか?

ここでナラティヴ・セラピーの特徴的な表現として、「弱体化」という表現があります。外在化された問題を完全になくすという作業に取り組まないということが言いたいのだと思います。つまり「『うつ』をなくすのに協力してくれるのは誰でしょうか？」とは言わないということですね。考えてみたらわかるのですが、〈落ち込むこと〉〈抑うつ的になること〉って、私たちの人生において適度にあることは大切なことです。また、〈怒り〉も、適切なときに怒る気持ちを持つことは必要なことです。そのようなことは、私たちの人間味に関係してくることです。そのようなものをなくすというのは、感情さえもなくすような取り組みになってしまうかもしれません。

問題は、それが過度に、必要以上にあることが苦しいのです。現時点では苦しみや辛さをもらうほうが大きい「うつ」ですが、撲滅するのではなく、人の人生において、適度なところに戻ってもらうように取り組むのです。そのため、解決とか解消ではなく、「弱体化する」「弱らせる」「小さくする」「縮める」などの表現を使います。

もしうつ状態の撲滅を目指すことになってしまったら、どれほど改善しても、依然として自分の生活の中にうつ状態で過ごしていることが気になってしまうでしょう。仕事で疲れたとき、人間関係で疲れたとき、気分が落ち込むことを良しとできないのは悲劇です。ですので、ナラティヴ・セラピーでは、うつ病の残骸にまで囚われないで済むように、最初から弱体化という言葉を使うのです。そして、抑うつ状態や落ち込むということを、人生には大切なものとしてとっておきたいのです。

私たちが日常でとりがちな対応方法は、強がっている人に対しては「もっと弱みを見せてもいいんだ」というメッセージを送り、弱気な人に対しては「もっと自信を持っていいのだ」というメッセージを送りがちになります。プラスに対してマイナスを、マイナスに対してプラスをあてがうのです。それは、どこかの時点でバランスをとってもらいたいからではないでしょうか。しかしそれだけでは、その中間がどのようなところなのか、不明瞭のままとなります。

ナラティヴ・セラピーにおいては、弱体化ということを語ると同時に、その問題とどのようにつきあっていける可能性があるのだろうかということが話題になります。たとえば、パワハラ上司がいるとしましょう。その上司が問題であることは明らかです。その場合、単純な解決方法は、上司を辞めさせるべく画策するか、自分が辞めることを検討するかの二択になります。しかし実際には、選択肢の双方とも現実的ではありません。そこで、何かできる余地があるのだろうかということになるのです。

ここで私は、残る手段は、両者の関係改善だけだとも思っていません。どれだけ上司の影響を被らないで生き延びるかの話もあるし、仲間をどのように増やしていくかの話もあるでしょう。本人はもっと考えつくことができるかもしれないのです。

他の例をあげてみます。リストカット（リスカ）がありますね。子どもたちにこの話を聞いていると、良いと思ってしていないし、切ってしまうと後悔し罪悪感に打ちひしがれていることがあります。リスカを完全に止めるという姿勢で、カウンセラーが対峙してしまったら、相手はつらいと思うのです。だって、いろいろなことが重なって強い感情が襲ってきたときに、またつらいことがあったときに、切ってしまうことだってあるでしょう。そのときに、「完全に止めることに失敗した」という感覚を持ってしまう可能性があるということです。

そこで、「今後どのようにつきあっていきたいのでしょうか」「リスカがいろいろ要求してきたときにどのようにして断ることができるんでしょうか?」「リスカと適切な関係はないでしょうか?」などのように、リスカということに対しても、ある程度残ることがあるかもしれないということを前提として話しかけるのです。ちなみに、実際に自身を傷つけている人を前にして、冷静に、この姿勢にとどまることはできるものではありません。そうするためには、経験も必要ですが、実際にそのような場面に遭遇したときにそのことを話せるスーパーバイザーが必要になると考えています。

「やっぱり私はダメなんです」「どうしても止められないんです」という自責の念に駆られてしまっている人に対

して、「そのときには、リスカがうまくやってしまったようですね」と、そのことが限定的な出来事であることをほのめかしながら、それ以外のところでどれほど努力してやらないようにしてきたのかについて語ってもらうことができます。

このような語りのときも、外在化する質問では、その人の内側にある弱さみたいなものを焦点化することはありません。このことを引用した文献で見てみましょう。

> 相手から最もよく返ってくる答は、安堵感です。自分たちが問題なのではないこと、自分たちについての別のストーリー、つまり問題の影響によって視界を遮られていた人生の別の側面に触れる方法があることを知った、安堵の念なのでしょう。
>
> 外在化する会話は、人々の人生において問題を「脱中心化」します。これは、問題ないし人々を困らせているものと人々との間に、空間が創造されるということです。ある人が自分自身を「役立たず」だと理解していたのが、今や、その代わりに、「役立たなさ」が自分の人生を支配するに至ったのだと理解するわけです。それには歴史があり、その影響から人生を取り戻すチャンスさえあることも、理解されるのです。
>
> (Russell & Carey, 2004)

(2) 問題の脱中心化

ここで、「脱中心化」という言葉が初めて出てきました。問題について語るときに、問題が話題の中心にあることは当然のこととして理解できると思います。そして、その問題を起点として、つまり問題を軸にして、さまざまな語りが生まれていきます。そのような話はどれほど語っても、やはり「そこには問題がある」というストーリーを語ることになるのです。おもしろいことに問題を起点とした会話には、目指す地点が比較的明瞭に提示されています。つまり、問題の解決であるとか、問題の解消がその目的になります。問題を起点とする取り組みにおいて、往々にして、問題の解決や解消どころか、問題の術中にはまるかのように、問題の存続に貢献してしまうことがあります。

たとえば、「統合失調症」という精神疾患があります。クライエントがこのような診断をもらったら、カウンセラーとして、その人の人生に何か貢献できるような気がするでしょうか。たぶん、精神科や心療内科を紹介して、カウンセリングを継続できないと思ってしまうのです。その人にとって、カウンセラーに受容され、理解されるような環境で、安全に話すことは実に大切なことであったとしてもです。

適切なアセスメントが適切な治療につながるという考え方があります。一見して、そうだと思えます。しかし、アセスメントの結果次第では、カウンセラー側に、やりようがないという気持ちが強くなり、絶望につながることもあるのです。なぜならアセスメントというのは、相手の状態についてもっともらしく描写することを目的としていますが、それを解決できる解消できるということまでは含まれていないからです。

「統合失調症」にとどまらず、「ＰＴＳＤ」「躁うつ病（双極性障害）」など、そのようなアセスメントや診断が行なわれた時点で、自分に何ができるのだろうかと途方に暮れることがよくあります。確かに、治療方法というものが提案されていないわけではないのですが、それらの手段は、アセスメントや診断名によって生じた悲観的観測を是正できるほどのものではない、と私は感じてしまうのです。

アセスメントや診断名でなくても、問題が中心化された会話に終始してしまうことがあります。私たちが相談を受けることを想像してみてください。不登校、休職、うつ、どもりなどさまざまなことがあります。そして、その問題を中心に置いてしまうと、非常に簡単な方向性が見えてきます。それは、不登校に対しては登校、休職に対しては復職、うつに対しては元気になる、どもりに対しては流暢に話せるようになるということです。これは明らかなことですが、できれば苦労しないでしょう。

そして、このような会話がどのようなものになるのかというと、自分でもできそうにない話を続けるということになりますので、たいていはおもしろみの欠ける話になります。カウンセリングでの話も盛り上がらないです。だって、昨日は行けましたか、行けませんでしたか。明日は行けそうですか、行けそうにないですか、のような会話になりがちだからです。日本人は耐えることに過分の意味を見出そうとします。今日耐えること、明日も耐えること、明後日も耐えることが、人生には必要なことだと見なします。その意義を認めないわけではありませんが、つらいものはつらいでしょう。

そして、常に問題が話の中心に居座り続けることに変わりはありません。繰り返すようですが、そのような話は、笑えないし、冗談も言えないし、寄り道もできないような会話です。そのような会話を続けるためにカウンセリングに通いたいとは思わないのではないかと思うのです。

私は、カウンセリングという会話の中で、その人が積極的に語ることができるような話題についても時間を割きたいと思っています。なぜならば、厳しい状況、つらい状況のときには、その人の趣味や興味について話すことさえ、ままならなくなってくるからです。カウンセリングで取り組むべきことに直接的に関係していないのかもしれません。しかし、たとえば、子どもであればゲームやアニメ、好きなことの話、大人であれば、興味関心のある話をすることは、その場の雰囲気を変えて、その場の会話に活力をもたらしてくれることも往々にしてあったのです。

問題を中心化された会話、またはアセスメントが前面に出ている会話では、そのような余地を私たちに許してくれないでしょう。考えてもみてください。そのような会話の逐語録を、スーパービジョンとか、事例検討の場に出せるような気になりますか。怒られそうじゃないですか。私も、そのような会話を事例検討の場に出したことはありません。しかし、学校臨床をそれなりに続けたことがあるのですが、そのような問題以外について語ることこそが、学校でのカウンセリングの主な会話でした。そこが重要だったのです。

問題解決ではないかもしれません。問題は依然として、その人の人生の中にあります。しかし、問題が中心化されていないところで会話をタップリできた人は、相談室を元気にあとにすることもできるのです。表情も良くなっています。

ナラティヴ・セラピーでは、問題を中心化しない会話というものを、単なる雑談ではなく、他にどのようなものがあるのかということを探るためにも取り組んできました。雑談というものの意義を十分に認めたうえで、その人の苦しみや辛さに取り組むことができる会話とはどのようなものがあるのかに取り組んできたのです。問題が話の中心から外れること、つまり問題が脱中心化することとは、他のものが中心化されるということになります。さて、どのようなことを中心にして会話を続けることができるというのでしょうか。ナラティヴ・セラピーでは、次のようなものを会話の中心に置いていくように誘っていきます。

> 問題が脱中心化されると、会話において中心化されるものは、問題の対処において適切な、人々の生活知識や生きる技術です。これらが、探求の焦点となります。（Russell & Carey, 2004）

そして、外在化する会話を用いているので「いったん問題が当事者のアイデンティティとは分離したものとして理解されると、人々が問題の影響を減ずる効果を支持し維持するためのチームを築いてくれる友人や家族を認定することが、ずっと容易になります。恥の感覚が減り、問題がもはや内在化されなくなれば、集団行動が可能になる」（Russell & Carey, 2004）ということになります。

このようなことは、実のところどのようなことなのかについては、自分自身が実際に直面する問題を例にとって、一つひとつ考えていかないと何のことかよくわからないのではないかと思います。「何が中心にして語られたものなのか？」という視点で、逐語を追っていく作業が必要になるということでもあると思います。

問題が中心化されてしまうことがどのようなことなのかここまで見てきました。もう一つ、ナラティヴ・セラピーでは、警戒心を持って見ていく実践があります。それは、当事者ではなく、専門家あるいは専門知が中心化されてしまうことがあるということです。これについては、どこかの機会で話したいと思います。

(3) 良いものの外在化

ここまでの説明で、外在化する会話法は、悪いもの、良くないもの、あってはいけないようなものを外在化することであると思ってしまうかもしれませんので、次の説明を付け加えておきます。

> 外在化されるのは、問題だけではありません。内在化されていることの多い(つまり、あたかも個人の内面、ないし個人に固有のものであるかのように見られやすい)、「力強さ」、「自信」、「自己評価」のような個人的特質も、ナラティヴ・セラピーの会話では外在化されます。
>
> (Russell & Carey, 2004)

「あなたは強い人ですね」というような、その人の特徴を内在化するような会話を考えてみましょう。人として、このような言葉を素直に受け取れるときもあるのですが、多くの場合、「そうでもありません」「そんなことありません」「自分はまだまだ」と付け加えて、そのような描写をそのまま受け取ることができません。それは、そのような描写は自分にとっては、仰々しいと感じるからでしょう。私も、基本的には、このような描写を受け取ると、全力で否定したくなります。このような単純な描写で、自分自身がどのような存在であるのかということを、落ち着けたくないのだと思います。

ですので、相手の良さを認める、相手の価値を認める、相手の良いところを褒めるということの重要性がいたるところで語られているのですが、実際に相手にそのような言葉をかけても、相手が受け取ってくれないということに直面することがあるのです。

ここで述べておきますが、このようにすることがダメだとも、価値のないことだとも見なしているわけではありません。人を褒めて、人の価値を十分に認めてくれる人の存在は、私たちの人生においてかけがえのないものです。ここでのポイントは、私たちは、カウンセリングの会話の中で、その人の〈力強さ〉についてもっと語りたいときに、「あなたは強い人ですね」と伝えるだけでは、そのことについてもっと語ることにはつながらないのだ、ということです。

そのときに、〈力強さ〉を外在化することを考えてみましょう。その人の粘り強さや力強さを物語るストーリーをシェアしてもらったあとに、「そのようなときに示すことができた力を何と呼ぶことができるでしょうか」と問いかけて、その人自身の描写を提示してもらうようにします。それで相手がなんらかの表現を提示してくれたのであれば、その表現を使って外在化することになります。もし、相手が表現することをためらったり、思いつかなかったとすれば、こちらから提示することもできるでしょう。たとえば、「私は今、○○さんのストーリーを聞きながら、『力強さ』という言葉が浮かんだのですが、そのような表現はどう思いますか？」と尋ねることができます。この表現を使うことのすりあわせをしたあとで、〈力強さ〉をめぐっての会話を紡ぎながら、そのことを豊かに描写することに取り組みます。

〈力強さ〉を外在化するということは、その人に生来備わっているものではないと見ることになります。そうであれば、それが生まれた経緯、貢献した人々、自分の取り組みなどについて語ってくれる余地が生まれるのです。また、その〈力強さ〉の特徴について、もっと探索することができるでしょう。どのようなときにその力は発揮されるのかとか、今まで、どのようなときにその力があったことで救われたのかなども聞くことができます。つまり、〈力強さ〉をめぐっての物語を展開してもらうように誘っていくということです。

ここで、「すごいですね」とか「立派ですね」のような褒め言葉を出したくなりますが、安易に褒めるのはお勧めしません。なぜなら、そのような言葉は、先ほど述べた「そうでもありません」「そんなことありません」「自分はまだまだ」という言葉を発動させることになるからです。人の〈力強さ〉を認めるということは、それを「すごい」という褒め言葉を通じてするのではなく、その〈力強さ〉の詳細を知ることによって成し遂げられることができるのです。

日本人だけではないのですが、ニュージーランド人も自分のことを良く言うのは、なかなか難しいと感じます。「そんなことができるって、すごいですね」と言われて、「はい」と答えるのが関の山で、そのことのすごさを語ることはできないでしょう。そして、自分の力強さを自慢げに語ることができる人がいるのかもしれませんが、そのような人は、まずカウンセリングには来ないでしょう。その人の特筆すべきことが外在化されることによって、人は、そのことについて語りやすくなるということです。

外在化して、そのことを語ってもらうように促していく質問を少しあげてみます。

- その「力強さ」ってどこから来たんですか？
- その「力強さ」ってどういうものか、もう少し教えてくれませんか？
- その「力強さ」は、どういうときにあなたを救ってくれるものなんですか？
- その「力強さ」って、どういうときに力を発揮してくれて、あなたの窮地を救ってくれるんですか？
- その「力強さ」をもたらしてくれた、物とか人について教えてもらえますか？
- その「力強さ」っていうものを気づいている人は周りに誰かいないんですか？
- 周りの人は、その「力強さ」をどんなふうに気づいているか、想像ができますか？

また、マイケル・ホワイトの代表的な質問があります。それは、「その『力強さ』を聞いて、この世で一番驚かない人って誰ですか？」というものです。驚かないということは、その人の特質として、当然のこととして知っていたということになるわけです。ですので、人の名前をあげてもらったあと、どうして驚かないのかについても尋ねることができます。次のような質問が考えられます。

- その人は、どうして驚かないのでしょうか？
- その人は、すでにあなたについてどのようなことを知っているので、驚かないのでしょうか？

たとえば、「子どものときに僕が転んでも泣かなかったのを知ってるんだ」とか、「僕が学校を休まないのを知ってるんだ」とか、そういうエピソードを語ってくれるでしょう。この語りは、自分をよく知っている人がどのように語るのだろうかという視点から述べていくので、このようなことを語りやすくなります。つまり、語っているのはその人自身のことなのですが、人の言葉を借りて語るということによって、その人のことがしっかりと語られるようになるということです。

そして、この質問の妙味は、もしみなが驚くということであれば、それほどのことをしたことになるのだと返せることができますので、返事がイエスでもノーでも、相手の特筆すべき特徴を認めていく会話につながっていくのです。

第8章　ナラティヴ・セラピーの質問術

1節　ナラティヴな〈問い〉とは

(1) 影響相対化質問法（マップ1&マップ2）

これからはナラティヴ・セラピーの質問について話を進めていきます。ナラティヴ・セラピーですが、どのようなものなのかわかりにくいところがあります。しかし、ナラティヴ・セラピーの流れを大胆に二つに大きく分けることができると思います。それは、前半を「外在化する会話法」でマップ1、後半を「再著述する会話」でマップ2と分けるものです。

これは、マイケル・ホワイトの初期の論文で提案している影響相対化質問法からすでにあったものです。それは、問題から人の人生に対する影響を探索する前半と、人から問題に対する影響を探索する後半の二つに分かれています。このマップ1とマップ2は、おおよそ、この二つに対応しているように思います。

カウンセリングにおいて、段階だとか、ステップ、プロセスを明確に提示すると、その通りにしなければならないと思う人がいるので忠告しておきます。これは、説明しやすいのでこのように分けているだけです。実際のカウンセリングでこのように進むわけではありません。一番重要なことは、このようなステップに強制的に持っていこうとしてはいけないということです。

影響相対化質問法を理解しておくことは、ナラティヴ・セラピーの基本的な考えを理解するうえで大きなヒントになると思いますので、このことについて説明しておきます。影響相対化質問法とは、外在化された問題と問題の影響を受けている人の間の関係性について見ていくものです。

前半において、問題によって、自分の人生がどれだけ影響を受けているのだろうかということを描写していきます。このように描写していくことを、マッピングとも呼びます。ですので、この段階で生まれた描写のことをマップとも呼べるのです。

さて、問題からどれだけ影響を受けているのかという視点自体、外在化から来ています。つまり、問題を語るときに、〈自分の中にある問題〉という起点から語るのではないということです。自分の問題が自分の人生にどのような影響を及ぼしているのかという語りは、自業自得というプロットにつながりかねません。そうではなく、自分の外にある問題からどれほどの影響を受けているのかという起点から語ってもらうのです。

マップ1でしっかりと問題からの影響を描写することに取り組んだあとで、後半に移ります。それは、その問題に対して、自分はどれほど影響力を持つことができているのかという視点からの語りになります。つまり、問題のなすがままの状態に置かれている、完全な受け身の存在としてではなく、どれほど厳しい問題があったとしても、何か反応できているところがないだろうかということを見ていくのです。

このときに問題を解決できているのか、問題をなくすことができているのかという視点で、会話に臨むことはありません。だって、依然として問題が目前にあるときに、解決できているとも、なくすことができているとも思えるものではありませんから。そうではなく、問題が山積みになっているときに、どのようにしてそれに完全に押しつぶされないで、人生をやりくりしているのだろかということを見ていくのです。切羽詰まった状態において、利用している技術、知恵、能力について語ってもらいたいということです。

（2）会話のスタート

まず、会話というものをどこから始めるのか少し考えてみましょう。

相談業務というぐらいなので、カウンセリングという場が、なんらかの相談事について語ってもらう場面であると想定してしまうことはたやすいことです。そのため、「相談は何ですか？」と語りかけて、相談事を語ってもらうように仕向けてしまうことがあります。このときに、カウンセリングという場で人が語りたいことが、相談事という形式のものであると想定してよいものなのでしょうか。

たとえば、自分は過去のわだかまりについて話してみたいけど、それが相談事なのか、それとも単に気になっていることを話すだけなのか、はっきりしていないということがあります。クライエントと話していて、自分が語っていることが、カウンセリングという場にふさわしいものかどうかを気にして確認してくる人がいます。自分の語りを、その場に合わせなければいけないと思っているかのようです。当然そのようなことはないですよね。カウンセリングとは、その人が語りたいと思うことを、安全な空間で、その人のペースで語ることができる場です。ところが、私たちが最初から「何の相談ですか？」と問いかけると、相手の語りを制約し、あるところに追い込んでしまうのです。

何でも話してもいいと思っているカウンセラーも、もしかしたら、それは相談事の範囲のことに限ると漠然と考えているのかもしれません。もしそのような範囲に限ることではないと思うのであれば、つまり、もっと自由にクライエントに語ってもらいたいのであれば、制約を設けるような語りかけから入りたくはないでしょう。ですので、どのように声をかけられるのかについての検討に取り組む必要があるということです。

それでは、どのような語りかけがあるのでしょうか？　いくつかあげてみます。

- このカウンセリングの場にあなたを誘ったのはどういうことなのか教えてもらってもよいでしょうか？

- カウンセリングに来ることになった経緯を少し教えてもらえないでしょうか?
- 話し始めのタスキをお渡ししますので、どこからでも話せるところ、または話したいところから始めてもらってよいでしょうか?
- この場に来るのを、何が後押ししたのか教えてもらえないでしょうか?
- どこからでもいいので、言葉にできるところから話し始められますか?

クライエントと話をしていていつも感じるのは、クライエントは自分が主導権を持ってその場にいるとはなかなか思えず、カウンセラーが導いてくれるのを期待しているということです。ですので、カウンセラーの質問は、意図があり、意味があるので、しっかりと答えようとしてくれるのです。そのため、たとえ自分が話そうと思ってきたことは、相談事という形態のものではなかったにもかかわらず、「相談事は何か?」と聞かれたので、急きょ相談事を考えて、相談事を言葉にすることもあるでしょう。このことは滑稽なことだと思うのです。だって、別の要件で来たのに、カウンセラーの導入の質問によって、話す内容が変わり、別のことを語って帰るということも生じる可能性があるということですから。よく考えれば、笑えないですが。

そして、相手の語りをどのように聞いていくのかによって、つまりこちらの姿勢によって、その後の相手の語りも影響を受けていきます。いくら相手に本人の語りたいところから語ってもらったとしても、対人援助の専門家として重要なテーマであるとか、よく聞く問題を聞いた途端、そこにとどまってしまうことがあります。しかし、重要なのは、相手の立場からしっかりとその状況について語ってもらうことだと思っています。

たとえば、相手が「うつ病」だと聞いた途端、今まで習ってきたこと、今まで対応してきた経験が思い出されて、そのことをめぐっての会話に持っていきたくなる。そうではなく、相手の語りを十分に引き出すためには、しっかりとその状況について語ってもらうことが必要になるのです。ここでは、「もう少しその状況を教えてもらえないでしょうか？」「もう少し私の理解を助けてもらえないですか？」「そのことはあなたにとってどのようなことだったのですか？」「そのことはあなたにとってどの程度馴染みのあることだったのですか？」などのような言葉を返し、相手によりいっそう語ってもらうことができるということです。このような実践で思うのは、最初の語り出しの部分だけでは、その人が語りたいことを十分に理解することができないということです。

人によっては、自分の話を最後まで聞いてくれないと日々感じている人がいますので、それと同じ思いを、カウンセリングでさせたくはありません。相手の語りがわかりにくいと感じたり、要点を把握できにくいと感じたときには、次のように問いかけることもできるでしょう。「その状況について誰かに伝えたとき、うまく伝わらないと感じるのはどのようなところにありましたか？」「人に伝えようとしたときにどうしても人がうまく受け取ってくれないところはどこなのでしょう？」このような質問によって、クライエント自身がわかってもらいたいポイントを取り出して、語ってくれることもあります。そのうえ、このような問いかけは、クライエントとの信頼関係の向上に一役買ってくれると思っています。

2節　問題からの人の人生に対する影響を探索する

(1) 影響相対化質問法の前半（マップ1）：外在化する会話法

それでは、影響相対化質問法の前半について話を進めていきます。なぜこのことが必要なのだろうかという説明よりも、この段階においてどのような質問を提供できるのだろうかという視点で話を進めていきます。

先ほども話したように、問題が人の人生に及ぼす影響を見ていくということです。それは「その『問題』は、あなたの人生にどのような影響を及ぼしているのでしょうか?」という質問に代表されると思います。

この質問が意味することを少し考えてみましょう。人生にはさまざまな側面があります。仕事、伴侶、子ども、肉親、友人、趣味、夢など、人生にはいろいろなことが含まれています。自分の人生という広大なところに照らして、問題の影響を見てほしいということなのですが、あまりにも漠然としているし、考えることが多くなるので、返答するのに時間がかかったりします。

しかし、一人の人として生きていく私たちは、仕事のときは仕事、家庭のときは家庭と割り切って生きていくことはできません。一つの場面で生じている問題は、人生の他の場面や側面にも影響をもたらしているということはありうるのです。そのため、「問題」が存在していることの大きさをしっかりと理解するために、このような質問を投げかける価値があるのです。

そして、このように問いかけられて、たとえば仕事のことだと思っていたのだが、実は自分の伴侶との関係性に大きな影響をもたらしているのでしんどく感じるのだ、ということに思い当たることは、まれなことではありません。

問題の存在は、自分が単に苦しいということだけにとどまらず、自分がどのような人であるのかということを示すようになります。たとえば、「うつ病」が苦しいのは、単に気力が出ないということだけではなく、「うつ病」になってしまった、そして依然として「うつ病」である自分がイヤになるという形で、苦しく感じるということです。これをアイデンティティといいますが、問題の存在は、人のアイデンティティに大きな影響をもたらします。そのため、そのことについて語ってもらうことも価値のあることでしょう。代表的な質問は、「その『問題』は、あなたに自分のことをどのようなものだと思わせるのでしょうか?」となると思います。

人の行動は、人の支配下にあるという考え方は根強いものです。しかし、ナラティヴ・セラピーは、「問題」が多大に人の行動に影響を及ぼすと見なします。そのため、「その『問題』は、あなたをどのように振る舞うようにさせてしまうのですか?」などと問いかけるのです。

うつ病と診断されたら、そのように振る舞わなければいけないという気持ちになることがあります。うつ病になったからには、おとなしくしている必要があるのではないかということですね。実際にあった話として聞いていますが、メンタルヘルスの問題で会社を休職したのだが、どこかにレジャーに行っているのが会社にばれて、会社の人たちが大変憤慨したということです。治療する側から見たら、これはいい話ですよね。レジャーに行く元気があるというのは。でも、周りの人はそのように見ないということはその人に伝わっていくので、「うつ病人」らしく振る舞わないといけないと考えることはあるでしょう。もしかしたら、その人が動ける時期に来ているものの、その芽を摘んでいるのは、周りであるという可能性もあるということです。

他にも、「その『問題』は、あなたの人間関係にどのように影響を及ぼしているのでしょうか?」「その『問題』は、どのような場面でその存在が目立つのでしょうか?」のような質問を考えることができます。

「目立つのでしょうか?」という質問の意図ですが、目立つところがあるということは、目立たないところがあるということです。つまり、問題からの影響力が少ない場面がそこに対比してある可能性があるということです。その場面は、問題からの影響がまったくないという話をするのではありません。若干でも、問題の痛烈な影響力の支配を免れているということであれば、他のことをする余裕があるのかもしれないという発想を持つことができます。

そして、影響が弱いということに対して、その人の影響力を見出すこともできます。つまり、「どうしてそこは、目立たないでいられるんですか?」「あなたはその場で、問題がのさばらないようにするためにどんなことをしているんですか?」などと尋ねることができるということです。

問題があることを聞きながら、それ以外の領域があることを想定して耳を澄ませていく実践を、ダブル・リスニングと呼びます。

人間関係のことでは、「あなたの人間関係にどのように影響を及ぼしますか?」という話を聞きながら、人間関係に影響を及ぼしていることが少ない領域に思いを馳せるのです。その問題があるにもかかわらず、関係性が維持できていることは、問題の存在が大きければ大きいほど、特異な事象です。それが誰からの貢献も、何の貢献もなしに、維持されているわけがないと見ていきます。つまり、「その問題があるにもかかわらず、その問題の影響をその場に持ち込まないために何をしているのでしょうか?」という質問につながるということです。

私たちの意識を向ける方向に大きな転回が必要になる場面です。私たちは、何か徐々にでき始めている人、あるいは徐々に回復している人に対して、「できているという話」を聞きながら「まだまだという話」を一緒に聞いているといえるのではないでしょうか。これもダブル・リスニングと呼べてしまうかもしれませんが、注意を向けている方向性が真逆です。

(2) 問題の名称の詳細を聞くこと

カウンセリングのトレーニングの場面を見ていて、私が感じることが多いのは、相手の話に合点してしまう段階が早いということです。相手の表現が、自分にとってすでに馴染みのある、既知のものであれば、早々と納得してしまい、その言葉を使って話を次に進めてしまうようなことがあります。

そうではなく、大切なキーワードに関しては、少し立ち止まって、そのことをしっかりと語ってもらう必要があります。そのようなときには、次のように尋ねることができるでしょう。

- もう少し語られますか?
- もう少し詳しくお聞きしたいのですがいいでしょうか?

- もう少しイメージをハッキリさせたいと思ってます。もう少し教えてもらえませんか？
- そのことはあなたにとってどのようなことだったのか、少し例をあげて話してもらえませんか？

このような質問に促されて、ありきたりの描写で片づけていたことが、本人の言葉で語れることにつながっていきます。

診断名や病名についても同様です。

- あなたがお話されている「うつ」について、もう少しお話を聴かせていただいてもいいでしょうか？
- 「うつ」という言葉はあなたの経験にマッチする言葉なのですか？　もし違和感のあるところがあれば少し教えていただけませんか？
- 「うつ」という言葉は、どこで学んだのでしょう？　誰かがあなたに伝えたのでしょうか？
- 「うつ」ではうまく語り尽くせないようなところについても少しお聞きしてもいいでしょうか？

このような質問によって促されて、その人なりの悩みようを語ってくれる機会になるということです。ここで「うつ」という言葉をどのような言葉に置き換えてもいいと思います。このような質問が成し遂げようとしているところは、典型的な「うつ病人」というのはいないので、その人のさまざまな体験に照らし合わせて、その人なりの体験の部分を語ることができるようにすることです。

ナラティヴ・セラピーでは、その人の体験を一つの言葉で要約してしまうような実践を「ひとくくりにする描写」(Monk et al., 1997) と呼んでいます。このような描写では、その人の人となりの部分が語られないままに終わってしまいます。そうではなく、その人の「うつ」の体験をはじめとして、その「うつ」を離れたところも含めて語ってもらう手がかりにしてもらうのです。「うつ」という一般的で専門的な理解様式によって，隠されてしまう領域に焦点を当てることである，と言い換えることができるかもしれません。

(3) 系譜学的視点からの質問

フランスの哲学者，ミッシェル・フーコーが課題に取り組むときに採用したものは，「系譜学的視点」というものでした（Foucault, 1972)。一見用語として難しそうなので，敬遠しないでほしいところです。要は，物事には歴史があるということだと，私は理解しています。

どんな考え方も，どんな価値判断も，どんな行動様式も，それには歴史があるということです。特にフーコー自身が悩み，取り組んだのは〈性〉，性的指向についてでした。キリスト教圏では，同性愛，つまりゲイは罪であるという見方が強くありました。一見すると，キリスト教の誕生からその考え方があったかのようです。しかし，歴史的に追っていくと，実はそんなことはなく，どこかの過程でそのような考え方が採用され，そのまま居座ってきているようなことがわかってきたのです。

キリスト教の聖典は，旧約聖書を継承しながらも，主に新約聖書となっています。その内容を，私のようなキリスト教徒の家族の中で育っていない外の者が読んでも，書いてあることによっては内容を理解できます。聖書を研究して，その背景にあるものを理解している人から見れば，私が誤読しているところを多々見つけることができるでしょう。しかし，書いてないことは書いていないのです。何が言いたいのかというと，同性愛が罪であるということは，聖書では触れていません。そこに根拠はないのです。

すると，同性愛は罪であるという考えがどこかの時点で組み入れられたということについては，そこに始まりを見出すことができるということです。始まりがあるとは，それが，普遍的なものではないということを示しています。普遍的という言葉を，絶対的という言葉に置き換えてもいいでしょう。

あらゆる文物にはそれぞれ固有の「誕生日」があり、誕生に至る固有の「前史」の文脈に位置づけてはじめて、何であるかがわかるということを、私たちはつい忘れがちです。そして、自分の見ているものは「もともとあったもの」であり、自分が住んでいる社会は、昔からずっと「いまみたい」だったのだろうと勝手に思い込んでいるのです。

フーコーの仕事はこの思い込みを粉砕することをめざしていました。そのことは彼の代表的な著作の邦訳名、『監獄の誕生』、『狂気の歴史』、『知の考古学』といった題名からも窺い知ることができるでしょう。「監獄」であれ「狂気」であれ「学術」であれ、私たちはそれらを、時代や地域に関わりなく、いつでもどこでも基本的には「同一的」なものと信じています。しかし、人間社会に存在するすべての社会制度は、過去のある時点に、いくつかの歴史的ファクターの複合的な効果として「誕生」したもので、それ以前には存在しなかったのです。この、ごく当たり前の（しかし忘れられやすい）事実を指摘し、その制度や意味が「生成した」現場まで遡って見ること、それがフーコーの「社会史」の仕事です。

（内田 2002）

物事には始まりがあると想定すること、それがなんらかの変遷を経て、ここまでたどり着いているのだということを想定できるとすれば、さまざまな質問を考えることができます。たとえば、次のような質問をあげることができるでしょう。

- その「問題」は、いつからあなたの人生に入り込んできたのでしょうか？（この質問が示唆するのは、「あなたは生まれてから『うつ』ではない」ということです）
- その「問題」に気づいたのは、いつでしたか？

• その「問題」が、「問題」だとされたのはどのような経緯があったのでしょうか?
• その「問題」はどのようにしてその勢いを増していったのでしょうか?
• 誰が、あるいは何が「問題」に協力していったのでしょうか?

吃音の領域で有名な伊藤伸二さんと交流があるのですが、伊藤さんの話を聞いていくと、伊藤さんにとって「どもる」ことが、問題となった経緯がよくわかります。小学校2年生まで、どもっても気にすることなく元気に生きていました。しかし、どもるという理由で、劇で話す役につけてもらえなかったのです。それから、どもることの意味づけが急変します。どもることは、あってはいけないことになってしまったのです。

(4)〈問題〉の勢力範囲

問題の歴史を探索していくときに、ナラティヴ・セラピーでは、問題があるかないかというような次元で話を進めることはしません。

「その『問題』が人生に入り込んでいなかったときはどのような状態だったのでしょうか?」「問題がないときの状態は、今どの程度残っているように感じられますか?」というような質問を通じて、問題の影響から比較的免れている領域のことも語ることができるようになります。

このときに、私たちは「有るか無いか」「ゼロかイチか」というような会話を避

More Details
もう少し詳しく…

伊藤伸二

伊藤伸二ことばの相談室主宰。日本吃音臨床研究会会長。言語聴覚士養成の大学や専門学校で吃音の講義を担当。小学2年生の秋から吃音に強い劣等感を持ち、1965年にどもる人のセルフヘルプグループ言友会を設立するまで吃音に深く悩む。近年、ナラティヴ・アプローチをベースに、当事者研究、レジリエンス、オープン・ダイアローグなどを生かした「吃音哲学」を提唱。

けるように心がける必要があります。人の語りを聞いていくと、全面的に否定しているかのように語ることが往々にしてあります。たとえば、「○○が、私の人生を『すべて』台無しにしたのです」というような表現を受けて、本当にすべてと思ってしまう前に、その「すべて」とは、どのようなことを示すのかを確認することは価値のあることです。たとえば、次のように尋ねることができるでしょう。

- 「すべて」ということですね。それほどのことだったのですね。それでも、あなたが「すべて」と言いたくなっている気持ちについて教えてもらえないでしょうか?
- 「すべて」ということですが、その「すべて」についてもう少し教えてもらえないでしょうか?

このように人の話を聞くことをダブル・リスニングと呼べると思います。１００%という意味で「すべて」ではないとしても、問題の影響を免れているところが10%しか残っていないということを訴えたとしても、その10%について話を聞くことができるのです。それは、1%であってもかまわないのです。もしかしたら、その人にとって最も大切なところであるかもしれないからです。そして、そのところを、問題からの影響に抵抗して、残しているという部分であるかもしれないからです。

質問として、「その1%って何なんですか?」「ここだけは絶対逃さないという思いはどこから来ているんですか?」「そのことを残せた意義って何でしょうか?」などと問いかけることができるでしょう。

少し前後してしまいますが、問題の大きさ、つまりその程度、勢力範囲をしっかりと確認していくことは重要なことになります。

- 「問題」が不在であったときのことを、少し教えてもらえないでしょうか?

- 「問題」が入り込んでも影響を与えられていないところはありますか？
- その「問題」は、どの範囲であなたの人生に影響を及ぼしているんでしょうか？
- その「問題」は、あなたの人間関係にどの程度、あるいはどの範囲で影響を与えているのでしょうか？
- その「問題」が、あまり目立った存在ではない領域が、あなたの人生にどこかありますか？
- その「問題」が、あまり重要なこととして感じないような感覚を持てるときはありますか？

このような質問を通じて、問題という存在の輪郭を浮き彫りにしようとしているのです。問題が大きなこととして、その人の人生にのしかかってきたときに、その得体の知れなさに私たちはおののいてしまう気がします。そのようなときに、たとえ依然としてその問題が大きなことであることには変わりなくても、その輪郭が見えるとき、つまり、それが有限のものであると見えるとき、別の理解が生まれるのです。

この話をすると、次の寓話を思い出します。昔、アフリカに恐ろしい怪物がいたというのです。すべての人が、その怪物を恐れ、もしその怪物に出会ってしまったらどうしようという不安を持っていました。そして、あるときその怪物に名前をつけることができたというのです。その名前は「ライオン」でした。依然として、人にとっては恐ろしい存在です。それでも、得体の知れない恐ろしさではなく、「ライオン」という存在に対する恐ろしさに変わったのです。

問題の影響の大きさを聞くことによって、輪郭を描き出すことができるのではないかという話をしました。そして、その話を聞きながら、何に耳を澄ませていくのかというと、その輪郭の外にあるものだと思うのです。ダブル・リスニングですね。まだ残っているところがあるとすれば、どのようなことなのだろうかということです。

ふだんの私たちの思考は、失ったもの、壊されてしまったものに焦点を当てていきます。それだけになってしまわずに、それ以外のところにも思いを馳せるということも必要になります。それは、それだけ大きな問題があるにもかかわらず、自分自身の大切なところを守ったところがあるとすれば、どのようなことなのか。そのようなところに目を向けるということですね。ここの領域に行くためには、事前に必要なこともあると思います。それは、それだけ苦しい、悩んでいるということをしっかりと相手に伝えることなく、良いところ、うまくいっているところだけに焦点を当てる気にはならないということでしょう。問題がもたらす辛さ、厳しさについても、しっかりと受け取り、話を聞く姿勢が必要になると思います。

そのような話を聞くときに、ナラティヴ・セラピーでは、カウンセラーに「それだけのことを抱えて、あるいはそれだけのことに対応しながら、私の前に現れているのだ」という視点を持つように進めていきます。これは、相手という存在を、単なる問題に苦しんでかわいそうな人であるというところから、その人なりの力があり、それをなんとか発揮しながら生き延びてきた人であるという、視点の変更をもたらしてくれます。それは、相手に対する敬意の気持ちであり、慈しみの思いにつながるのだと思っています。そして、そのような思いを持つことができると、相手に問いかける質問の質が変わるのではないでしょうか。同じ言葉による質問でも、その質問が成し遂げようとしている思いが伝わる可能性があるということです。

問題の輪郭をつかむために、問題の程度を探索することについて考えてみましょう。

- この「問題」は、どの程度大きなものとしてあなたの前に立ちはだかってくるのでしょうか？
- この「問題」があなたに与える影響を示すような話を教えてもらえないでしょうか？
- この「問題」の深さを1から10のスケールで示すとすれば、いくつであると感じますか？　どうしてそのように感じたのか少しお話しできないでしょうか？
- それは、どの程度深刻なことであると思えるのでしょうか？

このような質問によって、問題の深刻さ、大変さのエピソードを聞くことができます。問題の大変さや深刻さは、「大変なんです」「ひどいんです」「まったくダメなんです」のような表現で理解することはできません。そのことをめぐるエピソードによって、私たちは理解できます。

また一般的に使われるスケーリング・クエスチョンですが、その人にとって数字が意味することまで聞く必要があります。たとえば、大変さを1から10の中で8と答えても、すぐに「多い！」と判断するのではなく、8というのはどういうことなのかを聞かなければならないのです。逆も同じです。2と答えても、「少ない！」と思ってはいけません。

「今、『8』（または『2』）と答えていただいたのですが、この数値は、あなたにとってどのような意味を持っているのか、教えてもらえないでしょうか?」などと尋ねる必要があるのです。すると、「ちょっと前までは『9』だったのですが、○○があったので、ちょっとだけ少なくなった気がします」というような語りがあるかもしれないし、「昨日であれば『7』と答えたかもしれませんけど……」などと答えてくれるかもしれないということです。デジタルに慣れている私たちは、数字が提示してしまう絶対値的な意味合いを受け取ってしまいがちになると思います。しかし、数値の意味をこちらが勝手にわかってしまわないということが肝要になります。

(5) ナラティヴ・セラピーの質問の例

ここでは、従来の視点からの語りではなく、少し違ったところから語ってもらうようなナラティヴ・セラピーの質問の例を少しあげてみましょう。

「どうしたのですか?」と尋ねたくなったとしましょう。そのようなときにはナラティヴ・セラピーでは、次のように問いかけるように考えます。

- この「問題」は、あなたの人生にどのような影響を与えているのでしょうか?
- この「問題」は、あなたにどのようなことをさせるのでしょうか?
- この「うつ」は、あなたの人間関係にどのような影響を及ぼしてしまったのでしょうか?
- この「不登校」は、あなたをどんな人間であると、あなたに信じ込ませようとしてきたのでしょうか?

このような質問は代表的なものですので、いろいろと工夫することができると思います。まずは、このような質問を言えるようになることが第一のステップですね。そしてその後、自分なりに工夫することができるのです。

それでは、「どうして?」と聞きたくなったときに、ナラティヴ・セラピーではどのような質問があるでしょうか。例をあげてみます。

- 何が、あなたをそのような状態に追い込んでいくのでしょうか?
- そのような状態になっていくとき、どのような要因が関係していたと思われますか?
- そのような状況に対して、何が手助けをしてしまったのでしょうか?

私はそれなりに慣れたので、このような質問を言葉に出して言うことができますが、慣れていないと、このような質問を言葉にしようとすると詰まると思います。ナラティヴ・セラピーを実践するにあたって、その思想的な背景を理解することはとても重要なことになるのですが、それだけでなく、実際に質問を口にできるところまで練習する必要もあるのです。

「そのような状況に対して、何が手助けをしてしまったのでしょうか?」を取り上げてみます。これは日本語ですので、何を言わんとしているのか理解できるのです。難解な用語も使われていません。ですので、このような質問を投げかけられると、理解できるし、なんらかの返答をすることもできます。ところが、この質問を今まで使ったことがある、言葉にしたことがあるという人はあまりいないと思うのです。ナラティヴ・セラピーには、聞けばなんとなくわかる、でも今までたぶん言葉にしたことがないだろうという質問がたくさんあります。そのような質問は、練習しないと出てこないと思っていいです。

そして、ナラティヴ・セラピーの質問をぜひ試してもらいたいと思っています。そうすると、思いがけない反応や返答が返ってきて、こちらが面食らうことがあります。この質問のどこにそのような話を引き出す要素があるのかわからない気持ちになります。

一方で、相手がその質問はわかりませんという態度を見せたり、「え？　なんですか？」と聞き返してくることがあります。そのときに、このような質問に馴染んでいないと、動揺して、質問を撤回してしまうのです。想像ですが、そうやって、ナラティヴ・セラピーを使うのをあきらめていくのではないでしょうか。

私はある地区のグループに、グループ・スーパービジョンを提供しています。それぞれの自宅から、スカイプでグループ会話をしながらしています。その中の一人が、舞台から飛び降りるような思いで、「今日、何があなたをこの場に連れてきたのでしょうか？」と聞いたというのですね。そうしたら、相手はしっかりと答えてくれたというのです。それを聞いて、この質問で人は答えるのだ、と思ったと伝えてくれました。

ナラティヴ・セラピーを身近なものにするためには、ナラティヴの質問で人は「答えてくれる」という感覚を積み上げる必要があると思っています。つまり、体感しないといけないのだと思うのです。慣れていない形式の質問を口にすることの難しさを感じ取ると共に、それでも、それに人が答えてくれるのだという体験が必要だということです。

ナラティヴ・セラピーの質問の例をもう少しあげてみましょう。

人に尋ねるときに、その人の人生において重要そうな人を名指しして、聞いてしまうことがあります。たとえば、

「そのことについて『お母さん』（または『お父さん』）は何て言っているの？」というような質問です。青年期の人から子どもまで広く使ってしまうような質問ですね。この質問は、この行為や決断などについて、親の意見が重要だということを前提にしています。

しかし、このように誰かを名指ししてしまうことに対して、注意する必要があると、以前学びました。スクールカウンセラーをしていたときに、対応していた女子中学生がいました。その子の家庭は、お父さんと二人暮らしだったのです。お母さんはどうされたのか、私には記憶がありません。その家に電話がかかってきて、その子が出ました。相手がすぐに「お母さんはいませんか？」あるいは「お母さんに代わってもらえせんか？」と聞いてきたのです。このことについて、その子は学校で作文を書くのです。「世の中には、お母さんがいない人もいる。電話をかけて子どもが出たら、大人の人はいますか、と聞くべきだ」と。もっともなことです。

私たちがほぼ無意識に聞いてしまう「お母さんは何て言っているの？」「お父さんは何て言っているの？」という質問は、この件について誰が一番の鍵を握っているのかということを、想定してしまっています。この件では誰が一番の鍵となっているのかなど、まだ聞いてもいないのに。

そして、鍵となる人は、どうやらお父さんではないらしい、そうしたら、お母さんだろうかと、しらみつぶしに当たっていくようなことになります。インテークシートに家族構成があるとすれば、それを順次当たっていくようなことになりかねません。でも、その人にとって大切な人は、隣の家に住んでいるおじさん、おばさんである場合、そのような問いかけでは、簡単に行き着くことはないのです。

そこで次のような質問を考えることができるのです。

- このことについて、誰の声があなたにとって大きなものとなっているのですか？
- この「問題」について考えているときに、誰の存在が大きなポイントとなるのでしょうか？

- この「問題」の影響を最も受けているのは、誰でしょうか？
- この「問題」の影響を最も受けていないのは、誰でしょうか？
- この「問題」を考えるときに、誰の声が大きな存在としてあなたにのしかかっているのでしょうか？
- この「問題」を考えるときに、誰のことを念頭に置いておく必要がありますか？

問題があるとき、しかし本人があまりそのことを真剣に受け取っていないか、行動に移していると思えないときがあります。子どもに対して、親が聞きたくなる言葉を声にするとすれば、「このままにしてどうなっても知らないから」ということでしょうか。問題を外在化することによって、このようなことも少し聞きやすくなります。

- この「問題」をのさばらせておくと、将来的にはどのようになってしまうと想像できますか？
- この「問題」は、ほっておくとどうなるものなのでしょうか？
- この「問題」が、あなたに約束している将来とはどのようなことなのでしょうか？
- この「問題」は、徐々に大きくなっていくとすれば、あなたの人生はどのようになってしまうのでしょうか？

子どもとのやりとりで、言われなくてもわかっていると言って反論してくることがあります。ナラティヴ・セラピーの会話においては、その言われなくてもわかっている部分を、本人の口から語ってもらいたいということです。

(6) 無難なアドバイス

カウンセリングのような場で、人の話を聞いていると、その人が今までどのようなことを言われてきたのかについて知る機会があります。その中の一つに〈無難なアドバイス〉ともいえる助言があると思っています。それは、「頑張って」「愛情をもっとかけて」「もっと受け入れてあげて」「一番苦しいのは子どもなんだから」「気長にいきましょう」「長い目で見てあげて」「もう少し肩の荷を下ろして、気軽にいきましょう」というようなものです。このような言葉を、私の前に現れる人たちがあまりにも聞いてきているので、一般的にこのようなことが多く語られているのだと知ることができました。

このような言葉かけは、受け取った人は心配してくれて言っているのだからと思って聞いているようです。しかし、このような言葉かけを私は言わないようにしようと決めました。それは次のようなことがあったからです。

子どもの学校の登校が安定しないという理由で、ある母親が私のところにカウンセリングを受けにきました。話の成り行きで、現時点で私が大切に思うことがあり、それを伝えることに価値があると思いました。そこで「この時点で、私が、大切だと思うことは……」と言いかけた途端、その母親は「長い目で見るということですか？」と話したのです。つまり、これまでも何度となく、そのことを言われてきたのでしょう。

そのようなことを何度も言われることによって、そのことの大切さを認識できるということもあるでしょう。しかし、ありきたりのことを何度も繰り返すことによって、いったいどこに行けるのでしょうか。それも熟考を重ねたうえでそのことを伝えるのであればまだしも、言うに事欠いて、ありきたりの、無難なことを伝えるのはどうかと思うのです。

相談室の中で、このような無難なことばかりを繰り返すことをどのように回避できるのかについて検討する必要があると思います。私がこのような言葉をいっさい使ってこなかったわけではありません。苦し紛れに、このようなことを言ったことは何度となくあります。しかし、それを仕方ないと片づけるのではなく、会話を紡ぐ方法に取り組み続けたいということです。

一つのヒントは、今まで何度となく話をしてきた、ダブル・リスニングでしょう。問題からの影響を聞きながらも、問題に対してどのように影響を及ぼしているのかに耳を澄ませていくということです。

問題がありながらも、そのことに対してなんらかの抵抗をしているということなのです。抵抗とは、問題を封じ込めるのに成功するということではありません。抵抗とは、問題を無視したり、知らん顔したりするような、一見些細なことも含めて抵抗と見なすのです。

学校の職員室で、手厳しく指導されている子どもたちを見ているとそのような抵抗がよくわかります。怒られている間、一応は神妙にしていますが、よく観察していると話を聞いていないのがわかるときがあります。馬耳東風といった感じでしょうか。職員室で、そのようなときに私と目が合って、聞いていないのがばれたかというような顔をしている子どもが思い出されるのです。

問題が存在していても、そのようなことを気にせずにいたこと、その存在を無視しようとしたことなどが見えてくることがあります。語りの中で自然と浮上してくることもあれば、問いかけの助けを借りて、話し始めてくれることがあります。そのような質問とは、次のようなものが考えられます。

- その「問題」があるにもかかわらず、それができたのはどうしてなのでしょうか?
- その「問題」があるにもかかわらず、そのことに影響を及ぼさないのはどういうことなのでしょうか?
- その「問題」は、〇〇さんとの人間関係に無力であるのはどうしてなのでしょうか?

また「どうしたいの?」と訊きたくなったときには、「この『問題』に対処するときにどのような考えが今まであったのでしょうか?」「この『問題』に対して、今まで実行できなかったとしても、どのような対処方法を考えたことがありますか?」「何か実行に移しかけたことがありますか?」というものが質問の候補としてあがってくるでしょう。

ここで、どの時点で話すように問いかけているのかについても注意してほしいと思います。これは、すでに何か有益なことを成し遂げたということにとどまらず、ほんの一瞬でも「もしかしたらこれをしてみようかな」というようなところを聞こうとしているということです。一瞬でも考えたことを言葉にすることによって、改めてその選択肢を検討することができます。口にしてみて、カウンセラーがそのことを取り上げて「そのことについてもう少し教えてください」と投げかければ、その選択肢についてより語る機会を手にすることができるでしょう。そのうえ、どの程度なら、あるいは、どういう形なら実現できるのかの話をすることができれば、その選択肢に着手する可能性が広がるというものです。これは、元をたどれば、「ふと思ったこと」です。それでも、私から提供されたものではなく、自分自身の中から出てきたものなので、はるかにこちらのほうに可能性があるでしょう。

3節　人からの問題に対する影響を探索する

(1) 影響相対化質問法の後半(マップ2):再著述する会話に向けて

影響相対化質問法の前半で、問題などを外在化しながら問題からの影響を描写していくときに、ダブル・リスニングという姿勢で聞いていくと、影響相対化質問法の後半、つまりは再著述する会話、マップ2につながるところが見えてきます。

この後半では、自分自身のことを「うつ病だからダメ」「不登校だからダメ」「出社できないからダメ」という語りではなく、他の視点で語っていける会話に誘っていきます。これ以降を無理矢理しても相手はついてこないので、ダブル・リスニングという姿勢を維持しながら、今までの語りを別の視点で聞いていくことが必要になります。つまり、「どのように人の話を聞くのか？」ということは、実に大切な点になるのです。

また日常において、私たちに馴染みのある言葉の使い方は、私たちの会話を促進するのではなく、抑制として働くことがあるということを指摘しておきたいと思います。つまり、慣れ親しんでいる語りをすることによって、クライエントとの関係性にマイナスの影響を与えてしまう可能性すらあるのです。そのため、ナラティヴ・セラピーを使い始めると、ふだんの表現をだんだん使えなくなると感じ、言えることがずいぶんと狭められると感じることが往々にしてあります。

それは、新しい言葉の使い方を同時に身につけていかなければいけないところなのでしょうが、この二つのプロセスを同時にバランス良くできるとは限りません。そこで、最初にナラティヴ・セラピーを学ぼうとすると、自分の使う言葉をどんどん否定されていくように感じることがあるのです。この移行期をうまく乗り切ることが、ナラティヴ・セラピーを身につけるうえで大切になると思います。

それは、単に頭で理解するだけでなく、練習によって身につけるものだとも思うのです。すべての言葉の使い方を一気に移行することは無理なので、一つか二つ、興味を持った質問を使うところから試してみるというのが自然なのではないでしょうか。そして、その質問で帰ってくる返答の質、つまりは語りの違いを感じてほしいと思います。

〈再著述する会話〉ですが、今までの視点からは異なるところから、どのようなことができたのか、その意図は何か、そして、同じような意図を持ってできたことは他にはあったのかなどについて聞いていきます。この流れが出てくると、カウンセリングでの会話に弾みがつき、今までとは違った語りが出てくることに驚くのです。そして、会話の場面が、新しい意味の生成の場であるということがよくわかります。毎回のようにこのことを味わうことができるわけではないのですが、カウンセリングという仕事に就いていて良かったと思えます。

これには、どのような問いかけをすることが、その人をめぐって豊かに描写することにつながるのかという課題への取り組みが不可欠になるのです。このところは、ナラティヴ・セラピーの醍醐味であり、ナラティヴ・セラピーがうまくはまったときに、その可能性を強く感じることができます。

この内容については、別途ワークショップを企画して、しっかりと取り組みたいと考えています。今日はここでは、二つの風景をめぐって語りを厚くしていくのだということを説明していきます。

(2) 行為の風景とアイデンティティの風景

ナラティヴ・セラピーでは、語りには二つの側面があると見なします。一つを「行為の風景」、もう一つを「アイデンティティの風景」と呼びます。行為の風景とは、そのストーリーの〈題材〉であり、プロットを構成する一連の出来事を示します（White, 2007／邦訳66－67頁）。一方で、アイデンティティの風景とは、その行為の風景に付属する意味合いであり、価値なのです。

私は最初、風景という言葉がどのようなニュアンスで使われているのかよくわかりませんでした。違う言葉で表現するとすれば、どのように表現できるのだろうかと考えたのですが、「描写」という言葉を当てることができるのではないかと思いました。

さて、少しずつ説明していきましょう。たとえば、みなさんは朝起きて、電車に乗って、歩いてこの会場に来ました。このような一連の出来事の羅列は、行為の風景と見ることができます。多くの場合、そのような語りに終始してしまうことがあるでしょう。ここには、動きとしてはイメージできるだけの素材が用意されているにもかかわらず、そこに伴う意義、意味、目的、大切にしていること、ふだんとは違うこと、気づいたこと、しようと思ったけどしなかったこと、しようと思ってしたこと、などについて触れていません。

たとえば、クリニックに受診したという話を考えてみましょう。昨日何をしたのでしょうか、という問いかけに対して、なんらかのクリニックに受診してきたということ報告してくれたとしましょう。行為の風景という点でいえば、「クリニックを受診した」ということに加えて、何のクリニックか、いつ行ったのか、どこのクリニックに行ったのかということを問いかけていくでしょう。

その側面に対応すべく「アイデンティティの風景」を尋ねるとすれば、「あなたにとって、昨日クリニックを受診できたことはどのような意味があったのでしょうか？」「昨日クリニックに行ったのは、どのようなことだったのでしょうか？」などとなります。そうすれば、「定期的に通っているのです」という答えから、「本当に何年も悩んで昨日、やっと行くことができたのです」などといった答えまで、さまざまな返事が返ってくる扉が開かれるということです。このような側面が人のストーリーに加味されると、そのストーリーの持つ意味合いが変わってくるのは理解できると思います。

つまり、人の話を聞くときに、「何をしたのか」「何ができたのか」ということだけではなく、「それはどのような意味があるか」「どのような意義があるのか」「どのような目的を伴っているのか」「どのような希望を反映されたものか」という側面を語ってもらうということです。たとえ、今日カウンセリングを受けにきたということでさえ、このような側面のことを語ってもらうことができるでしょう。

さて、この対になっている風景ですが、行為の風景からアイデンティティの風景を見るということに限りません。アイデンティティの風景から行為の風景を見ていくことができます。どのようなことかというと、カウンセリングに来る目的は、子どものためであるとしましょう。そうすると、同じような目的を持った行為について尋ねることができるということです。「カウンセリングに来る目的は、子どものために早く良くなってあげたいということでしたが、そのような目的を持っている取り組み、あるいは、やろうとしていることなどがあるのでしょうか？」と尋ねるのです。

すると、それに関係したことを自分の生活の中から見つけ出してくれるでしょう。たとえば、「買い物に行くときにはできるだけ歩くようにしているのです」といったようなエピソードが出てくる可能性があります。そうして、これをめぐってアイデンティティの風景を語ってもらうことができます。「買い物に行くときに歩くことによって、何を成し遂げようとしているのでしょうか?」というようなことです。するとこれは、子どものためでもあるし、たとえば「自分の体力のためでもある」という語りが出てくるというわけです。

このように行為の風景とアイデンティティの風景の二つを行き来しながら、その人の描写を厚くしていけるということです。

(3) 話すことによって存在しているということ

「Speaking into Existence」という表現があります。「Existence」というのは「存在」という意味ですが、私たちが語ることによってそこに存在することになる、ということです。話すことの意義を理解するために、大切な視点であると思っています。私たちは、話していくことによって存在していくのであり、語ることは、意味の生成であり、その人がそのように存在しているのだという声明となるのです。

デイヴィッド・エプストンが日本に来たときに、話していたことを思い出します。自分のクライエントが不慮の事故かなんかで亡くなってしまったときに、その人のお葬式で弔辞を読む人が必要であったとしたら、自分が手をあげたいというのです。つまり、カウンセリングの中で、その人がどのような人であったのかについてしっかりと語ってもらっているからこそ、その人の葬式で、その人のことを語れると思うのでしょう。

カウンセリングをしていて、その人の苦悩や困難を含めて、その人がどのような人であるのかを知っているのは唯一自分だけだろうという状況があります。この状況は実は大袈裟ではなく、時にそのようなことがあるのです。そのときに、その人が存在しているということの証人は自分だけなのです。そして、その私は、どのような側面のことを知っていたいでしょうか。私は、その人ができなかったこと、失敗したこと、苦しんだこと、孤立したことのような側面だけで、その人という人を知っているだけでは不十分だと思うのです。

デイヴィッド・エプストンの思いはここにあると思うのです。カウンセリングで話される事柄は、その人がこの世に存在していたということの証しとなるのであれば、どのような話をしてもらいたいのかということです。どのようなことを語ってもらいたいのかです。私は、ナラティヴ・セラピーをしていながら、問題解決とか、アドバイスするとかという次元ではなく、その人の人となりをしっかりと語ることができるためには、どのように問いかけることができるのかということに取り組んでいるのだと思います。

さて、影響相対化質問法の後半、つまり再著述する会話については、このワークショップでカバーするにはあまりにも時間がありませんでした。ここについては、日を改めてしっかりと検討する機会を作りたいと思います。

(4) 再著述する会話

『ナラティヴ・セラピーの会話術』(国重 2013) の中で、再著述について1章分を当てて述べているものの、十分に言語化できなかったと感じています。なぜならば、「人生の語り直し」「人生の再著述」のような言葉からは、ここに対する取り組みが仰々しく感じられたからだと思います。

再著述や共著述は、どのような状態になれば、オルタナティヴ・ストーリーが生じたと理解してよいのか、著者の中でまだ明確な形とはなっていません。カウンセリングのかかわりをとおして、表情、態度、発語などが大幅に豊かになり、時には学校生活に、時には社会生活に戻っていった人たちに付き添ったことが何度もあります。しかし、ナラティヴ・セラピーにおける再著述や共著述という視点からは、どのように理解してよいのかわからないままで終わってしまうことも多々ありました。

これは筆者が、オルタナティヴ・ストーリーに対する完成度や浸透度を高いところに設置してしまったために、再著述とみなすことができないだけという可能性もあります。相談に来た人が話をしてくれるさまざまな挿話を集め、それを、オルタナティヴ・ストーリーであるとしてしまう可能性もあるでしょう。実際、ナラティヴ・セラピーの文献を読んで、その程度でオルタナティヴ・ストーリーとしていいのだろうか、と感じることもありました。（国重 2013）

『ナラティヴ・セラピーの会話術』を書いているときには、ナラティヴ・セラピーに取り組むコミュニティが身近になかったことや、人に伝える機会もあまりなかったことから、再著述のところをしっかりと言語化することができないままでした。

日本キャリア開発研究センター（ＪＩＣＤ）が人に伝える機会を作ってくれたので、この再著述する会話については、徐々に言葉になってきています。それは、「ふだん使いのナラティヴ・セラピーのダイアログ」を経て、「ナラティヴ・セラピーの再著述」でよりしっかりと表現できるようになったと感じています。再著述する会話については、次の書籍でしっかりと取り組みます。

ダイアログ【さゆりさん】「オレンジ色に見える世界」

さゆりさんは、社会福祉の領域で働く心理カウンセラーです。あることがきっかけで、親しい親戚との関係が「ギクシャク」してしまいました。そのことについて相談したいので、ナラティヴ・セラピーのワークショップで行なったデモンストレーションで、クライエント役になってくれました。

会話のポイント▼と本文とのリンク情報

カウンセラー1

▼会話の導入

第3章1節　p.63
ナラティヴ・セラピーの進め方

▼位置づけへ招待する

第7章1節(3)　p.172
位置づけへの招待

カウンセラー1　今日ですね、カウンセリングを受けていただくということだったんですが、どの辺から話せるかわかりませんけれども、話せるところから、ええと、話せる順にですね、話していただけたらと思いますので、あんまり理路整然と話そうとする必要はなく（さゆり、以下S：あ、ありがとうございます）、ゆっくり言葉にできるところから話してもらえたらと思いますので、よろしくお願いします。

私の緊張や話すことを詳細には決めていないことを前日から話してきたので、理路整然と話さなくても思いついたまま話していいという場にしてもらえたと思って、ありがたかった。

さゆり1　今日は、私のいとこと叔母との接し方について、ちょっと最近、こう、今までと違うような感覚がありまして、で、お正月やお盆に定期的に会うのでもうそろそろその時期なので、今度会うときに、うーんと、どんなふうに接したらいいのかなというのを一緒に考えてほしくて、手をあげました。

カウンセラー2　なるほど、わかりました。じゃあそのことについてもう少し教えてもらっていいですか。

さゆり2　はい、えーっとー、いとこはですね、ほんとに姉妹同然のように、小さい頃から過ごしてきました。女性です。で、叔母は、それこそ私の母親同然のようなかたちで、母親が仕事に行っているときに面倒をみてくれたっていう、ものすごく、あの、信頼している人です。いとこも私なりにずっとかわいがってきた、かわいいなと思ってきたいとこです。いとこなんですけど、今20代なんですが、大学生の頃から適応障害で、あ、すみません、パニック障害だ、はい、パニック障害で苦しんできて、その様子もずっと見てはきたんです。けれども、なかなか何をできるということもなく、会ったときには普通にこう、接しているという仲だったんです。けど、それこそ去年のお正月に、はい、年に2，3回ずつ会っているんですけど、去年のお正月に会ったときにですね。えーっと、だいぶお互いにお酒も入りまして、お酒が入ると彼女いつもなんですけど、ずっと過去の自分が受けてきた仕打ちというか、つらかったことについて話すんですね。私も最初は、話を聞くくらいはできるだろうということで、ずっと聞いてはいたんですけれど、だんだん腹が立ってきてしまって。で、ちょっとこうきついことを言ってしまったんですね。で、それがやっぱり本人にとって、あ、こう、すごく感受性が強い子なので、傷ついたんだと思うんですけど、その後やっぱりギクシャクしているというか、で、お盆も本当は会うんですけど、会わなかったんですね、私が行かなかったんです。で、ちょっとそのギクシャクですね、ギクシャク、はい……。もうちょっとですか？

カウンセラー2

▼教えてもらうという姿勢で語りかける

第1章4節（2）p.47　語りに影響を与える文脈

第2章2節（1）p.57　クライエントという立場と、そうではない立場

第3章1節（2）p.67　新しい立ち位置からの新たな語り

第6章1節（2）p.159　「うつ病」を例にとって

第6章2節 p.163　脱構築と〈会話〉

第8章1節（2）p.189　会話のスタート

お正月のことを思い出したら、少しつらくなった。ギクシャクをどう続けていけばいいかわからなかった。

カウンセラー3　いえいえ、今区切りですね（S：はい）。ええと、このギクシャクがあることっていうのは、ええと、さゆりさんにとってね、どういうものになってしまっているというか、これがあるためにこんなね、カウンセリングを受けたいと思ったり、いろいろ考えることになったと思うし、いろんな影響が与え、出てきたと思うんですが（S：あー、そうですね）、このギクシャクがあることって、どういうものになってしまっているのか教えてもらっていいですか？

カウンセラー3

▼「このギクシャク」という外在化する会話

第1章4節（2）　p.47
語りに影響を与える文脈
第7章　p.168
外在化する会話法

▼問題からの影響を描写する

第3章1節（1）　p.64
影響相対化質問法
第8章2節　p.191
問題からの人の人生に対する影響を探索する

去年の一月から感じていたことだけでなく、もっと前からあった感情のようなよくわからないものが頭の中にわーっと出てきたのを感じて、鼓動が上がって、まずいと思っている。何を話していいかわからないまま、とりあえず口を開いている。

さゆり3　あ、なんか今すごくいろんなことが、あのー、まずこう、な、なんとなく去年のお正月から、こう、自分が笑えないというか、笑ってはいるんですけど……。（しばらくの間）早いですね（涙がもう出てきてしまったので）、ちょっとこう笑っちゃいけないような感じがずっとしていて……。もたらしているのは、罪悪感ですね、はい。

ワーッと出ていることをどこまで話していいのか戸惑っている。「罪悪感」というワードが自分の中にあることには前から気づいていたので口にしやすかった。

カウンセラー4 罪悪感、はい。

さゆり4 はい、あのー……。今、ワーッと出てきて、しまいそうなんですけど（涙を拭いながら）……。

カウンセラー5 あんまり一気に出そうと頑張らないで、ゆっくりでいいですから。

ゆっくりでいい、と反芻して深呼吸しながら落ち着こうとしている。

さゆり5 はい……、ま、言ってしまったことへの罪悪感はもちろんで、それについては、すぐこう、手紙を書いて、去年のお正月すぐ、謝ったは謝ったんですけれど……。なんか、ついつい自分がこう、そんなに文句ばっかり言っているんだったら、もっとあなたも何かしたらいいじゃないのみたいな、ことを言ったんですけど。まあ、こう、回り回って聞く話によると、あのー、本人もバイオリンを習い始めたりとか（カウンセラー、以下C：へえー）、はい、頑張って、頑張っているというか、何か自分を行動しようっていうふうにさせているのを見ていて、なんか、こう、無理矢理させてしまったんじゃないかなっていう、はい、そんな、あの、そんな気持ちも勝手にしていたり

カウンセラー4
▼**相手の言葉を使う**
第3章2節（1） p.72
相手の使う言葉を使うということ

とか……、そうですね、はい。

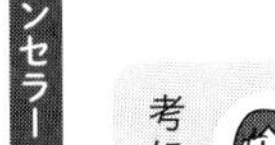

バイオリンはいとこが好きでやり始めて大事にしているものかもしれないのに、私がやらせたようなものだと解釈するのは失礼だと思った。その思考に気づいたら少し冷静になったのを感じた。

カウンセラー6　はい。

さゆり6　うーん。ほんとにちょっといろんな罪悪感が出てきちゃったんですけど、あのー、叔母にですね、はい。いとこに対してはそれなんですけど、叔母に対しては、もっと昔からの罪悪感っていうか……うーーん……あの、非常に面倒見がいい叔母なので、きっとあの母からお願いされて、あの、とてもほんとにあの、いろんなものを注いでくれて、育ててくれたんですけど、その分きっといとこへの時間だったりとか、愛情だったりとか、そういったものがこう、かけられなかったっていうふうに叔母が話しているのを聞きまして（C：聞いて）、はい、それはだいぶ前なんですけども……。それは、いとこ、自分の子どもに対して悪かったっていう思いで、話しているだけで、そのことを私に何か訴えているわけじゃないんですけど、なんかそこが、ほんとにやっぱり、そうですね、申し訳なかったなっていう、気持ちです。

落ち着いたら、さっき言えなかった他の罪悪感が出てきた。叔母の話をするのは初めてで、話しながらなるべく感情的にならないように、抑えて話していた。

カウンセラー7 申し訳なかった。それを聞いてしまったためにね、まあ気持ちとしては申し訳なかった、って思ったってことなんですが、それによってどんなことを考えさせられたのでしょうか？

さゆり7 はい、あのー……いや、あのけっこう極端ですけど、いなきゃよかったな、とか（C：あー）……（涙で言葉に詰まる）。

自分で言った言葉の重さに衝撃を受けている。やっぱり自分はそもそも邪魔な存在なんだと感じて、脱力しそうになっている。

カウンセラー8 そうだったんですね……はい、ええと、今ですね、そのギクシャクということを少し聞いたんですけども、ええと、笑えないというか。ということは、それは罪悪感だということで、それに対してはね、手紙を書いていとこに謝ったんだけれども、やはり今年のお盆は行っていないというか、会えていないという。で、いとこと叔母ということがあって、叔母さん、叔母に対しても、なんか、面倒見がいいということなんで良くしてくれたんですね。またね、でそれはどういうことかっていったら、その時間、いとこにかけるべき時間がね、ということを聞いてしまったということで、自分がいなければばっていう考え。えー、このような、こうー、ところでですね、接し方ということで今日お話をしてくれたんですけども、今こういうのを抱えて、どんなことをね、願っているというか、どんなふうになりたいという思いが、今ってね、話をしていただいているのか。たぶん、何かね、そこにあるできるかどうかは別として、

▼**カウンセラー7**
「それによってどんなことを考えさせられたのか」という外在化の質問
第1章4節（2） p.47
語りに影響を与える文脈
第7章 p.168
外在化する会話法

▼**問題からの影響を描写する**
第3章1節（1） p.64
影響相対化質問法
第8章2節 p.191
問題からの人の人生に対する影響を探索する

▼**カウンセラー8**
聞いたことを要約して返し、自身が話したことを再確認できるように促す、そして質問によって相手により語ることを促す
第3章3節（1） p.83
質問によって相手に話すターンを託す

何か願いというか、こうあったらいいなというものが少しあるような気がするんですけど、少しそれをまずお聞きしてもいいですか？

どうでもいいような気持ちになって、どうしよう、話を続けられないと思っていたところに、カウンセラーが長く話し続けてくれたので、助かったと思っている。聞いてはいるが、あまり話の内容は入ってきていない。ぼーっと聞いているような状態の中、呼吸に集中しながら気持ちを落ち着けようとしていた。最後の質問もぼんやり入ってきたくらいで、あまり深く考えられていないが、何か二つあるなというのはわかって話し始めている。

さゆり8 はい、ありがとうございます。二つあるなって思いました。

ありがとうございます……は、涙を止めてくれたことへの感謝だった。このまま泣き続けてしまったら何も話せなくなると内心焦っていたが、涙が止まってよかったと落ち着いてきている。そして、どうありたいのかという質問について考えが浮かんできている。

カウンセラー9 はい。

さゆり9 一つは、こう、なんか、ギクシャク感がなく、昔のように、あのー、笑ってお酒飲んでっていう、はい……それが一つと。あともう一つは、これはちょっと難しいんですけど、私がやっぱりいとこの今のつらさだったりとか、そこに何かできないかなっていうのが一つで、叔母に対する贖罪っていうのが、浮かばないので、いとこに関わることが、こう、叔母の助けになるかな、っていう気がしています。

カウンセラー10　はい、えっとー、今二つ言ってくれたので、一つずつちょっと、なんていうか別々に、まあ、関連するかもしれないですけど、一つひとついきたいと思うんですがー、あのギクシャク感がなくっていうことだったんですが。ちょっと表現でね、少しあのー、聞いてあれっていうか、どうなんだろうって思ったのが、ギクシャク感がないことを望んでいるとおっしゃったあとに、次のは少しこっちのほうが難しいんだっていうことで、あのいとこのつらさにね何かできないか、っていうので。ですのでそっちがまあ難しいとお聞きしたんですけど同時に、ギクシャク感よりもそちらが難しいということで、ギクシャク感のほうがまだ、何かね、できる余地があるのかな？なんかどんなこう、二つ聞いて、こっちが難しいと聞いたけど、こっちもなかなか難しそうな感じでずっと聞き始めてたんですが、なんかそうやって並べたので、こっちは何か少し手というか、考えというか……。

▼会話を続けるための文脈を提供する
第1章4節　文脈の話　p.45
第2章2節　相手に文脈を提供する　p.56
▼異なる視点から語れないか誘う
第3章3節　ナラティヴ・セラピーの質問　p.82

さゆり10　ギクシャク感のことですか？

カウンセラー11　そうです、はい。

さゆり11　あー、それは、あのー、うーん、気にしない。

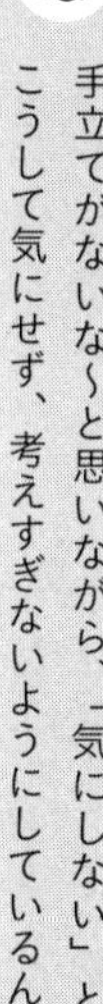
手立てがないな～と思いながら、「気にしない」と口にしていた。いつもこうして気にせず、考えすぎないようにしているんだよなと残念に感じた。

能天気な自分に比べて、いとこはきっと違うように考えて、具合悪くなるまで考えているんだよなと思って、申し訳なさと羨望のようなグチャっとした感情が湧いていた。

カウンセラー12 気にしない？（笑いながら）

さゆり12 はい、気にしすぎているだけだっていうのも、あるんです。あのー、叔母たちは許してくれる、許す……許してくれているっていうか、ちょっといとこはわからないので、たぶん、いとこが難しいんだと思うんですけど、そこは私が、はい、気にしないで、本来のガサツな感じでワーッとか騒いでいれば、なんかちょっと残りますけど、はい、正月行くことはできそうだなっていう。

ギクシャク…のほうがまだできる余地がある……、深い罪悪感をまた蓋をすればいいだけなんだけど……、やっぱりまた蓋をすることになるのかな、ちょっと残念なものは残るけど、まず話してみよう。

カウンセラー13 それはー、えっとー、叔母さんのね、どんなところを知っているから、たぶん知っているからね、なんかこういうアイデアがあるんだと思うんだけど、叔母さんのどういうところを知っているからね、こういうアイデアがあるから、心残りにしてもやればいいんだって思えるんですか？

カウンセラー13
▼相手の知っていることを表現してもらうように促す
第2章2節（1） p.57
クライエントという立場と、そうではない立場

「心残りにしても」という言葉が響いた。その気持ちはわかってもらっているなら、それをちょっと置き去りにしてよしとして、話を進めてみようと思った。

さゆり13　はい、叔母はー、ほんとに人の面倒を見るのが、何なんでしょうか、生きがいというか、私だけでなく近所のおじいちゃんおばあちゃんとかも全部、昔からあのー、ほんとに素敵だなと思うんですけど、だからそのことで、このことで私が何か悩んでいるっていうことは、たぶん、叔母は、また、なんていうんですかね、こう意に反することだと、叔母は望んでないということを知っているので……（涙）（C：うん、うん……）

叔母の話をしながら、叔母に寄りかかりたい感覚だった。自分の気持ちに蓋をすることも叔母を信頼しているからこそできるんだよなと話しながら思って、甘えているなと思ったが、でも叔母は人に甘えられる、頼られることが好きなんだよなと思い出している。

カウンセラー14　いわゆる、ギクシャクがそのー、なんか叔母さんとさゆりさんの間にあるということが、叔母さんは望んでいないんだと、その表現をしてもいいですか（S：はい）。それは、えっとー、すごく人をー、の世話って言ったかな？（S：面倒見が）あ、面倒見だ、そうそうそう、面倒を見るのを生きがいにしているんだと、それは意に反

カウンセラー14
▼相手の言葉を使う
第3章2節（1）p.72
相手の使う言葉を使うということ

することなんだということなんですが。そうすると、今さゆりさんがちょっとね、少しなんか持ってるかもしれないけど、昔のままでこうやって行ってあげる、行くっていうことはー、叔母さんにとってはどんな、どんな意味がっていうか、大切なことになると思われますか。

今自分の中で思っていたことを、そのまま話せばいいような、とてもやさしい質問で、すんなりと話せた。ますます落ち着けた。

さゆり14 叔母が築いてきたものを守るというか、（C：あー）はい、あの、自分の家にお盆正月には親戚がちゃんと帰ってきてくれるっていう（C：あー、そういうこと）はい。

カウンセラー15 じゃあ、さゆりさんがちょっと持っていたとしても、ギクシャクが多少ね、あったとしても、そこに行ってあげるというのは、叔母さんにとって大切なことをしてあげるっていうか、本人が守ってきたもの、築き上げてきたものっておっしゃいましたっけ？（S：はい）を、残してあげるっていうか（S：はい）、はあーー。

さゆり15 はい、行かないことで寂しがると思うんで……。

カウンセラー16 なるほどー。そうすると、今こうお話を聞いて、ギクシャクを多少抱えてもね、行くっていうことは叔母さんのためになるんだっていうことを知っていれば、さゆりさんにとって、なんか抱えてでも行くっていうことはー、どの程度こう違いがっていうかですね、こうー、やりやすくなるのか、それでもしんどい、なんか難

▼行為に対する意味を問いかける

第1章3節（4） p.40 クヨクヨすること
第3章2節（4） p.78 その「うつ」って、誰の言葉なのでしょうか？
第3章3節（3） p.87 質問の方向性
第4章2節（1） p.126 言葉とは
第8章3節（2） p.211 行為の風景とアイデンティティの風景

カウンセラー15 ▼聞いたことを要約して返し、自身が話したことを再確認できるように促す、そして質問によって相手により語ることを促す

カウンセラー16 ▼アイディアが実際に実現可能であるかについての程度を問いながら、問題からの影響を描写する

しいと感じるのか、どう思われますか、今話をされて、それでも行くっていうのは……。

抱えてても行くという姿を想像して、少しつらくなった。やっぱり蓋をしながら行くことになるのはつらいなと思っている。

さゆり16 うーん、前に聞いてしまったことを、どう、蓋をするというか（C：なるほど）……、それを一回思い出してしまうとやっぱり、難しいなって感じるんですけどー、思い出しさえしなければ、叔母も行けば喜んでくれるって思えば（C：うん）……、行けます。

カウンセラー17 なるほど。じゃあ今ひとつ、戻るにあたっての、なんか障害というか、なんかハードルとなるものが、前に聞いたことを思い出すということなんですが、これはどの程度厄介なものとしてというかー。

本音を言ってしまっていいものか、言ってもどうにもできないんじゃないかと思いつつ、まずは話してみようと思った。

さゆり17 あー、かなり厄介で、はい。これは解決するんだろうかって思うぐらい厄介ですね。

第3章1節（1） p.64
影響相対化質問法

第8章2節 p.191
問題からの人の人生に対する影響を探索する

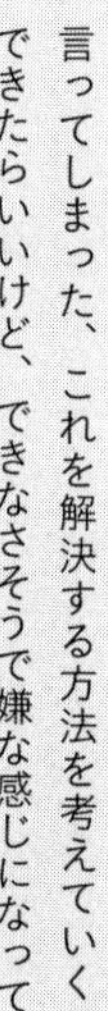

カウンセラー18 今どの程度、そのー、この前聞いたことが、さゆりさんの近くにあるというか……。

さゆり18 うーーん、もう、なんか、普通にこの辺にある（頭の右斜め横のあたりを手で描いている）感じですね。

カウンセラー19 で、今こう言ってくれたりとか、思い出したら、難しいって言いますけど、常にこうぱっと思い出すものではなくて、行くからにはやっぱり抱えていくことって考えたほうがいいですか？

質問を聞きながら、さっき感じた右斜めにあるものを自分の感覚として体の中で感じてみた。ずしっと腹の下に感じている。ずしっときているけど、お腹に感じてみたら、何かちょっと変化を感じた。

さゆり19 はい、はい、さっきちょっとなんかこう思わず口に出したもので（C：はい）……、ほんとにたぶん蓋をこう、していたものだったので、こう出してみたら、出してみたら、ちょっとこう近しくなれたというか……。

カウンセラー20 もう少しその辺を教えてもらっていいですか？

さゆり20　そのー、罪悪感ですね（C：はい）、その叔母が望んでいることがあるがゆえに、私が罪悪感を持つっていうこともやっぱりダメなことで（C：なるほど）。はい、なのでそれをこう言ったこともちろんなかったですし、出してみたらなんか、ちょっと色が変わったというか（C：はい）、今まではこう、黒い茶色い（C：黒い茶色い）はい、どす黒いものだったんですけど。ちょっとこうオレンジ、なんかオレンジが見えているからかもしれないんですけど（笑って）、はい、ちょっとオレンジな感じが、はい……。

話しながら何かが変化したのが視線の右上に写り込んできた。なんだろうと探ったら、ぼわんとした丸みのある光のようなもので、色が変わったのが見えた。視線を左のカウンセラーのほうに向けたらオレンジ色のコロコロ（スーツケース）があって、今見つけた光の変化に似ていたので、そのまま口にした。

カウンセラー21
▼オレンジ色に見えるというユニークな結果を拾い上げる

第3章3節（4）p.89 ナラティヴ・セラピーの語りとは

カウンセラー21　オレンジ色に見れるって、なんかどんな感じ、どんなふうに変わった、どんな感覚、表現が難しいことを聞いてる気がするんですけど……。

さゆり21　すみません、私の表現が……。

カウンセラー22　いやいやいや、オレンジっていうのを聞いたんですね。でもこう、オレンジに変わるってどんなふうに受け取り方が変わるというか、罪悪感の存在が変わるというか、あり方が変わるというか……。

さゆり22　その罪悪感、どす黒いものを触ろうとすると、ほんとに自分の存在がこう、危うくなりそうなものだったんですけど（C：はい）……オレンジは触れます。

体の中にどす黒いものがまた現れたらまた泣きそうになって、慌ててオレンジを触ろうとオレンジを探した。

カウンセラー23 オレンジは触れる、はい、オレンジは触れる。

さゆり23 ……（涙をこらえている）。

カウンセラー24 えっとー、罪悪感というものが触れる形になってくれると、なんか何が変わる、どんなもの、何が変わるんですか？

自分でもわからないな…、何が変わるんだろうと感覚を探っている。

さゆり24 うーん……。

カウンセラー25 なんか大きいですよね、触れないものが触れるものになっていくって……。

確かな答えはやっぱり見当たらないまま話し始めている。

カウンセラー24 ▼オレンジ色に見えることの意味を確認する

第1章3節（4） p.40 クヨクヨすること
第3章2節（4） p.78 その「うつ」って、誰の言葉なのでしょうか？
第3章3節（3） p.87 質問の方向性
第4章2節（1） p.126 言葉とは
第8章3節（2） p.211 行為の風景とアイデンティティの風景

さゆり25 そうですね、連れて歩ける、やっぱコロコロのイメージが（笑いながら）、連れて歩ける、はい。蓋を（C：そうですね、蓋をする）、お正月に行くときにもちょっとこう連れて（C：コロコロと）、はい（笑いながら）、連れて歩いて、そんなにこう必死になってそこに蓋をするのに労力をこう使わなくてもいい分、なんだろうな……ああ、ああ、もしかしたら、その連れて歩いているものを叔母に謝れるかもしれないです。

> オレンジと仲良くしようと思った。連れていこうと思った。連れていったら謝るときにそのオレンジがそばに居てくれる感覚があった。

カウンセラー26 あー、その、謝る、何についてだとか、その謝ることの、謝れることの大切さというか、もう少し教えてもらっていいですか？

> オレンジが現れて、それは敵ではないみたいだと感じて、なんかちょっと頼りになりそうなやつだということに驚きを感じている。

さゆり26 いやー、びっくり、えーっとー、はい、あのー、それを聞いたときにも叔母が私に言っていることではないっていうのがわかっていたわけなので（C：知っていたわけですよね）。はい、そのことについて私がそれこそチクチクしながらも、いとこの話としてそうだよねーって聞いていたんですけど。でも実はそのとき私は違った、

カウンセラー26

▼謝るという行為の意味を確認する

第1章3節（4） p.40 クヨクヨすること

第3章2節（4） p.78 その「うつ」って、誰の言葉なのでしょうか？

第3章3節（3） p.87 質問の方向性

第4章2節（1） p.126 言葉とは

第8章3節（2） p.211 行為の風景とアイデンティティの風景

▼教えてもらうという姿勢で語りかける

第1章4節（2） p.47 語りに影響を与える文脈

第2章2節（1） p.57 クライエントという立場と、そうではない立場

自分がごめんなさいというメッセージとして捉えて、それで申し訳ないと思っていて、そのことをやっぱり一度、ごめんなさいと同時に、そんなにしてまで育ててくれてありがとうってことが……言えたらいいなと思いますし、叔母にだったら言えると思います。

聞かれたことに答えているか、ちょっとぎこちない感じもあった。

カウンセラー27　じゃあ、今、謝れるって言いましたけど、えっとー、そのことをそんなふうに受け取ってごめんなさいということですか？

さゆり27　受け取って……うーん、いや、あのー、ほんとに自分の子どもを犠牲にしてまで育てて、育ててもらってごめんなさい、っていうのもおかしいですよね、それはありがとうなんですけど、犠牲にしてもらってごめんなさいですかね。

カウンセラー28　はい、そこの部分でね。でもそれは、ありがとうというのが対になったものなんですね？

さゆり28　はい、そうですね。だからこうオレンジのこう、輝きというか……。

オレンジの意味を言ってみたけど、それだけでもなさそうな、ちょっと違う意味もありそうにも感じている。

第3章1節（2）p.67　新しい立ち位置からの新たな語り
第6章1節（2）p.159　「うつ病」を例にとって
第6章2節　p.163　脱構築と〈会話〉
第8章1節（2）p.189　会話のスタート

カウンセラー27
▼会話で生まれたものを確認する

第3章3節（2）p.85　質問に答えることによって
第3章3節（4）p.89　ナラティヴ・セラピーの語りとは

カウンセラー29 あー、なるほどなるほど。ごめんなさいと、ありがとう……。で、今ですねーちょっとこう僕の読みすぎかもしれないんですけど、なんかこう、話をしてね、叔母さんに謝れる感じを持ったと（S：はい）、聞いたし、なんか表情から感じたんですけど（S：はい）、なんかそんなこう、なんかこうできそうな感覚というか、身近にある気がしますか？

さゆり29 はい、すごく感じています。あの（C：イメージが）湧いているのが……。

> できそうか…頭の中では見えている。オレンジへの注目をいったん置いて、謝ることを考えてみようと、気持ちも落ち着いてきている。

カウンセラー30 はー。

さゆり30 良かったです。

カウンセラー31 で、それをね、謝ること、ごめんなさい、と言うことと、ありがとうって言うことによって、なんかこう叔母さんとの関係、ギクシャクっていうのが入ってしまったんですけど、なんかどうですか、これからどう接していったらいいんだろうかということについて（S：はい）、何か少し可能性だとか、少しなんかこう先の見える感じを提供してくれるものですか？

さゆり31 はい、はい、たぶんもう叔母も私も大泣きで（涙が出てきた）（C：ああ、なるほどな〜）。はい、洗い流す感じになると思いますし、そこからまたたぶん別な関係、もっとこう、一緒に協力していける、はい、はい……。

カウンセラー29
▼アイディアが実際に実現可能であるかについての程度を問いながら、人からの問題に対する影響を描写する。

第3章1節（1） p.64
影響相対化質問法

第8章3節 p.209
人からの問題に対する影響を探索する

一緒に協力していける……言葉が詰まったのは……何を協力するかといったらいとこのことだなと思ったが、どう協力するかは見えなくて、言葉に詰まった。

カウンセラー32　はい、ここまで話しをしてきてですね、少しええと、もう一つのおっしゃってくれた、ええと、いとこに対してですね（S：そうですね、はい）、できることですが。叔母さんとね、こうやって、まあごめんなさい、ありがとという形で、まあ二人が大泣きすることができたら、この一緒に協力していけるということなんですが。このところに来る、来てから、この二番目のね、いとこのつらさになんとかできないかっていうことを考えるとすれば、何か見えるものとか、やれそうなこととか、アイデアとか何かありますか？

カウンセラー32
▼叔母との関係に対して何かできそうだという感覚を持ちながら、いとことの関係を語るという文脈を提示する

第1章4節　p.45
文脈の話

第2章2節　p.56
相手に文脈を提供する

いとこのことに考えが移っているのを、なんでわかったんだろうとびっくりした。こういう流れで話せるカウンセラーがすごいんだなと考えていた。

さゆり32　難しいですねえ。協力するって言ったときに、やっぱりいとこの顔が浮かんできたので、はい、そっちなんだと思うんですけど、いやー難しいです、ちょっと……。

カウンセラー33　はい、もう少し感じてるね、見えている難しさをもう少し教えてもらっていいですか？

カウンセラー33
▼アイディアが実現可能であるかについての程度を問いながら、問題からの影響を描写する。

第3章1節（1）　p.64
影響相対化質問法

協力する姿のイメージを少し頭の中に置いていたら、怪訝そうないとこの顔が浮かんできた。

さゆり33　ん、やや、これはあれですね複雑な、あのー、タッグを、タッグを組むというか叔母と協力することは、なんか私はすごくこう晴れ晴れとした気持ちに、今想像しただけでもなってたんですけど。なんかそうするとかえってまた、いとこが一人になってしまう、一人というかー、私がまた叔母を取っていったというか……。そうなんですよねー、なんか、たぶんいとこは自分よりも叔母が私のほうを大事にすると思っているんじゃないかみたいなところが、いとこにはいとこであるような気がして（C：はい、はい）、難しいですね（C：なるほど）。

自分がしようとすることが何のためなのか、結局は自己満足、わがままなんだと残念に思った。

カウンセラー34　じゃあ、今の抱えている難しさっていうのは、叔母さんと一緒にこうやるということは、いとこになんらかのメッセージを与えてしまう（S：はい）、という難しさですね。はい、じゃ、それをね、まあえっとー、その側面を活用するかどうかは少し検討を要するっていうのは聞いたんですが、このーそれ以外にですね、このいとこのつらさに、何かしらできることとかー、何かアイデアっていうのはあるんですか？

第8章2節 p.191
問題からの人の人生に対する影響を探索する

▼教えてもらうという姿勢で語りかける

第1章4節（2） p.47
語りに影響を与える文脈

第2章2節（1） p.57
クライエントという立場と、そうではない立場

第3章1節（2） p.67
新しい立ち位置からの新たな語り

第6章1節（2） p.159
「うつ病」を例にとって

第6章2節 p.163
脱構築と〈会話〉

第8章1節（2） p.189
会話のスタート

カウンセラー34

▼ユニークな結果がないか探索する

第3章3節（4） p.89
ナラティヴ・セラピーの語りとは

いとこになんらかの「メッセージ」って、絶妙な表現だなと思った。いとこに対してはやっぱりわからないから、話しながら考えようと思った。アイデアもイメージもないけど、話している。

さゆり34　今まではとにかく、話したいように聞くっていうだけだったんですね……。でもそうすると、あのいとこはいとこで、叔母、私の叔母である母親への、やっぱりその幼少期から私、自分はほっとかれたっていう（C：うん、なるほどね）不満の話になってくるので、イラっとしてしまうんですよ……。こんなにいいお母さんがいて、何をそんな贅沢な（C：なるほど）、はい、聞くのもやっぱ難しい感じがして……ちょっとアイデアは出てこないです。

カウンセラー35　はい、えっとー、少しじゃあ立場をね、少し立場を変えて考えたい気持ちになっているんですけども（S：はい）。このいとこから見たら、えっとさゆりさんの存在ってどういう存在で今まできていて、どういう役割だったというふうに、そのいとこは感じてるんだろう、感じてたといったほうがいいかもしれないんですが……。

カウンセラー35
▼異なる立ち位置から語るように促す
第3章1節　ナラティヴ・セラピーの進め方　p.63

いとこの視点って、なかったな…。想像してみたいと思った。

さゆり35　うーん……重たかったと思います。はい、あのー……自分でいうのもあれですけど、わりとあの優等生のほうだったので、なんかこう、やっぱり狭い地域なので、近所でもこうわかるんですよね。で、いとこはいとこで、あ、さゆりちゃんちのあれだねっていう見方をずっとされてきたと思いますし、私もいとこに偉そうにしていたところがあったと思います。

いとこにしたら自分のことが憎く見えてきた。自分の害をまた感じ始めている。

カウンセラー36 はい、はい、はい。それにもかかわらず、そのいとこはね、えっとー、年に2、3回はね会って、こう一緒にいるっていうのは、どうしてそうあのー、いとこはそういうことをし続けることができたんだと思います？

ポジティヴに見てみるように促されているのかなと思い、そうしてみようと探ったが、やっぱり難しかった。

さゆり36 いやー、あー、そこが自信ないですねー。叔母がこう待っててくれるっていうのはわかるんですけど。いとこはなんかもしかしたら、盆正月、あーまたあの、うちの家族がこう来るっていうのが、なんかもしかして疎ましかったんじゃなかった

カウンセラー36
▼**「それにもかかわらず」今まで関係性があったことについて語ってもらうよう促す**

第3章1節 p.63
ナラティヴ・セラピーの進め方
第8章2節（4） p.198
〈問題〉の勢力範囲

かなっていう気もしますし……。でも、お母さん、あ、叔母が歓迎するので、そこは一緒にいなきゃいけないしとか、なんかほんとはしたくないことなんじゃないかなっていう気がしてしまいます。

> やっぱり良くは見えない。

カウンセラー37　はいはいはい、なるほど、それでも今ね、今話を聴いているかぎりにおいては、さゆりさんにですね、相当なんか昔あったこととかを訴えて、同じことかもしれないけど、何かを伝えようとしている、こう、何をこう、こうしようとしているというかー……。

> 何をしようとしている？　私への恨みつらみを話しているだけと思ってしまうけど……もうあんまりそういうことは言いたくない。別なことはないかなあと探って、とりあえず話し出してみた。

さゆり37　……そうですねぇ、なんか話は聞いていても、そこらへんがー、私も、わかってなかったんですね……。ちょっと今パッと出てくるのは、あのもう……パッと出てくるのは、誰もこう話をもう聞いてくれないんですよ。自分の話を、私はなんかこうある程度こういう仕事をしているので、うん、とりあえず聞いてくれるから話しているとしかちょっと今出てこないです。

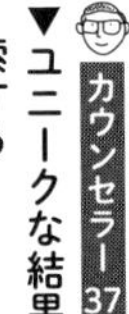

カウンセラー37
▼ユニークな結果がないか探索する
第3章3節（4）p.89
ナラティヴ・セラピーの語りとは

カウンセラー38　そうすると、ええと、いとこのね、ことを少し、なんか考えてみると、周りは誰も聞いてくれない状況に置かれていると。かろうじて、いとこのさゆりさんという人だけが、まあ職業もあるけれど、聞いてくれてたんだという可能性……。今ぼく繰り返したんだけども、あーあるかなっと思いますか？　それとも、どんなふうに今の僕の繰り返しを聞きましたか？

可能性……繰り返した……。ああ私が言ったのかな。そういう関係もあった気がする。

さゆり38　あー、3、4年前はあったと思います。よく一緒にお酒も飲みましたし（C：はい、えー）。はい、そんなときは、ありましたねー、はい。

カウンセラー39　なるほど。

さゆり39　……そうですね、去年のお正月以前からやっぱりだんだんなんかちょっと、その関係がなかった気がします。

カウンセラー40　なるほど。それは何がこう影響したんだと思いますか。

さゆり40　さっき、先生に言われたそのー、いとこが何を訴えたいのかっていうのが私もわからないまんま、なんかひたすら我慢して聞いていたことが、やっぱり変な会話というか、私も疲れちゃったっていう。ちょっと意味を見出せなくなっちゃったってことだと思いました。

疲れていた感覚を思い出しながら、疲れていった理由を噛みしめている。

カウンセラー41　いま、ちょっと想像ですけど、いとこのさゆりさんという人だけが話を聞いてくれるんだと。それを知った今、だから、だからね、やっぱり話をして酒を一緒に飲んで、ということなんですけど。それを今ちょっとね理解したとすれば、どんなふうなこう、姿勢というか、どんなふうに関わろう、意味というかそれも少し変わるような気がするんですが、どうですか、それをちゃんと握りしめて関わろうとすると、何かこう気持ちが変わりそうな気がしますか。

カウンセラー41
▼「それにもかかわらず」今まで関係性があったことについて、粘り強く語ってもらうよう促す
第3章1節 ナラティヴ・セラピーの進め方 p.63

意味……いとこが何を訴えたいのか考えながら聞けば意味は持てる。意味があれば、また話そうと思えそうな気がした。

さゆり41　そうですね、はい、やっていることは変わらず酒を飲んでだと思うんですけど。でも、聞けばいいんでしょ、みたいな聞き方ではなく、何を訴えたいんだろうと、思って聞けば、また新しい付き合い方ができる気がします。

カウンセラー42　もうこれだけね、ずーっと聞いてきたと思うんですけど、何かそういう立場で、なんていうかな、やれそうな感じですか？

カウンセラー42
▼「また新しい付き合い方ができる気がする」というユニークな結果を拾い上げる
第3章3節（4） ナラティヴ・セラピーの語りとは p.89

さゆり42　そうですね、そのー、聞けなくなったのはやっぱり、彼女が叔母のことを責めるのが私が聞きづらかったので。はい、聞きにくくなっていったんですけど、さっきのその叔母に謝って、感謝してってことができた段階で、なんかちょっと違う気がするんですよね、その、彼女が母親を、責める言葉も……前は、贅沢な、何言ってんだって思ったんですけど。どうだろうな、どうなるんだろうな、ちょっとわからないです、叔母とのことが終わってないので……。

カウンセラー 43　そうだよね、まだ段階としてはね、だからまだ仮の段階として次に進めているので、まだわからないにしても、でもちょっと仮のままね、行きたいと思うんですね。ちょっといとことの関係で、なんかその姿勢のほうをね、もう少しね、もう少しっていうかちゃんと握りしめてなんかいる可能性って大切なんだろうか、それとも、もっといろんなアイデアを考えなくちゃいけないんだろうか？　このカウンセリングの場でですね。

カウンセラー 43
▼拾い上げたユニークな結果の可能性を確認する
第3章3節（4）p.89 ナラティヴ・セラピーの語りとは

わからないけど、仮で…もう少し考えるのかな…、いやちょっと集中が切れそうだな。

さゆり 43　いや、この、この感覚で、ええと……叔母を守ろうとしなくてよくなると思うんです、はい、お前何言ってんだって、私にとっても大事な叔母なので（C：はいはいはいはい）。叔母とこう洗い流せれば、はい、そこの立ち位置がもうちょっと彼女に近づけると思うので、はい、その感覚で、ちょっとやってみたくなってます。

叔母をかばう気持ちって何か他に意味がありそうな気もするけれど、そこに戻るには集中が切れそうに感じて、別な方面にあった、叔母のことをあまり気にしない、罪悪感が少し軽くなっているときを想像したら、いとこに少し優しく接することができそうだと思った。

カウンセラー44　今ね、はー、なるほど。今の、やってみたくなってる感覚、ところまで来てね、今、最初にあった接し方が、ちょっと少し、見えない（S：あー、そうですよね）っていう、どの辺まで来てると思いますか？　まだね、何も行動を起こしてないし（S：いえ、全然）、もう少し今の感じをちょっと教えてもらっていいですか？

どう接していいかわからなくてお盆は行けなかったが、その疑問はもう今はないことに気づいた。イメージしていることをするために、お正月に行こうと思ってきている。

さゆり44　はい、いやそう言われればそうだったって思えるくらい、昔に思っていた疑問が、ないですね、どう接したらいいのか、まずもう明確ですね。叔母に謝って感謝をして、はい、そのうえで、えっと、あのいとこと……はい、ちょっとこう堂々とっていうか（C：はい）、もう一回話し合って（C：堂々と）みようかという（C：もう一回っていう）……。

カウンセラー45　なるほど、えっと、今なんかイメージ、なんか、知らない人ではない

カウンセラー44

▼アイディアが実現可能であるかについての程度を問いながら、問題からの影響を描写する

第3章1節（1）p.64
影響相対化質問法

第8章3節 p.209
人からの問題に対する影響を探索する

▼教えてもらうという姿勢で語りかける

第1章4節（2）p.47
語りに影響を与える文脈

第2章2節（1）p.57
クライエントという立場と、そうではない立場

第3章1節（2）p.67
新しい立ち位置からの新たな語り

第6章1節（2）p.159
「うつ病」を例にとって

第6章2節 p.163
脱構築と〈会話〉

第8章1節（2）p.189
会話のスタート

カウンセラー45

▼相手の知っていることを表現してもらうように促す

ので今までずっと付き合ってきているので、相当イメージがあって話されていると思うんですけど。なんかそれをね、こう、とりあえずチャレンジして、それから次頑張るということもできると思うし、なんか、今のそれでやるしかないみたいなのも、時には出ると思うんですが、今もうこの辺でやってみようかというか、だいぶ……。

第2章2節（1）p.57 クライエントという立場と、そうではない立場

とりあえずチャレンジして……という言葉はその通りだった。叔母のことができたとして、やっぱりいとことはうまくできないかもしれないけど、まずは一つやってみるしかないなと思った。避けてきたもの、何かを避けている自分というのがつらかったんだと思った。

さゆり45 はい、もう十分、かなり、はい、この辺で、はい。

カウンセラー46 おお～、わかりました。じゃあここまで来たことは、さゆりさんにとってどんな意味があったんですか、ここまで見えたってのは……。

「おお～」に後押しされた気がした。驚かれてるのかなとも思った。

カウンセラー46 ▼ここまでの会話の意味を確認する

第1章3節（4）p.40 クヨクヨすること
第3章2節（4）p.78 その「うつ」って、誰の言葉なのでしょうか？
第3章3節（3）p.87 質問の方向性
第4章2節（1）p.126 言葉とは
第8章3節（2）p.211 行為の風景とアイデンティティの風景

さゆり46 あー、笑えなかった自分ですよね、笑えなかった自分がちょっと上を向けて、うん、向けていますね。なんかずっと逃げてきた、避けてきたものにも、よしよし来月（C：えー、もう来月だもんね）、そうですはい、来月、行けるぞっていう感覚が、

はい、そしてそれができたらもっと笑えるぞっていう……。

カウンセラー47　もっと笑えるぞっていう、はい、わかりました。じゃ、今日ここまで来てですね、ちょっとこの会話がどんなものだったのか少し教えてもらってもいいですか？　なんかフィードバックですね、ちょっともらってもよろしいですか？

▼カウンセラー47　カウンセリングの会話に対するフィードバックを求める

この会話で何が起きた？　長い道のりで説明が難しいと思ってやめたくなったが、強く残っているイメージとして、叔母への謝罪をして、きっとそれは受け取ってくれるだろうというところから伝えてみた。

さゆり47　そうですね、いやー、あの、今の感覚ですけれど、ほんとにあの……30分前くらいですかね。あの、自分が何もわからないという状態だったのが嘘のように、非常に具体的に私はもう正月の宴会の席が目に浮かんでいます。

カウンセラー48　へえー、そうですか、ふーん。なんかちょっとね、ちょっと僕もそこまで行くんだって思いながら聴いているんですけど、話をね、何が大きかった気がしますか？　そういうところまで目に浮かぶところまで来たというのは何が大きかったんでしょう？

▼カウンセラー48　カウンセリングの会話で見えてきたものをより語ってもらいながら、その大切さを確認してもらうように促す

さゆり48　自分の罪悪感と、それを晴らす涙で洗い流すイメージができたっていうことと、何がいとことの会話を難しくさせていたのかっていうことがわかった、じゃあこれからどうしようというところが、こうすっと結びついたっていうのが大きかったですね。

いとこが何を訴えたいのか、また話してくれるのか不安だが、話してくれたら今度はちゃんと聞こうと思った。

カウンセラー49　へー、はい、わかりました。じゃあ気持ち的に、この辺で終わり、この会話をですね、終わっていいような気持ちがありますか？

さゆり49　はい、もう十分です。

カウンセラー50　いいですかね、じゃあ終わります。今日はどうも付き合ってくれてありがとうございました。

さゆり50　はい、ありがとうございました。

参加者からの声

実際に参加した方たちからワークショップ後に意見を募りましたので，紹介します。

Q1
このワークショップはあなたをどこに連れていったのか？

Q2
あなた自身の実践にどのように影響を与えたのか？

Q3
実践報告（実践してみてどうだったのか？ うまくいかなかったことも）

Q4
ナラティヴ・セラピーの領域を超えたところでの可能性について思うことは？

ナラティヴ・セラピーとの出会い
――見えなかった共感的理解

八巻　甲一（キャリア開発カウンセラー）

２０１５年12月にＪＩＣＤが国重先生を講師としてお呼びした研修会「ナラティヴ・セラピー入門」が私にとってのＮＴとの初対面だった。入門というタイトルにこだわるわけではないが、その日ＮＴの門をくぐったことになる。そこで最初に見えた光景に少なからず戸惑ったというのが正直な感想である。それは〈衝撃的な〉と言ってもいいくらいの出来事だった。その日、講師がカウンセラーとなって行なった50分前後のカウンセリングのデモンストレーションを観察していたときのこと、私にとっては当たり前なことと考えていた「共感的理解」の言葉がクライエントを相手にしてほとんど見られなかったことだ。これはいったいどうしたことか。一方でカウンセラーはクライエントに次々と問いかけたり、提案したり、確認したりするので、見た目での私の印象は（やりとりの詳細が聞こえていなかったこともあるが）クライエントが話したいこと、考えたいことが置き去りにされているようにしか見えない。いや、たとえ聞こえていたとしても当時の私にはそのようにしか見えなかっただろう。この風景をどのように理解したらいいのか、戸惑いつつ迎えたのが私にとってのＮＴとの出会いである。

ご存知のようにＣ・ロジャーズはカウンセラーに必須の態度要件として「共感的理解」をあげる。同じ文脈で「このきわめて特殊で能動的な傾聴」（ロジャーズ 2001）という表現もする。カウンセラーに能動的な姿勢を求めているわけだが、このことはクライエントを受身にさせることでもない。むしろ、クライエントの主体性を尊重しつつが前提である。つまり、カウンセラーとクライエント双方の主体性を尊重しつつが「能動的な傾聴」の求めることであろう。こう理屈で理解できても、そのようにできないところに実践の難しさがある。おそらくそれはクライエントを深く理解していく途上にあって初めて成り立つことではないかと思う。CCTの理念を学び、それをカウンセリング実践の土台にしようとしてきた私は「共感的理解」の大切さは説明できても、その能動的な姿勢の習得がなしえていないことを痛感している。ところが、NTではそこはいとも軽く乗り越えてしまっているかのような印象を受ける。次々と繰り出す質問を見て、その質問という形で会話の主導権を握るカウンセラーに能動的な姿勢を強く感じるからだ。しかし、ここから先がとても大事なことだと思うのだが、カウンセラーが能動的な姿勢を示したからといって、クライエントが決して受動的になっていないということである。事実、先のデモンストレーションでクライエント役をしてくれた方は「自分が話したいことを十分に話せました。とても共感してもらえた感じもしました」と述べたのである。

クライエントは主体的に話せた、共感さえも口にした。「能動的な傾聴」は私には見えないところで起きていたらしい。さて、それがどのようにしてなぜ起きたのか。NTでクライエントとして体験すると何が起きるのか。興味と関心の沸き立つことだ。こうしてこの日がNTという世界に踏み入ることになる新たな旅のはじまりの一歩となった。

【註】

CCTはClient Centered Therapy、NTはNarrative Therapyのそれぞれの略

【参考文献】

ロジャーズ・C・R（著）H・カーシェンバウム、V・L・ヘンダーソン（編）伊藤 博・村山正治（監訳）『ロジャーズ選集（上）』誠信書房 2001年

ナラティヴとの出会い
――わかりにくさに魅せられて

浅野　衣子（キャリア開発カウンセラー）

■はじめに

この文章を書くにあたって、まず私の立場と背景を書くことから始めたいと思います。

私は、この『ナラティヴ・セラピー・ワークショップブック』発行のきっかけになったナラティヴ・セラピー・ワークショップの主催元、日本キャリア開発研究センター（以下ＪＩＣＤ）の理事の一人です。ふだんやっている仕事は、キャリア開発支援者として企業の従業員の人や働けない若者をカウンセリングやワークショップを通して援助をしています。またキャリアコンサルタント養成講座の講師としても活動していますし、キャリア・カウンセリングを提供する人たちのスキル向上のためスーパーバイザーとしても活動しています。カウンセリングの実践者であり、指導者としての立場でもあります。

ＪＩＣＤの活動についてはＨＰ（https://jicd.net/）をご覧ください。ＨＰに記載しているキャリア開発及びキャリア開発の理念を基に日本におけるキャリア・カウンセリングに関する教育・研修・普及などの事業を行なっています。最先端のカウンセリング理論やキャリア理論などをいち早く日本に紹介していきたいということから、ナラティヴ・セラピーのワークショップ（以下ＷＳ）を主催することになりました。理事という立場上、これまで開催されたワークショップにはほぼすべて参加しています。その中で感じたことの一部分をここに書いてみたいと思います。

■ナラティヴとの出会い

「ナラティヴ」という言葉を初めて聞いたのはいつぐらいだったでしょうか。確かなことは覚えていないのですが2013年頃だったと思います。その頃の私には、「これからのカウンセリングはナラティヴだ」「21世紀のキャリア・カウンセリング理論はマーク・

L・サビカス博士のキャリア構築理論だ」「キャリア構築理論はナラティヴと社会構成主義を背景にしているらしい」等々の声が聞こえてきました。その後、「ナラティヴ」「社会構成主義」「マーク・L・サビカス博士のキャリア構築理論」について知りたいという思いから、セミナーに参加したり翻訳本を読み始めました。本を読んでも理解するに至らず、セミナーでは「ナラティヴはクライエントの物語を聞くことだ」と聞いて、これまで学んできたカウンセリングと何が異なっているのかがわかりませんでした。私はキャリアコンサルタント養成講座の講師をしている立場から、いつか近い将来、マーク・L・サビカス博士のキャリア構築理論やナラティヴや社会構成主義を受講者に説明することになるだろうと思っていました。浅いレベルの説明であれば、本や何か人の言葉を借りて説明できなくはないでしょうが、腑に落ちていないものを人に教えることなどできません。そんな中、ニュージーランドでナラティヴ・セラピーを学び、実践しておられる国重浩一さんにご縁ができ、JICDでWSを開催することになりました。2015年12月に初めて〈ナラティヴ・セラピー〉のWSに参加しました。「ナラティヴ・セラピーの基礎を築いてくれたマイケル・ホワイトとデイヴィッド・エプストンはナラティヴ・セラピーの定義はしていないのです」と聞いたときに「えっ？そんなの理解できないじゃないの！　どう学んでいけばいいの？？？」と思いました。しかしWSで説明されることについては一つひとつ「そうだ」と思えるのです。また国重さんが実施されたカウンセリングのデモンストレーションにおいても、これまで知っているカウンセリングのセッションとはどこかが違う……だけど、セッション終了後クライエントの満足している様子を観て、「何が起こっているんだろう？？？」と「わからないけど、何か良い」と直感したのを覚えています。

■わからなさに魅せられて

「わからないけど、何か良い」と思いながら、「わからないことを知りたい」という好奇心から、今日まで学び続けています。今なら、それまで自分が学んできたカウンセリングと何が共通していて、何が異なるのかを少し言葉にできそうな感じがしています。またマーク・L・サビカス博士のキャリア構築理論とマイケル・ホワイトとデイヴィッド・エプストンが基礎を築いてくれたナラティヴ・セラピーとの違いを語れるようになってきました。それでもナラティヴ・セラピーは「こうだ！」とは言えないし、言いたくない感じがしています。文字数の関係でここまでしか書けませんが、学び始めた頃に「(私の中の何かが) 壊れた」エピソードや、「少しわかった気になって壁にぶつかった」ことなど、いつかは文字にしてみたいと思っています。わからなさに魅せられてずっと学んできましたし、これからも学び続けていくことになるでしょう。

ナラティヴ・セラピストとしての立ち位置への模索、外在化を通しての会話とは？

藤田　悠紀子（臨床心理士）

■私の背を押した問いかけ

このワークショップに参加するきっかけになったのは、ある事例検討会で八方塞がりに見えるケースに対して講師が「ナラティヴ・セラピーの考え方では……」と話されたことに大きな衝撃を受けたことにある。ワークショップに参加して「何があなたをここに来させたか？」と問われたことは二回目の衝撃だった。曖昧に答えたものの問われたこととは違うということだけはわかった。小グループでの話し合いでの質問「共鳴したことは？」に対して、それまで言葉にしてこなかったことを人前で言葉にした体験も大きかった。これらの問いかけは常に私の背を押すものとなり、私に小さな試みをさせていった。それは、中断して忘れかけていた自身のアイデンティティを模索する作業と再びつながった。この同時並行の作業で時に混乱することもあったが、今、小高い岩山の上に立ち、周りの景色を見ている感がある。改めてナラテイヴセラピストとしての立ち位置を問いながら、歩を進めたいと思っている。

■非言語であらわされるものへのアプローチの試み

〈外在化のテーブル〉に何が乗るか。私の経験としては、絵、イメージ、パフォーマンスが乗るケースがいくつか思い浮かぶ。そこにどう関わるか。行動レベルでの変化が生ずるが、何がその変化をもたらしたのかを言葉で追えない分、面食らう。Aさんは、最初イメージにもなり切れないものを断片的に語った後、「真っ黒くて心の深いところある」と言葉にした。次回、スッキリした絵を持参しつつも、「わくわくしたいい感じ」のときに、チラッと言葉が浮かんだが、すぐに引っ込んだ話をした。三回目では「鋭い大きな刃に突き刺されたボールの痛み」の話をし、分岐点に立って身体はある方向を向いているが、一歩踏み出せないでいる自分を語り、感想として「自分の気持ちをちゃんと伝えられたと思う」と述べた。このAさんからは、表に出しているもの、身体レベルでの気づき、表出される言葉の関係などをこちらもイメージを通して理解していくことが「伝わった」につながることを学んだ感じがしている。考えていきたいテーマである。

「私」を生きる物語へ

山下　ゆかり（児童発達支援センター職員）

『ナラティヴ・セラピー・ワークショップブックⅠ』の草稿を読んでいると、思い出します。縁あって、本ワークショップの国重さんとのセッションを家族が受けたことです。当時、家族の一人が、対人関係の不安を抱えて引きこもりの状態になっていました。セッション開始から終了まで2年くらいでした。その場に毎回、私も同席しました。

受けているセッションの中で感じたことがありました。それは、国重さんの言葉や態度が、今までに経験した他のものとはずいぶんと違っていたことです。もう一つ、連絡用にと教えていただいたメールアドレスの「narrative therapy」の文字。初めて出会う英単語でした。スクール・カウンセラーをしておられるということ以外、何も知りませんでしたので、「国重さんは、何をしようとしているのだろうか?」という問いが心の中に浮かびました。クライエントという立場にありましたが、知りたいという思いから、ナラティヴ・セラピーに興味を持つこととなりました。

草稿を読んでいると、うなずきが止まらなくなります。セッションを受けていたときに感じていたことが、おもしろいように紐解かれるからです。ナラティヴ・セラピーが提唱しているたくさんのアイデアを目にするとき、カウンセラーと共にたどった〈旅〉の過程を思い出します。

生きていく中では、思いもよらず、生きづらい状況に陥ることがあります。それは誰にでも訪れる可能性があります。つらく、苦しいのは本人のみならず、家族の中にも苦しみが生まれてきます。家族や本人の、なんらかの努力で解決ができるときはいいのでしょうけれど、状況によっては、それが難しいときがあります。

まさに、私たち家族がそうでした。「本人が外に出られないことが問題だ」「ふだんからの優柔不断さがよくなかった」「育て方が悪かった」「家族の関係性の問題」と、いろいろ原因らしいものをあげてみても、事態はいっこうに改善されません。堂々巡りの状態です。そのようなときに出会ったナラティヴ・セラピーでした。

ナラティヴ・セラピーの姿勢を持って行なわれる会話を続け、行きついた先は、本人自身や家族の関係性が問題だとは思えなくなっている、硬直した関係性の物語がほどけた場所でした。本人を含めた私たち家族の、それまでの人生に対する意味づけが変わっていったのだと思います。

私自身は、対人支援の仕事についているわけではありませんので、直接的な対人支援に関わる場面はありません。私にしてみれば、この日本で偶然というようなタイミングで出会うことのできたナラティヴ・セラピーです。いつまでも、思い出すだけのナラティヴ・セラピーにしたくはないと考えています。生き生きとした個人の物語が語れる場が少しでも増えるよう、何かしらの貢献ができたらいいと思っています。

参加者からの声

実際に参加した方たちからワークショップ後に意見を募りましたので，紹介します。

Q1
このワークショップはあなたをどこにつれていったのか？

Q2
あなた自身の実践にどのように影響を与えたのか？

Q3
実践報告（実践してみてどうだったのか？ うまくいかなかったことも）

Q4
ナラティヴ・セラピーの領域を超えたところでの可能性について思うことは？

ナラティヴ・セラピーを「教える」難しさ、「教わる」危うさ

木場　律志（公認心理師・臨床心理士）

ナラティヴ・セラピーは〈セラピストの養成〉をやりにくくさせているんじゃないか――。

ナラティヴ・セラピーが私の実践に与えた影響について述べるコラムとしては、いささかネガティヴすぎる書き出しかもしれない。しかし、勤務先の大学（神戸松蔭女子学院大学）で公認心理師および臨床心理士の養成に携わっている私は、日々この問題に悩まされている。（あ、この表現、外在化だ……）

そもそも、〈養成する〉ということとナラティヴ・セラピーの相性が悪い（ように思う）。「養い育てること。教え導いて一定の技術を身につけさせること」なんて、権力関係そのものじゃないか。〈スーパービジョン〉という用語も微妙なところだ。直訳すると「監督すること（Supervise+ion）」という意味になるが、スーパーバイザー＝監督する者、スーパーバイジー＝監督される者、ということになると、これもまた権力関係になってしまう。

〈教育〉と社会構成主義もそう。「１＋１＝２っていうわけじゃない。１＋１＝2だって社会的に構成されてるだけだ」なんてこと言ってたら、〈教育〉は成り立たない。残念ながら（？）ポスト構造主義のスタンスは、この世のドミナントにはなってない。

しかし、「ナラティヴ・セラピーを学びたい」という希望を持つ人はあとを絶たない（というほど多くはないかも）。本書の読者のみなさまもそうだろうし、この本のもとになったワークショップの受講生の方もそうだろう。かくいう私もその一人で、そのためにわざわざ遠くニュージーランドまで足を運んだくらいだ。では、この「ナラティヴ・セラピーを学びたい」という希望に対して、ナラティヴ・セラピーは無力なんだろうか。

そんなことはない、と私は思う。「ナラティヴ・セラピーを学びたい」という希望を持つ人もまた、「ア

イデンティティに取り組んでいる」と理解できるのではないかと私は考えている（そしてこの場合の〈アイデンティティ〉は、多くの場合〈セラピストとしてのアイデンティティ〉ということになるだろう）。どのようなアイデンティティの変化を求めているかは人それぞれだろうが、きっと「今よりも○○○なセラピストになりたい」「☆☆☆ができるようになりたい」といった思いを抱き、ナラティヴ・セラピーを学ぼうとしているんだと思う。私がスーパービジョンの際に必ずと言っていいほど「どうしたい？」「どういうふうになればいいと思う？」とスーパーバイジーに質問する理由は、実はここにある。人生のストーリーを語るのは、何もクライエントだけじゃない。セラピストだってそうだ。

もちろん、ナラティヴ・セラピーを学ぼうとする人がみな、ナラティヴ・セラピーによる援助を受けることを求めているわけじゃない。「ナラティヴ・セラピーのやり方を教えてほしい」という人もいるだろう。しかし私には、ここにナラティヴ・セラピーを〈教える〉難しさと、〈教わる〉危うさがあるように思えてならない。

「あぁ、そういうときはね、問題を外在化するんだよ」などと言うことは易しい。しかし、そうすることが本当にナラティヴ・セラピーなんだろうか？　スーパーバイザーが、大学教員が、ワークショップ講師が言ったことが、本当に〈正しいナラティヴ・セラピー〉なんだろうか？

そうじゃないはずだ。〈正しいナラティヴ・セラピー〉などというものは、ない。スーパーバイザーもスーパーバイジーも、大学教員も学生も、ワークショップ講師も受講生も、みんな「これがクライエントにとって役に立つナラティヴ・セラピーになってるだろうか？」と常に悩みながら実践する。曖昧だけど、苦しいけど、なかなか自信が持てないけど、それでもそうし続けることがナラティヴ・セラピーの実践なんじゃないかと思う。

〈正しいナラティヴ・セラピー〉を〈教える〉ことでも、それを〈教わる〉ことでもない。そうしようとすれば、たちまち権力関係ができあがり、「新たな語り」は生まれにくくなってしまう。そうではなく、立場や経験を超えて共に悩みながら実践し、それについて対話することでさまざまな「語り」を新たに生み出していく。これがナラティヴ・セラピーが〈セラピストの養成〉にもたらすものの一つじゃないか。

私は今このように考えているが、さて、みなさまはどう考えるだろう?

小学校教諭として

田崎　さより（小学校教諭）

ナラティヴ・セラピーとの出合いで、自分のものの見方や考え方が大きく変わったのは事実です。正直、生きやすくなりました。社会構成主義を少しずつ学んでいくにつれ、自分の目指すものがなくなりました。それがとても楽になったのです。そして言葉を大切に使うようになりました。教師という職業なのに慎重になりすぎて、なかなか言葉が出てこないこともしばしばあります。それでも、できるだけ自由に子どもたちに語らせ、たくさん子どもと会話をしていくために、誘導や影響を与えすぎないよう気をつけています。

「名称で人を理解してはいけない」「その人をわかったようなことを言ってはいけない」学校という小さな社会の中で知識と言葉が熟成されていく、醸成されていく、〈名称〉がどんどん膨らんで独り歩きしてしまうようなことがあるのかもしれません。診断名などへの〈ひとくくりにする描写〉、発達障害、母子家庭などは、その〈名〉を聞いただけで、イメージを持ち対応してしまうことがあります。そして何か起こると「発達障害だから」「母子家庭だから」と言い訳にもなってしまいます。字が汚いと「LD」で片づけられてしまうこともあるようです。こうしてワークショップで学ばなければ、〈名〉〈ひとくくりの描写〉の恐ろしさに気づけなかったと思います。難しい思想的・哲学的なこともわかりやすく教えていただくことで、ワークショップを重ねるごとに理解が増えていきました。この経験は、私たち対人援助職には、大変重要なことだと思っています。「教師が変われば子どもも変わる」。教師もカウンセラーと同じように、見方を変えてみる、言葉を変えてみる。「問題のある子」「言うことを聞かない子」「相性が悪い子」「面倒な子」としか見られなければ、毎日の教室での生活はお互いに苦痛でしかないはずです。

以前、カウンセリングの基本として〈共感的理解〉を教わりました。相手の状況や気持ちを想像して解釈し、「つらかったね」「大変だったね」と言うことは、教師でもよくあります。声をかけ、共感的な言葉を発することは、「やさしさ」であり「指導」でもあると、大多数の教員は理解していると思います。教師は実のところ、教えたり、注意したりする言葉の投げかけのほうが多いかもしれません。ですから、「つらかったね」「大変だったね」などの言葉は、子どもの心をほぐすことができるのかもしれません。ただ、こういった表現に「本人が自分で感じている多様な心境を語るように促すような性質のものではなく、質問する側の視点をただ提示して押し付けているだけ」といった側面があることを知ることは、大切なことだと感じました。教員と子どもでは明らかに上下関係があります。教員がわかっているつもりの言葉をどんどん投げかけていってしまうことで、何も言えなくなる子がどれだけいるだろうかと考えます。そして黙り続けるとさらに叱られることさえあります。沈黙を待つことも含めて、子どもたちとのやりとりの中でナラティヴ・セラピーの作法をこうして取り入れることで、子どもたちを追い詰めないであげられるのではと考えます。悪さをしてしまったときに「何があなたのこと、そんなふうにさせちゃうんだろう」と質問すると、鋭い目つきから、表情が変わり、黙って考えているという風景に何度か出会いました。何も答えず、それ以上、会話が続かないことがほとんどですが、これからもあきらめずに挑戦していきたいと思っています。

小学校では、一年生から先生など目上の人には敬語を使って話すことを指導します。配り係の友達がノートを配る様子を見て、「ねえ、これ、配ってもいい?」ぶっきらぼうに言ってくる子がいます。「ありがとう。じゃ、よろしくね」と言いながら、配るものを渡すと、少し照れくさそうに受け取り、はりきって配ります。こういう子どもの姿を見るのが私はとても好きです。もし、ここで「配ってもいいじゃなくて、配ってもいいですか?でしょう」と言ったら、どうでしょう。こういう場面になると、こうさんに教えていただいたことをいろいろと思い返すのです。国語では、話型や敬語の使い方などを学びます。話型を知ることで、発表での話し方がわかったり、発表することに自信がもてるようになったりする子はいます。しかし、それと考えたり感じたりしたことが言える、話したいことが話せるということとは違います。今年度から、学習指導要領が新しくなり〈主体的で対話的な深い学び〉を目指すことになりました。〈発表〉でも〈発言〉でもない〈対話〉とはどういうものなのかを、教師がもっと学べるような機会を持つ必要性を感じています。

『ナラティヴ・セラピーの会話術』(2013, 金子書房)中に書かれている「子どもとのかかわりの中では、自分の意見を人に伝えていくことをあきらめてしまったのではないかと思えるようなときがあります。相手の発語を認め、その考え方に興味をもち、主観的に考えていく力を認めることによって、子どもが自分自身の意見を積極的に話し始めるようになる過程に何度も遭遇しました」というこの部分は、私が日々大切にしているところです。ナラティヴ・セラピーでは、クライエントが安心して自分のことを語ることができるのと、同じように安心して過ごし、いきいきと自分らしく語ることができる子どもたちがいる学級を作ることが、いつも私の目標です。

この瞬間(とき)の言葉に意味を与えた物語(ストーリー)
——今、私が感じる思いを語る

藤森　圭子（公認心理師）

ナラティヴ・セラピーが私の心の中にじんわりと馴染んできているなと感じられるようになってから、日々の生活の中で苦しいと感じることがあると聞くと「この思いはどこからきているのか」「そう考えるのもひとつだけれど、他にもたくさんの考えがあるのでは？」「違う立場に立って見てみたらどんなふうに考えるんだろうか」「そのように感じる思いも大切」「今のままでもいいんだ」などという思いがどんどん出てきて、その思いは抱えきれないほどになってしまうことがあります。

ナラティヴ・セラピーに初めて触れたときは「どういうこと？」という、とにかくわからない感覚しかなく本当に衝撃的だったのですが、それでも「もっと知りたい」という思いがどんどん強くなっていくのが不思議でした。

ナラティヴ・セラピーが大切にしている思いがすーっと私の中に入ってきて、自分自身が持っていたうまく言葉にならない思いを、私の中では理解することができ、心から「そうだよね」と思えることが次々と出てきたことが、私をナラティヴ・セラピーの世界にさらに進ませているのかなと感じます。そしてもう一つの魅力は、ナラティヴ・セラピーについて何か一つわかったと思えても、またすぐにわからないものが次々と現れて知りたい気持ちになり、どんどん引き込まれていってしまうところなのかなと感じます。常に自分の中から出てくる「？」という感覚に向き合い、自分なりに答えを出していくことを繰り返していくことが大切で、「ナラティヴ・セラピーって何？」と聞かれたとき、返す答えは聞かれるたびに変化していくのではないかなと思います。

私はナラティヴ・セラピーに触れるたび、いつも違う場所からナラティヴ・セラピーを見たような感覚になり、そこで新たな一面に気づくことを通してだんだんとナラティヴ・セラピーの形が見えてくるという体験を繰り返しているような気がします。

　また、それを見て感じた感覚をなんとか残しておきたいという思いが溢れてくるのですが、どうしてもその感覚のすべてをとどめておくことができず、こぼれ落ちていってしまう感じがして、どうしたらこれをとどめておくことができるのだろうという思いがいつも出てきます。

　また、私が今、ナラティヴ・セラピーでの会話をどのように感じているのか表現するとしたらどうなるだろう、と考えたとき、私にはサッカーというイメージが頭に浮かんできました。サッカーでパスを出すときには、おそらく頭の中でどうやってボールを蹴るのか考えている余裕はなく、一瞬のタイミングを逃さず空いたスペースに的確なパスを出すことが求められます。このパスはナラティヴ・セラピーにおいて大切な「質問」と言えるのではないかと私は思うのです。

　カウンセリングでの会話を重ねていくとき、セラピストは試合を振り返って説明する解説者ではなく、周りや相手の動きが見えているプレイヤーではあることが大切なのではないか、と私は思います。一方、解説者は試合についてこれらの状況がすべて見えていて、選手の判断や動きを的確なサッカー用語で解説することでしょう。カウンセリングの場で何が起こったのか、それはどのようなところから来ているのか、セラピストとクライエントはどんなところに目を向けて二人の会話はどのように変化していったのか、知識として理解している〈外在化〉などの言葉を使って解説することと共通していると感じます。サッカーの試合でプレイヤーが瞬時にフィールド全体の動きを把握してスペースを見つけ、そこに的確なパスを出すことで試合の展開が大きく変化するように、カウンセリングではクライエントの語りからクライエントにとって大切で意味があると感じる言葉を見つけ、それについて語ってもらえるような質問を重ねていくことで語りの方向性が大きく変化し、展開していくことになるでしょう。

　そして、実際に語りを聞いていくときにそこで使われている言葉を意識してみてみると、そのときに語られたことはまさにその瞬間にしか生まれなかった語りなんだなと感じ、その語りのどこかにクライエントが大切にしている思いがあるのだろうと思います。まだ今はそれがすぐにわかるほどの経験もなく、時には「外在化を使って聞かなくては」などと思ってしまうことさえありますが、大切な思いを見つけていくためには、常に流れている会話の中でどこにその思いが語られているのか気づくセンサーが必要であり、さらに精度の高いものにしていくためにどうしたらいいのか、ずっとずっと繰り返し考えていくことが大切なのだろうと思うのです。

実践への影響

改田　明子（大学教員）

ワークショップに参加し、本を読んでの感想としては、ほとんどのことが、実は私もそう思っていたという気持ちになるものでした。実際に思っていたかどうかは、別にして。このような発想は、私が関わっている現場の中で、特に異なる立場の利害関係者が対立する局面に陥りがちな現場で、対立を超えた何かを生み出す土壌につながるのではないか、と期待するところ大です。

特に、現在（2020年）。新型コロナウイルス感染拡大という未曾有の状況にあって、利害関係者の対立が先鋭化しがちです。身近な例で言えば、重度障害者の自立生活。私は、発信力の弱い当事者をサポートする立場で関わっており、ヘルパー派遣の事業所との話し合いを重ねています。その経験から、そこに関わっている皆さんが、同じ方向を向いて話し合いをするためにはどのような工夫ができるのだろうかと感じてきました。この、新型コロナウイルス感染防止への対策についても、先が見えない不確実性の中でそれぞれの人々が多様な意識を持ちながら対応している現状があります。その中で、そのような話し合いの場を求める気持ちがいっそう高まっています。利害や考え方の違う人々が、お互いに意見を出し合いながら、勝ち負けではなく一緒に道筋を組み立てていくことができるような関係性への憧れとも言えるかもしれません。

　介助に携わるヘルパーさんたちは多様で個性的な人たちですが、決して平坦ではない人生を歩んできた、どちらかというと不器用な人たちのように見えます。人は誰も、自分なりの不器用さを抱えながら生きており、不器用さを理由に切り捨てるのではなく、出会った縁を大事にお互い成長し合うことができるような場が作れるのではないか、そのような可能性に開かれているのが障害者自立生活の場なのではないか、と私は魅力を感じてきました。

　皆が対立を超えて同じ方向を向いて話し合い、知恵を出し合うことができるような場では、きっと一人ひとりに内在する良さが引き出されるでしょう。多様な経験値を持つ人々の発想で、豊かな世界が切り開かれるはずです。そのような場は、誰にとっても心地よいでしょうし、結果として自分の意向が通らなくても納得しやすいのではないかと思います。「何があなたをそうさせるの」という言葉を使ってみたいと思う場面はたまにありますが、相手に内在する良さへの確信がなければ、さらっと「何があなたをそうさせるの」と言い切ることも難しいのでしょうね。そのような場を作るために、ナラティヴの考え方は魅力的で可能性があるように感じています。

参加者からの声

実際に参加した方たちからワークショップ後に意見を募りましたので，紹介します。

Q1 このワークショップはあなたをどこにつれていったのか？

Q2 あなた自身の実践にどのように影響を与えたのか？

Q3 実践報告（実践してみてどうだったのか？ うまくいかなかったことも）

Q4 ナラティヴ・セラピーの領域を超えたところでの可能性について思うことは？

「外在化する会話」を続けるために

眞弓　悦子（キャリアコンサルタント）

ナラティヴ・セラピーを学んで、最初にトライしたくなったこと、それは〈外在化〉質問でした。カウンセリングで〈外在化〉質問をむやみに使いたくなり、やみくもに使い始めたのです。しかしその質問は、当然ながらまったくクライエントに通じません。今では理解できるのですが、習ったばかりでしっかりと理解できていないにもかかわらず、モノを主語にした質問を始めるのです。そのうえ、質問する私がオドオドと、いかにも自信がありませんという雰囲気で質問をするのです。クライエントが混乱したのは当然です。今でもあることなのですが、〈外在化〉質問を使い始めたときはもっと顕著に、間違いなく、どのクライエントにもキョトンという顔をされました。その顔で私の気持ちは撃沈し、あえなく〈外在化〉質問の出番は終了となります。

うまく〈外在化〉質問を使えなかった原因はいろいろとあるのですが、第一の原因はカウンセラー（私）の質問があまりにも唐突に始まるためだと思います。たとえば、ニート君とのカウンセリングの途中に突然、「働いていないことは、あなたにどんな影響を与えていますか？」と尋ねられたら、相手が困惑するのは当然です。そしてキョトンとした顔と「？？？」の無言の応答となり、カウンセラーを襲います。そして、第二の原因は、この無言の応答に耐え切れない、待てないカウンセラーです。「あ、やっぱり伝わんないよね、この質問じゃ」と焦る自分を意識し、「無理だー」とギブアップし、あえなく撃沈する……、という繰り返しでした。

しかし、どうしても〈外在化〉質問で、クライエントと問題を切り離したいのです。私は、なぜ〈外在化〉質問がうまく相手に伝わらないのか？　を考え始めました。すると、私の話し方の特徴として、ほとんど主語を省略して会話をしていることに気づきました。そこで、カウンセリングのときは、〈外在化〉質問のときだけではなく、常に主語と目的語を省略せず、話すようにしました。そういう土壌を作っておくことが、私自身の混乱を軽減することにつながったように思います。次に考えたことは、やはりモノを主語にして話す機会があまりにも少ないので、質問をする私がドギマギ、オドオドしてはいないか、ということです。「どうせ通じないよね」とか、「この言い方で、意味が伝わるのかな？」と思いながら質問をすると、相手が一瞬でも戸惑いの表情を見せると、「あ、ごめんなさい、意味通じないよね」と、自ら〈外在化〉質問を取り下げます。〈外在化〉質問の出番は一瞬にして終了、いつまでたってもクライエントと問題は離れてくれません。

それを打破するために、「一度口に出した質問は撤回しない」と決意を持って、セッションに臨むことにしました。カウンセリングは、言葉のキャッチボールです。どんな球でも、その質問がたとえ暴投であっても、相手にボールを渡したのです。相手がそのボールの行方を見失えば、それはそれで何か反応をしてくれるだろう……と、ほぼあなた任せの策ですが、相手に委ねることにしました。その投げやりな方法が良かったのか、とりあえずクライエントに〈外在化〉質問のボールを渡すと、なんらかの反応が返ってくることが少しずつ増えてきました。渡されたボールを私に投げ返そうと努力をしてくれるようになりました。その結果、少しずつ〈外在化〉質問をてらいなくできるようになっていきました。そして、それを繰り返していくうちに、単体だった〈外在化〉質問が「外在化する会話を続ける」場面に変わり、クライエントと問題の間に隙間が生まれ、その隙間から新たな光が射すような場面を経験することもできるようになりました。

今でも、「外在化する会話を続ける」ことはとても大変です。一つひとつの〈外在化〉質問は可能でも、一つの質問では、クライエントと問題が離れることはありません。クライエントと問題の間に少しずつ隙間を作り、広げていく作業には、地道な「外在化する会話を続ける」必要があります。うまく「外在化する会話を続ける」ことを奏でられないジレンマの中、その先に見えるかもしれない光を求めて、日々悪戦苦闘しています。

ふだん使いのナラティヴを実践しての変化
――うれしい変化、困った変化

箱崎　琢朗（キャリア・コンサルタント・ワークショップデザイナー）

「問題から影響を受けている人として話しかけることです。この人が問題を作っているという描写をしないし、そのように問いかけることもしない」

このことを実践しようとしたときに、テクニックだけではたどり着けないところだと感じました。そこで、ワークショップに参加した後、日常からこの哲学（考え方・あり方）を実践しようと思いつきました。自分が信じているものでなければ、自分のあり方にしみ込まなければ、リアルな場で使うことはできないと感じたからです。

相手に興味・関心・好奇心を持って話を聴くこと。教えてください、という敬意から、話し手が「その人自身の人生の専門家」となる位置づけへの招待。「何がそれをさせているのか？」そうしたことを、日常での会話の中で実践していきました。すると、相手の語りが豊かになってきた感覚が出てきました。今までとは違う語りが伺えている。また、話し手も今までとは違う言葉遣いでの問いかけから、少し混乱しながらも、しっかりと話してくれたのは、この姿勢のおかげだろうという手ごたえがありました。こうしたことを続けることで、相手も私に話してみたい、という方が増えてきました。

ただ、日常でこうした会話を続けていくことの弊害がありました。

一つ目は、自分が聖人君主にならなければいけないのでは、という思いです。〈問題の外在化（人が問題ではなく、問題が問題である）〉。これを24時間実践しようと思うと、人を責めるわけにはいきません。疲れている場面や余裕がない場面では、必然的に人を責める人はダメな自分だ、と思い込んでしまうことになってしまいました。

二つ目は、ふだんの会話で自分のことを話せなくなってしまったことです。あまりに相手に関心を持って話を聴こうという態度をとりすぎたため、日常会話で自分のことが離せなくなってしまいました。相手に対する問いかけはできるのですが、自分の話をするときに「何を話せばいいいんだろう」ということになってしまいました。

どちらも、自分が不器用だったことがあるかと思いますが、うまくいかなかった経験でもあります。今では、〈治療的会話〉という意味がようやくわかり始め、場面により使い分ける必要がある、ということを理解して、バランスよく使えるようになってきたな、と感じています。

豊かな語りが聴けること、そしてまだ語られていないストーリーがまだある、という部分はナラティヴ・セラピーが持つ魅力でもあるかと思います。以前よりも、興味を持って人の話を聴けるようになりました。また、一緒に旅をする感覚を持って、答えのない旅（セッション）に出る勇気も身についたと思っています。問いかけを考える、という言葉の使い方の意識も、大変な部分もありながら、楽しさも出てきました。

反面、アドバイスをするのは下手になったように思います。無難なアドバイスをする回数が減ったともいえますが、仕事柄、就職活動をする大学生のキャリア支援を行なっている際の情報提供の場面でも「何がそうさせているのか？」という問いかけをすることによって、目の前の方が聴きたいことに対応できていない部分が出てしまう失敗経験につながっていることも以前にはなかった変化です（笑）。

マスクとふだん使い

荒井　康行（精神保健福祉士・社会福祉士／生活支援員）

２０２０年の春、コロナ禍のとある場所でマスクを話題に立ち話をしました。このコラムは、そのときの様子です。このとき、私はあいさつもほどほどに相手の方（Aさんとしておきます）がマスクをしていないことを気にしていました。Aさんは、私の視線を察したのか、次第に話題がマスクの話になっていました。

「マスク、いやですよ」

話題の口火を切ったAさんの言葉が今も耳に残っています。もうすでに多くの人々からマスクをつけるよう言われていること、テレビやインターネットを見てもマスクの話題を目にすること、それに輪をかけてマスクをつけるように強要しないでほしい、命に関わるようなことなのはわかっています、と話していました。

Aさんが言いたいことは「私（荒井）までがマスクのことを言わないでほしい」ということだと推測していました。このとき、私がAさんに言い出そうとしていることは、彼が強要しないでほしいという「マスクをつけましょう」であり、それでも「Aさんはマスクをつけないだろう」という考えも浮かんでいました。とりあえず、自分の思惑を余所に置いて、まず「『マスク、いやですよ』には、どんな意味があるのだろう」と思い立ちました。そこには、このままではAさんが言うような〝繰り返されるようなマスクの話題と同様になってしまう〟と私自身が反省していたからです。私は、こうして自分の考えをそのままにして、Aさんが何を知らせようとしているのかと尋ねていました。それが「もし良かったら、Aさんが『マスク、いやですよ』と言ったことをもう少し詳しく教えていただけますか？」という質問につながりました。（実際には、もう少し砕けた言い方だったと思います）

Aさんは、しばらく黙って考えてから次のようなことを話してくれました。メガネが曇るととても困ること、ストレスが溜まり調子が悪くなると聞き違いや見間違いがあること、自分の声とは異なる命令口調の〈聞こえてくる声〉があること、しばしば起きる〈思い出し〉があること、これらが、マスクのことが引き金になって頻発し、余計に生き苦しくなるのではないかと思うことなどを一挙に述べました。その具体的な例として、マスクをしてメガネが曇ると自転車に乗れないのだそうです。さらに「調子が悪いときでなくても人の目線が気になる。気になるから早く帰りたい。行き帰りは自転車なのに、マスクをつけたらメガネが曇って自転車に乗れない」「ここに来るのも大変。帰るのも大変。荷物が一つ増えるともう考えられない」とも。

Aさんは急に「いやじゃないですか？ 命令されるのは」と真顔で話してもいました。ふだんのAさんは、穏やかで話が短く、冗談交じりで笑顔なのに。私は、Aさんのギャップに驚き、だからこそもう少し聞いてみたい、という気持ちが湧いていました。Aさんは、安定した生活リズム、いわゆるルーティーン化した生活を送ることを自らに強く課しているだけに、さらにルーティーンが増えることがどれほど大変かと話してくれました。その言葉の端々で「大げさに聞こえるかもしれませんが」という断りとともに。Aさんは、私に伝わらない可能性があることを示唆しながらその断りを繰り返しているように聞こえました。そこで私は、「こんなことを聞かれて不思議に思われるかもしれませんが、今、話していることの中で繰り返し『さっきから大げさに聞こえるかもしれない』と話してくれましたが、それにはどんな意味があるのか。もう少し詳しく教えていただけますか？」と聞いていました。Aさんは、とても短く一言で言い表しました。それは「だって、聞かないじゃない」と。この言葉も私の耳に強く響いています。さらにAさんは次のことを早口で話してくれました。マスクをつけないでいると、しばしば「マスクをつけましょう」と言われてしまうこと。その理由を話そうとしても、どこに焦点を当てれば相手に伝わるのか考えるのは〈不毛〉のように思えてくること。その〈不毛〉のように思えるまでに延々と考えてしまうこと。これと並行するように、他人の「マスクをつけましょう」という言葉こそ丁寧ではあるものの、回答が自ずと「はい」「いいえ」に絞られてしまい、「そう（「はい」「いいえ」）ではない」という〈言い切れない世界〉を話せずにいること。二人で15分ほど話し、Aさんは「マスク話からいろいろ話しました。じゃ、また」と言い残して去っていきました。

Aさんとの対話は、マスクが自身にどのような影響を及ぼしているのか、ということから派生したAさんの「だって、聞かないじゃない」という言葉を通して、彼の周りにいる人々の〈聞く姿勢〉を指し示しています。この指摘に立つことは、マスクをつけないことを「健康に配慮したアドバイスを無視する人だ」、その振る舞いを「わがまま勝手だ」「個人の判断であり自己責任だ」という評価や価値観を今少し緩めてみることでもあります。そのためにも健康管理の正しさを論じ合うことや他者を評価することの〝もう少し手前〟に立ち止まって、「Aさんがいう『マスク、いやですよ』は、どのようなことなのか」と聞くことが大切なのです。

この対話例は、Aさんの「マスク、いやですよ」を問題としてみると、結果として〈マスクをつけない〉ことがもたらされたのだから、問題解決としては失敗に終わっているとも言えます。もう少しうまく説得すれば、Aさんは納得しただろう、という評価もありえます。ところがAさんの「マスク、いやですよ」という言葉には、マスクによって生きづらくなることが如実に表れています。特にAさんの場合、Aさんの経験がモノローグのようにうまく言葉にできないまま在り続けることを示唆しています。ゆえにこれらは、Aさん個人の属性に帰責するようなことではなく、対話を通して生きた経験に注目する意味があるのです。

もう少し進めて考えてみましょう。もしマスクをつけさせたい人（Bさん）がおり、仮にAさんにマスクをつけさせたとします。Bさんは「Aさんのマスクは、健康のために必要だ」と言うことでしょう。同時にBさんの立場に立てば立つほど、Aさんの「マスク、いやですよ」の意味から遠ざかることでもあります。第三者からすると「Aさんの健康が問われるとき、マスクは、それを推し進めるようにみえる」と解することもできます。Bさんの背後にあってマスクをつけさせようとする考えには、Aさんが向き合う課題や困難を考えるには、ある種の限界を示唆しています。その限界とは、マスクをつけるための説得や説明を強いることではたどり着けない世界があることです。これは、Bさんが連なる〈健康〉に係る知と力のネットワークとは別にAさんが連なる「マスク、いやですよ」や「だって、聞かないじゃない」に係る知と力のネットワークを想定した場合、後者が前者を科学的に批判するとなると膨大な労力が必要とすることでもあり、しばしば個人的なことには閉口せざるをえないことがあります。ナラティヴ・セラピーを踏まえた質問は、「はい／いいえ」や「つける／つけない」といったマスクを当たり前だと考える視点からは大きく異なる、ここで言うところの「マスク、いやですよ」や「だって、聞かないじゃない」から〈言い切れない世界〉が拓かれてゆくのです。両者を科学の観点から優劣を推し量ろうとするのではなく、両者がどのような知と力のネットワークに連なっているのかを丁寧に読み解いていくところが重要だといえます。

もちろん、私のような拙い聞き方よりも、もう少し気配りの行き届いた聞き方が可能だと考えられます。私は、ニュージーランドの短期研修に参加したことをきっかけに、その後もKOUさんのナラティヴ・セラピーのセミナーに参加し続けるところには、優れた質問とそれを生み出す人々との出会いがあるからです。そこから「私の臨床とは、どのようなものか」と漠然と感じていた限界をもう少し言葉にしてみたい、と思うようにもなっています。この思いは、ナラティヴ・セラピーに取り組むテーマや思い・ベクトルを同じくする人々のコミュニティに参加することで豊かに醸成されてきています。私は、ナラティヴ・セラピーを学ぶことで対話の不確実性に慣れ親しみながら、豊かに対話し続けることを考える入口にやっとたどり着いたと考えています。このコラムを書きながら、よりよい対話や聞き方の可能性に希望が持てるようになっている自身の軌跡をたどってもいます。

最後に改めてこれらのことを告げ知らせてくれたAさん、コラムを書く機会をいただいたKOUさんに感謝しています。これからもナラティヴ・セラピーの〈ふだん使い〉を目指して取り組んでいきたいものです。

※Aさんには、このときの様子をコラムに書く同意を得ています。

アルコールや薬物に苦しめられたことのある方のためのナラティヴ・グループ・セラピー

藤田　純司（作業療法士）

私は精神科病院でアルコールや薬物による依存症の入院患者さんの治療に携わっています。しかし、そこで頻回に感じる違和感がありました。すでにエビデンス的に効果があると見なされている治療法も実施されていますが、参加している多くの方の表情はつまらなさそうに見えました。また参加されている方に質問すると、効果をあまり感じないという方が相当数いらっしゃいました。

そこで私は通常コースにはしっくりこない方のための治療グループを作りました。当時ナラティヴは学び始めて二か月で超初心者の私でしたが、そういった画一的なものとは違うアプローチをナラティヴに感じていたので、基本的な枠組みとして構成しました。

「アルコールファーストグループ」の基本コンセプトは、アルコールの問題の外在化、脱構築と再著述、個人の特性に合わせる、常にモチベーションを喚起することです。5～8人くらいの参加者にスタッフが基本1～2名。パーティションで一応仕切られた一角で行なっています。内容はテーマトークが中心の回と、インタビューの実施とリフレクティングの回があります。対象者は軽度認知機能低下の方と、プログラムに積極的になりにくい方としました。

参加者から返ってきた言葉です。

「なんだか知らないが気分良く話せた」
「これからに期待してもいいと思えた」
「自分について知らなかったことが解った」

これらの言葉は何十年も依存症で苦しんだ人も、初めて入院した方も含まれています。また治療的な手紙も試してみました。退院前日に親書で手渡していますが、退院後外来で見かけて会話をしたときに、手紙のことを喜んでくださった方が多いように思います。一方でうまくいかなかったこともあります。私が一方的だと疑問視していた通常コースのほうが参加しやすいと戻っていった方もいました。また、ある方は自分の思いを言語化していく方法が負担だからと辞めていきました。どんなグループでも参加したくない、できないと感じる方も参加は続きません。そういうことがあるときは無力感を感じています。また既存のコースのみでよいと思っているスタッフからも非難批判を受けて仕事がやりづらくなりもしました。それでも私はこのグループをやっていると参加者の方の表情が明るくなったり、いつもふざけている方が真剣になったり、他者の話を真剣に聴くようになるといったうれしい変化があるので楽しくて仕方がありません。またこういった参加者の変化を見て、それまであまり依存症治療に関心が薄かったようなスタッフから興味を持たれたり、応援されたりします。

どうもナラティヴには実践しようとあがく私のような初心者や既存のありきたりの物事に不満を感じる人には何かプレゼントをくれるようです。それを知った私はこのままナラティヴに関わり続けたいという気持ちでいっぱいです。一方でまだ進化し続け成長していくという可能性がたくさん残されていると思うので、共に学ぼうという仲間を増やし、よりたくさんの人と一緒に探求していきたいと思います。そしてナラティヴを実践し続けることが今は対立しているように見える人たちをも笑顔にできるんじゃないか、何かが少しでも変わるんじゃないかなと、うっすら期待しています。例えすぐにではなくてもナラティヴに関わる人の笑顔は周囲を変えていく、そんなふうに私には思えるのです。

アイデンティティと向き合う豊かな時間

髙野　正子（公認心理師・キャリアコンサルタント）

医療機関で働く自分にとって、カルテに書かれた病名や症状は、短い時間で対応しなくてはいけない現場にとっては有効なもので、自身がやらねばいけないことを瞬時に判断するのに便利なものではありました。

一方で、実際につけられた病名に対して違和感を感じることも多く、いつもどこか何かもやもやしたものを持ちながら働いていたように思います。ナラティヴを本格的に学び始めたのはそういった理由からのことでした。

学び始めてすぐに、自分の持っていた違和感がナラティヴ・セラピーで言うところの〈ひとくくりにする描写〉にまつわるものであったことに気づきました。

そんなある日、新規の患者さんが私の所においでになりました。人生の大半を共に過ごしたパートナーが亡くなられ「鬱病」という診断が下された方でした。今にして思えば、こちらも「なんとかして話をしてもらおう」という必死さがあったのかもしれません。その方は一生懸命言葉を探してくださっているようでしたが、短い言葉がほんの少し出てくるだけで、そこにつながる言葉はつらい現状、何もする気が起きない日々への焦燥を訴えるばかりでした。「話せることから……」など、いわゆる技法的なところで頑張ってみたものの、やはりうまくいかず、数回の間、その方は「どれだけ苦しいのか」「どれだけ無気力なのか」をずっと語り続けていました。結局は元に戻ってしまう、その囚われから離れることは難しいのか……と自分の中にも焦りが出てきた頃、ふと、この方は、苦しいとか無気力とかいう言葉を繰り返してはいるけれど、ただ「苦しいからもうダメだ」というところに帰結してしまうのでなくて、もしかしたらその先に続く言葉を模索しているのかもしれない、というように思えてきました。何が私にそう思わせたのかはわかりません。ただ、苦しいとだけ言うために何度も繰り返し来院してくださるには何かこの方には意図があるのでは、と思ったのかもしれません。

そこから対話を重ねて、ある日「引越し」という言葉が頻繁に出てくることに気づきました。そんなにつらくて苦しくて無気力なのになぜ？　と思い問いかけてみたところ、数分の沈黙の後に、「そう、そうなんです、そうかもしれません……」から始まり、パートナーの方が亡くなるまでにあった出来事や、そのときの思い、家族とのこと、堰を切ったかのように話し始めました。以前私が問いかけた内容も、その背後に何があったのかということも含めて一気に語られたのです。「なぜ引越しが必須だったか」ということも。もし「パートナーを亡くした人＝悲しい人」とだけ思い込んで話を進めてしまっていたら、その方たちの人生の喜怒哀楽は、語られずに終わっていたかもしれません。

その後、何度かのセッションの後、その方は「パートナーの後を追うことばかり考えていたけれど、その悲しみや苦しみは人生や日常の一つであり、悲しみがこの先なくなるわけではない、それでも淡々と生きていけばよいのかもしれない」というようなことを語ってくださいました。

ワークショップではたくさんのことを学びます。敬意を持って話を伺うこと、小さく細かく化石を発掘するかのように質問を重ねていくこと……。いくら学んでも実践は思うようにはいきません。それでも学び続けたことは私に力をくれました。先の患者さんが、「鬱病」という名前でくくられてしまうにはあまりにたくさんの思いを持っていらっしゃることに気づけるほどに。もし違った言葉に私が興味を持っていたら、違う結果が出たかもしれません。それでも生きたそのときその場の言葉がその方の新たな扉の一つを開いたことに間違いありません。このことを通して、自分自身も〈セラピストとしてあらねばならない、あるべき姿〉といったような縛りから解放され、心からその方とその人生に興味を持てたのでしょう。縛りからの解放がその方の、そして自分の扉を開く原動力になったのかと思います。ナラティヴを通して「鬱病患者」「支援者」という名称から離れることで、私たちは自分と向き合う時間と対話を続ける豊かな時間を共有できたのでは、と思えたのでした。

参加者からの声

実際に参加した方たちからワークショップ後に意見を募りましたので，紹介します。

Q1 このワークショップはあなたをどこにつれていったのか？

Q2 あなた自身の実践にどのように影響を与えたのか？

Q3 実践報告（実践してみてどうだったのか？　うまくいかなかったことも）

Q4 ナラティヴ・セラピーの領域を超えたところでの可能性について思うことは？

セラピーの領域を越えて
——大学生のキャリア支援と対話の場

箱崎　琢朗（キャリアコンサルタント・ワークショップデザイナー）

自分の実践から二つの可能性があると感じています。

一つ目は、大学生の就職活動支援（キャリア支援）に対しての可能性です。

大学生の就職活動では、企業の選考（エントリーシート（ES）と呼ばれる応募書類、面接）での自己紹介のため、または自分のなりたい姿を考えるために「自己分析（自己理解）」をしていきます。その中で、自分の特徴（強み）を振り返っていきますが、なかなかその語りは難しいものとなっています。「自分の強みは……」「自己PRは……」と言っても、自信を持って語れる人はなかなか少ないです。以前、講座に参加させてもらった際には、これは日本人の特徴だけではなく、外国の方でもその傾向があると伺いました。

総じて、自分の強みや自分の長所というのは語りにくいものですが、ナラティヴ・セラピーの特徴である〈外在化〉を使っての語りによって、それが自分事ではなく、その強み（特徴）を目の前に置きながら語りやすくする効果があると感じています。

ワークショップで述べている、良いものの外在化です。

「○○（強み・特徴）がアナタのもとに来たときは？」
「○○（強み・特徴）の存在に気づいたのはいつ頃なのでしょうか？」
「○○（強み・特徴）はアナタにどんな影響を与えたのでしょうか？」

こんな問いかけから始まる就活生のストーリーは、今まで語られていない豊かなものとして、それを聴いている私自身（ナラティヴ・セラピスト）にも、語っていく就活生本人にも自信につながっていくものとして、力強いものとなっていると思います。本人のアイデンティティを語ってもらうことで、未来に向かっていく、というナラティヴ・セラピーの大切にしている部分にぴったりのような感じがします。

それ以外にも、「就活での軸は？」というよく聞かれる質問に対しても、ワークショップで述べている〈アイデンティティの風景〉を意識的に語ってもらい、自分が大事にしたいこと、人生をどう送りたいかという、アイデンティティを見つけることで、その後の就職活動が力強いものになっていると日々実感しています。

もう一つは、対話の場においての可能性です。

自分は毎月、立場も性別も年齢も関係なく、安心安全の場であるテーマをとことんじっくり話し合う対話の場を開催しています。ナラティヴ・セラピーのワークショップを受講してから、その対話で行なわれているることが、「定番の語りからその人の語り」を聴いているように感じ始めました。「考えることを見つけるためには、話し続けなければならない」。そこから、対話の場に参加することがより深い意味を持つようになりました。また、言葉にする環境を作る工夫もするようになりました。ナラティヴ・セラピーを学ぶことで、対話の場の持つ可能性を拡げることにつながったように感じます。

対話を行ない、言語化することで、無意識の意識化、つまり気づきにつながる、これはナラティヴ・セラピーを学ぶ前から感じていました。それが、ナラティヴ・セラピーを学んだあとは、言語化することで生まれる一人の経験からくる豊かなストーリーが、参加者のまだ語られていないストーリーに共鳴し、さらに気づきが生まれる、というグループセッションにも似たつながりをイメージできるようになりました。

主催者としてこのイメージを持つことは、対話の場がより多様な方々が集まる場に成長する大きなきっかけになるように感じています。

ナラティヴが開く可能性

髙野　正子（公認心理師・キャリアコンサルタント）

対人支援というと、まず頭に浮かぶのが五領域（医療・福祉・教育・司法・産業）です。公認心理師・臨床心理士・精神保健福祉士・スクールカウンセラー・産業カウンセラーやキャリアコンサルタント・FT等々。ざっくり言うとそんな感じですが、ナラティヴの可能性というのは分野やカテゴリーでどうこう、というだけでなく、もっと小さな単位、身近な〈場面〉の単位で使えるものではないかと思います。

ナラティヴを〈セラピー〉という部分でだけ語るのであれば、それは支援者とクライエントの間に成立するもののようにも捉えてしまいがちですが、〈アプローチ〉という見方をすると、それは単純に友人関係であったり、親子関係であったりするところでもとても有効な気がするのです。

私は医療機関で心理師として働いているのですが、その一方で、進学塾講師として、そこから派生した個人での家庭教師業を通して、学校教育というところとは少し離れた教育の場にも関わっていました。そこには対人支援で語られる〈学校教育〉の考え方だけでは対応しきれない現状があると思っています。塾というところは、学びを広げるために来る子もいますが、特に中学受験などでは、親の誘導・親の意向で来ている子もいます。この子には現状ここまでやらせるのは無理ではないかと思っても、少しでも偏差値の高い学校を目指すことをよしとする親と、親の意向に答えたい、答えなくてはいけないと訳もわからずあがく子どもの間で、さまざまな問題が起きてきたりします。最近では教育虐待という言葉で取り上げられるようになりましたが以前は「よくあること」という一言で片付けられてしまったりしていました。教育現場に身を置いて、その教育虐待を憂えていたら、勤務先の医療機関にも過去の教育虐待の弊害に苦しむ大人が受診してくるというところにも直面することになり、子どもの頃の体験がそこまで長い時間を経て「生き苦しさ」につながってしまっているのかと、驚きとも悲しみともつかない、なんとも言えない気持ちになるのです。

ナラティヴな会話を試し続けたところ、どの先生でも授業にならなかった生徒が、自主的に取り組むようになってくれました。頑なに生きづらさを訴えてきた患者さんが「できないことがあってもいいのだ」と少し力を抜いてくれました。でも、本来はセラピストや先生（支援を施す側）とクライエントや生徒（支援を受ける側）という構図の中でだけそういった変化が起きるのではなくて、親と子のような、一番身近な一番関係性が深い間柄という構図の中でも起きるということが必要なのではないかと思うのです。

そのためには〈親業〉のような部分で、親子関係の中にナラティヴを活かす、などのことができたらよいのではないかと思いました。そうなると、これは教育分野？　福祉分野？　などとついつい考えてしまうのですが、そういう縛りをなくしてしまうのもナラティヴの良さであると思っています。

先にも述べましたが、教育というと、まず〈学校〉ありきで、学校という場であれば各方面との連携も活発で……という印象がありますが、同じ教育という場であっても〈塾〉というところは連携できるところがありません。そういうシステムが必要とされていないからなのだと思いますが、それは「家庭でやってくれ」ということなのだと思います。それならば、まずは家族がきちんと会話できること、思い込みや親が主観で子どものありようやその個性を一面からだけ見て決めつけたりしないように、親が子の気持ちを丁寧にくみ取れるような、そのために何をすべきなのかということについて、ナラティヴ・アプローチを通して理解していけるような、そういう場があってもよいのではないかと思いました。

そういった社会のあれこれの場面、カテゴライズされたところから派生したものや、少し異なったりするところ、日常の中であたりまえすぎて気にも止めなかったところも埋めていけるようなことができるのがナラティヴ・セラピー、ナラティヴ・アプローチなのではないかという気がします。

ナラティヴ・アプローチとコーチング心理学

徳吉　陽河（コーチング心理士）

コーチング心理学では、ナラティヴ・コーチング（Narrative Coaching）の手法が積極的に活用されています。ナラティヴ・コーチングは、主に教育やコミュニティ、産業領域に関わる注目されているアプローチです。

コーチング心理学に基づく〈ナラティヴ・コーチング〉は、「物語（ストーリー）」や「語り」を応用したコーチングです。〈ナラティヴ・コーチング〉は、教育・産業・スポーツの領域で注目されています。基本的にコーチングは、成長や能力開発、主体性、自己決定力、自己効力感、動機づけ、創造性、才能、夢、目標、ニーズ、学習、リーダーシップ、イノベーション、パフォーマンス、エンゲージメント、モチベーションといった肯定的側面に焦点を合わせます。

特に、ナラティヴ・コーチングは、個人だけではなく、所属するグループやコミュニティなど、組織、社会の問題解決や共通理念・目標を発見することに焦点を当てる場合もあります。ナラティヴ・コーチングでは、人生を物語の〈主人公〉〈人生の専門家〉として見立てる部分はナラティヴ・セラピーと共通しています。また、ナラティヴ・コーチングも〈問題〉を人間や人間関係に当てるのではなく、問題そのものを除外（外在化）する点は、ナラティヴ・セラピーと共通しています。しかしながら、とりわけ、ナラティヴ・コーチングでは、「リーダー」「CEO」など、組織のリーダーに焦点を当てるケースがあります。組織の中の「主人公（ヒーロー）」「エキスパート」「プロフェッショナル」「リーダー」「エグゼクティブ」「CEO」として捉え、能力開発、自己成長、意味と意義の発見、可能性の構築、隠された才能や資源の発掘を促します。

ナラティヴ・コーチングでは〈対話型の組織開発〉として〈組織の物語（組織理念や目標、経緯・歴史）〉についても扱い、組織の〈存在意義〉や組織に存在している人材、資源など潜在性についての発掘にも役立てます。ナラティヴ・コーチングは、ナラティヴ・セラピーと少し異なり、とりわけ、肯定的な側面に着目され、教育心理学、社会心理学、自己心理学、スポーツ心理学、ポジティブ心理学などを応用しています（たとえば、学習の車輪、ジョハリの窓、ＡＩ、ストレングス、SDGsなどの理論を活用されています）。また、〈ナラティヴ・コーチング〉では、自分自身の物語を振り返ったり、新たな物語を構築したり、隠された自分自身を開放的に対話することより、自分自身の才能や強み、肯定的な意味、潜在的な意識を発見していきます。

ナラティヴ・コーチングでは、仕事やキャリアの中で、前向きな未来への物語の書き換え〈通過儀式〉の設定、より職場における最適化された環境づくりなどにも活用されます。そのため、ナラティヴ・コーチングでは、新しいベンチャーなど、新しいコミュニティの構築、コミュニティ活性化のための活動、ＣＳＲ（社会奉仕活動）、ＰＲ活動、昇進・表彰などイベントにも関わります。

■ナラティヴ・コーチングの具体的な実践例

統合的なアプローチを活用するコーチング心理学では、ナラティヴと親和性の高い〈ゲシュタルトコーチング〉や〈会話的分析〉〈ライフ・ヒストリー〉を利用したワークが行なわれています。〈ナラティヴ・コーチング〉に関わる基礎、「物語に関わるコーチング技法」「質的研究法」「質問技法」を活用して、組織における常識的になっている閉塞感を打破し、新しい組織文化を入れるためのグループワーク、コンサルテーション、立場を変えて語るなどの実践が行なわれます。

ナラティヴ・コーチングで期待されていることには、これまであった仕事や組織の常識を見直すことが当てはまります。たとえば、所属している「チームのあり方について、常識を疑い、よりよくしていくとしたら、どのようなことが考えられますか？」など、ナラティヴ・アプローチにある〈常識を疑い、常識を見直す問い〉は、変化の激しい時代において、組織にある物語を日々改善し、新しいものにしていくために必要となっています。現代の社会では役に立たない習慣や風習、常識を見直し、新たに最適な組織の物語を構築できるように考えていく際に役立てます。

「ダブル・リスニング」を応用したコーチングがあります。コーチングでは、クライエントの主体性や自己決定力、解決策の立案を求めることから〈傾聴〉より〈質問〉が重要視される傾向があります。そのため、ナラティヴ・コーチングにおける「ダブル・リスニング」の手法では、〈ダブル・クエスチョン〉として活用されるケースがあります。ナラティヴ・コーチングにおける〈ダブル・クエスチョン〉の例としては、目標や目的を質問する際に役立ちます。たとえば、「あなたの目標は何ですか？」という一般的な表側の質問から、さらに「あなたの目標の裏側にあるものは何ですか？」と質問することで、クライエントが抱いている目標に隠れた本当の背景や欲求が見えてくることがあります。つまり、目標における表と裏の二つの側面について質問を行ない、二つの側面を確認することで、クライエントの本音や潜在的な欲求の部分を聴くことができます。その他、〈ダブル・クエスチョン〉には、Needs や Wants、メリットとリスク、光と影、プライベートと仕事など、二つの側面について質問することで、クライエントの物語の顕在的な部分や潜在的な部分を把握する際に大いに役立ちます。また、〈ダブル・クエスチョン〉を活用することで、クライエントの物語の意味を明確にしたり、拡張したり、強化したりすることができます。

領域を超えたところでの可能性

改田　明子（大学教員）

領域を超えた可能性として、私が現在関わっている、言葉によるコミュニケーションが成立しにくい人たちとの関わりについて考えました。草稿では、人への問いかけ方を工夫することによって、その人が本来備えている主体性が意識に上るようになり、自分がすでに備えている、自分のことをどうにかしようという創意工夫がさらに膨らんで展開してゆくような働きかけを模索するのだと理解しました。

私は、言葉によるコミュニケーションが成立しにくい人たちのことを思いました。この人たちにも、それぞれの人の個性や主体性が備わっているはずです。ここでいう主体性とは、自発的な体の動きを通じて世界に影響を与えながら、世界と関わろうとする態度ともいえるでしょう。

このようなことを考えると、彼らが経験している教育や支援はどうでしょうか。じっくり当事者の言葉や主体的な動きをキャッチして、言いたいことやりたいことはこんなことなんだね、と受け止めようとする関わりというのは、なかなか難しいことなのだなぁと感じます。もちろん、現場で障害のある人たちに関わる人々は、まったく当事者の主体性を無視して業務を行なっているわけではなく、「何が言いたいのだろう」「何がしたいのだろう」との問いかけを繰り返し、それでもなかなか目の前の本人の体験に接近できず、その繰り返しの中で本人の主体性を中心とした関わりに絶望しているという状況があるのだと思います。

その結果として、その領域では、社会の要請に沿った振る舞いを身につけることを目標として、仕事ができるようになるとか、ADLが自立するなど、本人の主体性の以前に達成すべき目標が設定され、そこに向けての努力が要求される状況が広がっていることを感じます。それこそ、嫌いなものばかりが食卓に並ぶように、できないことばかりを突きつけられて、努力を要求されている世界はどんな感じだろうと思います。

できないことにばかり直面する中で、自分の可能性を悲観し、生きることに臆病になってしまう状況は、大変悲しいことだと思います。

また、ナラティヴの考え方に従えば、人の生活は、その人に内在する固定的な人格によって決まるのではなく、周囲との関係の中で多様な可能性に開かれているはずですね。それなのに、言語的コミュニケーションにハンデのある人々に関しては、世間はあまりにも画一的な理解に偏り、画一的な生活様式を想定しがちなのではないでしょうか。

ナラティヴの発想は言語による世界の構築を中心に展開してきたとは思いますが、言葉によるコミュニケーションに困難を抱える人にも、同じ理念に基づいた実践が必要であり、また可能だと実感しています。そして、そのような主体性を中心に据えた取り組みは、関わり手の側にも創意工夫を促して、仕事におもしろさを広げてゆくと思います。現在、いかに管理するか、いかに上達するかという観点で語られることの多いこの分野において、重い障害のある人が閉じ込められているディスコースを脱構築し、可能性を広げる取り組みができるなら幸せなことだなぁと感じております。

境域を超えたところ
――ラボラトリー体験学習

園木　紀子（研究所研究員）

私は、２０１８年３月に〈ナラティヴ・セラピー〉とはどういうものかはよく知らずに足を踏み入れた。そして、今は〈ナラティヴ・セラピー〉にとても心惹かれ、40年来学び続けている〈ラボラトリー体験学習〉との相性の良さを実感している。私の人生に大きな力を与え、私が生きるうえでの土台にもなっている〈ラボラトリー体験学習〉とは、Ｔグループという対話を中心として行なわれる集中的な小グループの体験が最も核となる学習の場となっている。Ｔグループなどでの体験を〈体験学習のサイクル〉を通して、どのように日常に活かしていくかを試行錯誤しながら実践している。

この〈ラボラトリー体験学習〉のファシリテーションについて学び、行なおうとするとき、そこには私たちの価値観や人間観が現れてくる。そして、〈ナラティヴ・セラピー〉〈ナラティヴ・アプローチ〉は、その私たちに個々が持つ価値観や人間観を再検討するように促してくる。それはＴグループのメンバーとしても、トレーナーとしても、スタッフとしても、その存在の仕方の質、ありようが、常にそのとき、その場の変化と共にあることを求めてきていることでもあると感じる。

たとえば、あるグループの中に生まれるノーム（規範）は、私たちがグループの中で言葉や会話をさりげなく繰り返すことやある特定のメンバーの発言によって、メンバーに当たり前なこととして感じられていくだろう。グループとして時間と共にその成長や、グループメンバーの関係性を変えたいと本気で望むのであれば、私たち一人ひとりが〈ナラティヴ・セラピー〉の文脈でいうところの「日常のコミュニケーションのパターン」に気づき、ただ今あるものを無邪気に再生産するのではなく、それまでとは違ったように語り始めていくことが必要になる。

私にとっては、〈ラボラトリー体験学習〉の場においてグループのメンバー一人ひとりの、またグループの会話ややりとりをどのような姿勢と覚悟を持って、どのように聞いているのかを再点検するように問われている気がしている。そして、私がそのグループやメンバーに問いかけていくとき、その意図を自分でどのくらい気づいているのか、その質問はどこからやってきているのか、どこから起きているものか、自分の関心からの問いか、相手に関心を持つ問いか。

このワークショップは、私を「人と会話を紡いでいくような問いかけをするよう心にとどめていたい」というところに運んでくれた。

ナラティヴ・アプローチの可能性
――生産性の病からの解放

西垣　真澄（精神保健福祉士）

私が最初に「ナラティヴ」という言葉に出会ったのは2016年に日本キャリア開発研究センター（JICD）が開催した、「ナラティヴ・セラピー入門」が最初であった。当時のテキストを見返すと、ナラティヴ・セラピーについて「ものごとの〈本当の真実〉は存在せず、ただそのことを語るストーリーが存在するという立場を取ること」とあるが、そのときは講義の内容がきちんと理解できていたのかは極めてあやしい。ナラティヴという聞き慣れない言葉よりも「ストーリー」という言葉のほうに惹かれたように思われる。つまり、そのとき明確に意識していたわけではないのだが、客観的な事実とは違うかもしれないが、当事者にとって経験されたストーリー、物語という形式で経験されたストーリーがあるのだ、ということに惹かれたように思われる。

サラリーマンとして組織に属していると、自分のことを「人材」と呼ばれる経験があるだろう。時にはおだてられて「人財」と呼ばれたり、逆にただ居るだけの「人在」とけなされたりもする。いずれにしても、私たちは他人と交換可能な資源ということだ。英語でもhuman resources（人的資源）というので、この思考は欧米に由来するのだろうか。ここでは個人の事情を考慮したストーリーは存在する余地もなく、いかに資源として活用（＝消費）できるかが重要であり、そうした私たちの評価は、どれだけ「生産的」であるかによって決定される。ドイツの哲学者M・ハイデガー（Martin Heidegger）は、こうした世界を技術が我々にもたらした「総駆り立て体制」と呼んだ。生産的であらねばならないことは、現代社会においてかなり強力な「支配的ディスコース」である。私が働くIT業界では、人の投入量と生産性によって製品のコストも納期もほぼ決まるため、製品規模の積算単位を人月（にんげつ）と呼ぶほどであるが、ストーリーという言葉に惹かれた背景には、こうした慣習への違和感があったのかもしれない。

今この原稿を書いている現在（2020年）、新型コロナウイルスの影響で外出制限がかけられ、自宅での仕事を余儀なくされている。持ち帰り残業で、休日に自宅で仕事をすることはもちろんこれまでにもあったことではあるが、1か月以上の長期にわたって、自宅で作業をすることは初めての体験である。こうした状況で恐らく多くの人が直面していることは、自分の仕事の生産性が落ちているのではないかという焦りであり、自分はどんな状況でも生産的な人間であり続けなければならないという、強迫観念である。事実、仕事に集中できないことが原因で、家庭内でトラブルが起きているというニュースも聞く。自宅で誰からも監視されているわけでもないのに、生産性のディスコースが私たちを苦しめているように思われる。2016年に発生した相模原障害者施設殺傷事件の根底にも、同じ思想があったのではないか。

ナラティヴ・アプローチの「外在化」を用いれば、こうした観念に支配されまいとすることと、自分の価値は自分で決めるということができるはずである。地球の資源が無限であるかのように誤解していた時代には、自然はもちろん人をも資源と見做(みな)す生産性一辺倒の価値観でもよかったのだろうが、社会や人を評価する新たな価値観として、たとえば多様性や持続可能性に目を向けるための方法として、ナラティヴ・アプローチが有効なのではないかと考えている。

引用・参考文献

American Psychiatric Association（2013）*Diagnostic and statistical manual of mental disorders*（5th ed.）. Arlington, VA: American Psychiatric Publishing.

Bakhtin, M. M.（1986）*Speech genres and other late essays*（V. W. McGee, Trans.）. University of Texas Press.（Original work published 1979）

Burr, V.（1995）*An introduction to social constructionism.* London: Routledge. バー・V（著）田中一彦（訳）（1997）社会的構築主義への招待――言説分析とは何か　川島書店

Burr, V.（2015）*Social constructionism*（3rd ed.）. London: Routledge. バー・V（著）田中一彦・大橋靖史（訳）（2018）ソーシャル・コンストラクショニズム――ディスコース・主体性・身体性［原著第3版］　川島書店

Carlson, R.（1997）*Don't sweat the small stuff... and It's all small stuff: simple ways to keep the little things from taking over your life.* Hachette Books. カールソン・R（著）小沢瑞穂（訳）（1998）小さいことにくよくよするな！――しょせん、すべては小さなこと　サンマーク出版

Cooke, A.（Ed.）（2014）*Understanding psychosis and schizophrenia.* British psychological society. 英国心理学会・臨床心理学部門（監）クック・A（編）国重浩一・バーナード紫（訳）（2016）精神病と統合失調症の新しい理解――地域ケアとリカバリーを支える心理学　北大路書房

Foucault, M.（1972）*The archaeology of knowledge.* London: Tavistock. フーコー・M（著）中村雄二郎（訳）（1995）『知の考古学』河出書房新社

Geertz, C.（1983）*Local knowledge.* New York: Basic Books. ギアーツ・C（著）梶原景昭・小泉潤二・山下晋司・山下淑美（訳）（1999）ローカル・ノレッジ――解釈人類学論集（岩波モダンクラシックス）　岩波書店

Gergen, K. J.（2015）*An invitation to social construction*（3rd ed.）. Thousand Oaks, CA: SAGE Publications. ガーゲン・K・J（著）東村知子（訳）（2004）あなたへの社会構成主義　ナカニシヤ出版（訳書は第1版）

Gergen, K. J., & Gergen, M.（2004）*Social construction: Entering the dialogue.*（Focus Book.）Ohio: The Taos Institute Publications. ガーゲン・K・J、ガーゲン・M（著）伊藤　守（監訳）二宮美樹（訳）（2018）現実はいつも対話から生まれる　ディスカヴァー・トゥエンティワン

伊藤伸二・国重浩一（編著）（2018）どもる子どもとの対話――ナラティヴ・アプローチがひきだす物語る力　金子書房
柄谷行人（2003）倫理21　平凡社
国重浩一（2013）ナラティヴ・セラピーの会話術　金子書房
国重浩一（編著）（2014）震災被災地で心理援助職に何ができるのか？　ＮＰＯ法人 ratik
国重浩一・横山克貴（編著）（2020）ナラティヴ・セラピーのダイアログ――他者と紡ぐ治療的会話、その〈言語〉を求めて　北大路書房
Kupfer, D.（2013）*Chair of DSM-5 Task Force responds to NIMH*. Retrieved 13 December 2013 from https://www.madinamerica.com/2013/05/chair-of-dsm-5-task-force-admits-lack-of- validity/
Madigan, S.（2011）*Narrative therapy*. American Psychological Association.　マディガン・S（著）児島達美・国重浩一・バーナード紫・坂本真佐哉（監訳）（2015）ナラティヴ・セラピストになる――人生の物語を語る権利をもつのは誰か？　北大路書房
Malinen, T., Cooper, S. J., & Thomas, F. N.（2012）*Masters of narrative and collaborative therapies: The voices of Andersen, Anderson, and White*. New York: Routledge.　マリネン・T、クーパー・S・J、トーマス・F・N（編）小森康永、奥野　光、矢原隆行（訳）（2015）会話・協働・ナラティヴ――アンデルセン・アンダーソン・ホワイトのワークショップ　金剛出版
McNamee, S. & Gergen, K. J.（Eds.）（1992）*Therapy as social construction*. London: Sage.　マクナミー・S、ガーゲン・K・J（著）野口裕二・野村直樹（訳）（2014）ナラティヴ・セラピー――社会構成主義の実践　遠見書房
Mill, J. S.（1869）*Analysis of the phenomena of the human mind*. London: Longmans Green Reader and Dyer.
Monk, G., Winslade, J., Crocket, K., & Epston, D.（Eds.）（1997）*Narrative therapy in practice: The archaeology of hope*. San Francisco: Jossey-Bass.　モンク・G、ウィンズレイド・J、クロケット・K、エプストン・D（編）国重浩一・バーナード紫（訳）（2008）ナラティヴ・アプローチの理論から実践まで――希望を掘りあてる考古学　北大路書房
Morgan, A.（2000）*What is narrative therapy?: An easy-to-read introduction*. Dulwich Centre Publications.　モーガン・A（著）小森康永・上田牧子（訳）（2003）ナラティヴ・セラピーって何？　金剛出版
日本吃音臨床研究会（2015）ナラティヴ・アプローチ――国重浩一・ワークショップ　スタタリング・ナウ：吃音臨床研究誌、*21*.
パオロ・マッツァリーノ（2005）反社会学の不埒な研究報告　二見書房
Rogers, C. R.（1957）The necessary and sufficient sonditions of therapeutic personality change. *Journal of Consulting Psychology*, *21*, 95-103.
Russell, S., & Carey, M.（Eds.）（2004）*Narrative therapy: Responding to your questions*. Dulwich Centre.　ラッセル・S、ケアリー・M（編）小森康永・奥野　光（訳）（2006）ナラティヴ・セラピーみんなのＱ＆Ａ　金剛出版
内田　樹（2002）寝ながら学べる構造主義　文藝春秋

Wittgenstein, L.（1958）*The blue and brown books*. Oxford: Basil Blackwell.　ウィトゲンシュタイン・L（著）大森荘蔵（訳）（2010）青色本　筑摩書房

White, M.（1997）*Narratives of therapists' lives*. Dulwich Centre Publications.　ホワイト・M（著）小森康永（監訳）（2004）セラピストの人生という物語　金子書房

White, M.（2007）*Maps of narrative practice*. New York: Norton.　ホワイト・M（著）小森康永・奥野　光（訳）（2009）ナラティヴ実践地図　金剛出版

White, M., & Epston, D.（1990）*Narrative means to therapeutic ends*. New York: Norton.　ホワイト・M、エプストン・D（著）小森康永（訳）（2017）物語としての家族［新訳版］　金剛出版

Winslade, J., & Williams, M.（2011）*Safe and peaceful schools: Addressing conflict and eliminating violence*. Thousand Oaks, CA: Corwin.　ウィンズレイド・J、ウィリアムズ・M（著）綾城初穂（訳）（2016）いじめ・暴力に向き合う学校づくり――対立を修復し、学びに変えるナラティブ・アプローチ　新曜社

●動画のご紹介

　第1部「ワークショップⅠ　ナラティヴ・セラピーを知る」については、日精研クラウド学院でビデオ講座「ナラティヴ・セラピー入門」としてみることができます。

　有料のサービスですが、興味のある方はご利用ください。

　こちらには、カウンセリングのデモンストレーションを2本収録しています。

　https://nsgk.emanabu.jp/course/info.php?id=7

　第2部「ワークショップⅡ　ナラティヴ・セラピーの背景にある理論を知る」については、一般社団法人ナラティヴ実践協働研究センターが公開しているビデオ「ナラティヴ・セラピー講座」としてみることができます。

　こちらは無料で視聴することができます。

　https://bit.ly/39svkCP

〈ビデオ「ナラティヴ・セラピー講座」の内容〉

		【対応する章】
ナラティヴ・セラピー講座（その1）	→	本書第4章
ナラティヴ・セラピー講座（その2）	→	本書第5章
ナラティヴ・セラピー講座（その3）	→	本書第6章
ナラティヴ・セラピー講座（その4）	→	本書第7章
ナラティヴ・セラピー講座（その5）	→	本書第4～7章（おさらい）
ナラティヴ・セラピー講座（その6）	→	本書第8章

　なお、ビデオは講義を収録したものですので、本書の内容とは完全には一致していないところがあります。ご了承ください。

索引

人名索引

事項索引

あとがき

実際のワークショップでは、講義の合間に、小グループになり、印象に残ったこと、疑問に思ったこと、もう少し考えてみたいことなどについて、話し合う時間を作っています。質疑応答という形式では、それぞれが声に出す機会を確保できませんので、小グループでの時間をたっぷりとるようにしています。

ナラティヴ・セラピーの領域は膨大で、いろいろな側面のことを検討する必要があります。しかし、細々としたことを理解するよりも重要なのは、ナラティヴ・セラピーの精神、哲学、思想を自分に馴染ませることだと思っています。

このワークショップの講義録は、逐語録にした後、ある程度整えて読みやすくしたものですが、しっかりと体系立てて説明できていないと思います。しかし、このような語りから、ナラティヴ・セラピーの根底にあるものは感じ取れるのではないかと期待しているところです。そして、ここでのことをそのまま鵜呑み（うの）にするのではなく、これをネタにいろいろとディスカッションしてもらえるのであれば、本望というものです。

私は、２０１１年に日本を後にして、ニュージーランドに移住しました。その頃、『ナラティヴ・セラピーの会話術』という本を出版することができたのですが、それは、自分が日本で活動したことの証しとして残したかったというようなものでした。この本で、ナラティヴ・セラピーを世に広めたいというような意図ではなかったのです。実はその逆で、日本にさよならを言うための本でした。

そのような中で、日本キャリア開発研究センター（ＪＩＣＤ）が私のワークショップを定期的に企画してくれるようになり、日本でナラティヴ・セラピーについて語る機会をもらいました。そこで、自分が取り組んできたものに、興味を持ってくれる人とのつながりが生まれました。それは、かけがえのないものと感じます。

本書を締めくくるにあたり、ＪＩＣＤの平木典子さん、小澤康司さん、八巻甲一さん、浅野衣子さん、文川実さんに、本当に感謝していることを伝えたいと思います。本書の逐語録に落とす作業については、八巻甲一さんが全面的に手配してくれました。

また、私の一貫性のない語りを辛抱強く取り組み、逐語に落としてくれた有志の方々がいます。それは、荒木真佐子さん、大河内章子さん、窪田明美さん、齋藤友美子さん、笹田裕彦さん、西垣真澄さん、長谷川暁子さん、藤原公さん、渡邊容子さんです（五十音順）。ありがとうございます。

本書では、載せることができませんでしたが、すでに「ふだん使いのナラティヴ・セラピー」と「ナラティヴ・セラピーの再著述」についても、上の有志の方々の手によって逐語化が済んでいます。こちらも読み物として読めるようなものに校正していきます。もう少しお待ちください。

また本書には、さまざまな人たちが、コラムを書いてくれました。ナラティヴ・セラピーをどのように理解し、どのような点に可能性を感じ、どのように取り組もうとしているのかについて理解できると思います。このようなコラムを書いてくれたことに対して感謝いたします。それぞれの方の名前は、コラム欄に付していますので、ここでは割愛します。

本書の校正に当たり、私の翻訳パートナーであるバーナード紫（ゆかり）さんが丁寧に目を通してくれました。私の書籍の文章の質を維持してくれているのは、いつもバーナード紫さんです。感謝しています。

最後に、北大路書房の西端薫さんと若森乾也さんには、編集作業のみならず、一人語りの本にならないように多声性を確保するような構成を提案してくれました。西端さんと若森さんの提案抜きに本書が仕上がることはなかったでしょう。感謝しています。

２０２０年５月

COVID-19 の影響により日本滞在が延びたため京都にて

著者紹介

国重　浩一（くにしげ　こういち）

1964年、東京都墨田区生まれ。ニュージーランド、ワイカト大学カウンセリング大学院修了。日本臨床心理士、ニュージーランド、カウンセラー協会員。鹿児島県スクールカウンセラー、東日本大震災時の宮城県緊急派遣カウンセラーなどを経て、2013年からニュージーランドに在住。

同年に移民や難民に対する心理援助を提供するための現地NPO法人ダイバーシティ・カウンセリング・ニュージーランドを立ち上げる。2019年には東京に一般社団法人ナラティヴ実践協働研究センターの立ち上げに参加。

著書に、『ナラティヴ・セラピーの会話術』（金子書房）、『震災被災地で心理援助職に何ができるのか？』（編著、ratik）、『どもる子どもとの対話』（共著、金子書房）『ナラティヴ・セラピーのダイアログ（編著、北大路書房）。訳書に、モンクほか（編）『ナラティヴ・アプローチの理論から実践まで』、ウィンズレイドとモンク（著）『ナラティヴ・メディエーション』、ホーキンズとショエット（著）『心理援助職のためのスーパービジョン』（ともに共訳、北大路書房）など。

執筆協力者［参加者からの声］

（五十音順）

浅野　衣子
荒井　康行
改田　明子
木場　律志
園木　紀子
髙野　正子
田崎　さより
徳吉　陽河
西垣　真澄
箱崎　琢朗
藤田　純司
藤田　悠紀子
藤森　圭子
眞弓　悦子
八巻　甲一
山下　ゆかり

Journey with Narrative Therapy

ナラティヴ・セラピー・ワークショップ BookⅠ
——基礎知識と背景概念を知る

２０２１年２月10日　初版第１刷印刷
２０２１年２月20日　初版第１刷発行

定価はカバーに表示してあります。

著　者　国重　浩一

編集協力　日本キャリア開発研究センター

発行所　（株）北大路書房
〒６０３－８３０３　京都市北区紫野十二坊町12－８
電　話　（０７５）４３１－０３６１（代）
ＦＡＸ　（０７５）４３１－９３９３
振　替　０１０５０－４－２０８３

装　丁　上瀬奈緒子（綴水社）
印刷・製本　亜細亜印刷（株）

 ISBN978-4-7628-3142-3　Printed in Japan